かぶき手帖

2020年版

目次

【人名索引】姓から引く

片岡《かたおか》嶋之亟《しまのじょう》 133
片岡《かたおか》進之介《しんのすけ》 128
片岡《かたおか》千壽《せんじゅ》 140
片岡《かたおか》千次郎《せんじろう》 121
片岡《かたおか》千藏《せんぞう》 262
片岡《かたおか》千太郎《せんたろう》 140
片岡《かたおか》千之助《せんのすけ》 132
片岡《かたおか》孝志《たかし》 137
片岡《かたおか》孝太郎《たかたろう》 130
片岡《かたおか》孝法《たかのり》 262
片岡《かたおか》當吉郎《とうきちろう》 132
片岡《かたおか》當十郎《とうじゅうろう》 121
片岡《かたおか》當次郎《とうじろう》 262
片岡《かたおか》當史弥《としや》 262
片岡《かたおか》仁左衛門《にざえもん》 134
片岡《かたおか》仁三郎《にさぶろう》 133
片岡《かたおか》秀太郎《ひでたろう》 138
片岡《かたおか》比奈三《ひなぞう》 263
片岡《かたおか》松四朗《まつしろう》 263
片岡《かたおか》松十郎《まつじゅうろう》 137
片岡《かたおか》松太朗《まつたろう》 263
片岡《かたおか》松之助《まつのすけ》 136
片岡《かたおか》佑次郎《ゆうじろう》 263
片岡《かたおか》りき彌《や》 263
上村《かみむら》折乃助《おりのすけ》 141
上村《かみむら》吉太朗《きちたろう》 141
上村《かみむら》吉弥《きちや》 142
川瀬《かわせ》順輔《じゅんすけ》 311
川瀬《かわせ》露秋《ろしゅう》 311
河原崎《かわらさき》権十郎《ごんじゅうろう》 144

▼き

杵屋《きねや》榮七郎《えいしちろう》 286
杵屋《きねや》栄十郎《えいじゅうろう》 286
杵屋《きねや》栄津三郎《えつさぶろう》 279
杵屋《きねや》勝国《かつくに》 279
杵屋《きねや》勝四郎《かつしろう》 276
杵屋《きねや》勝輔《かつすけ》 286
杵屋《きねや》勝之弥《かつのぶや》 276
杵屋《きねや》勝松《かつまつ》 280
杵屋《きねや》勝禄《かつろく》 280
杵屋《きねや》五七郎《ごしちろう》 280
杵屋《きねや》十三郎《じゅうざぶろう》 287
杵屋《きねや》淨貢《じょうぐ》 281
稀音家《きねや》新之助《しんのすけ》 287
杵屋《きねや》長四郎《ちょうしろう》 277
杵屋《きねや》東成《とうせい》 277
杵屋《きねや》直吉《なおきち》 277
杵屋《きねや》巳太郎《みたろう》 281
稀音家《きねや》祐介《ゆうすけ》 281
清元《きよもと》榮志太夫《えいしだゆう》 304
清元《きよもと》延寿太夫《えんじゅだゆう》 304
清元《きよもと》菊輔《きくすけ》 305
清元《きよもと》三之輔《さんのすけ》 306
清元《きよもと》志寿子太夫《しずこだゆう》 304
清元《きよもと》志寿造《しずぞう》 306
清元《きよもと》志寿朗《しずろう》 306
清元《きよもと》清寿太夫《せいじゅだゆう》 305
清元《きよもと》美寿太夫《よしじゅだゆう》 305
清元《きよもと》美治郎《よしじろう》 307
清元《きよもと》美多郎《よしたろう》 307

▼さ

齋藤《さいとう》雅文《まさふみ》 313
坂田《さかた》藤十郎《とうじゅうろう》 146
澤村《さわむら》伊助《いすけ》 264
澤村《さわむら》宇十郎《うじゅうろう》 149
澤村《さわむら》紀世助《きよすけ》 264
澤村《さわむら》國久《くにひさ》 149
澤村《さわむら》國矢《くにや》 156
澤村《さわむら》宗之助《そうのすけ》 148
澤村《さわむら》田之助《たのすけ》 150

澤村《さわむら》 藤十郎《とうじゅうろう》 152
澤村《さわむら》 光紀《みつき》 264
澤村《さわむら》 由次郎《よしじろう》 154
澤村《さわむら》 由蔵《よしぞう》 264

▼し

實川《じつかわ》 延郎《えんろう》 156

▼た

竹柴《たけしば》 正二《しょうじ》 314
竹柴《たけしば》 徳太朗《とくたろう》 314
竹柴《たけしば》 吉松《よしまつ》 315
竹本《たけもと》 愛太夫《あいたゆう》 297
竹本《たけもと》 葵太夫《あおいだゆう》 297
竹本《たけもと》 東太夫《あずまだゆう》 297
竹本《たけもと》 泉太夫《いずみだゆう》 298
竹本《たけもと》 巽太夫《たつみだゆう》 298
竹本《たけもと》 谷太夫《たにたゆう》 298
竹本《たけもと》 豊太夫《とよたゆう》 299
竹本《たけもと》 幹太夫《みきたゆう》 299
竹本《たけもと》 道太夫《みちたゆう》 299
竹本《たけもと》 六太夫《ろくたゆう》 300
田中《たなか》 勘四郎《かんしろう》 291
田中《たなか》 源太郎《げんたろう》 292
田中《たなか》 佐英《さえい》 292
田中《たなか》 佐太郎《さたろう》 289
田中《たなか》 長十郎《ちょうじゅうろう》 289
田中《たなか》 傳一郎《でんいちろう》 292
田中《たなか》 傳九郎《でんくろう》 293
田中《たなか》 傳左衛門《でんざえもん》 289
田中《たなか》 傳次郎《でんじろう》 290
田中《たなか》 傳太郎《でんたろう》 293
田中《たなか》 傳八郎《でんはちろう》 293

▼つ

鶴澤《つるさわ》 燕太郎《えんたろう》 300
鶴澤《つるさわ》 宏太郎《こうたろう》 300
鶴澤《つるさわ》 慎治《しんじ》 301
鶴澤《つるさわ》 寿治郎《ひさじろう》 301
鶴澤《つるさわ》 正一郎《まさいちろう》 301
鶴澤《つるさわ》 泰二郎《やすじろう》 302
鶴澤《つるさわ》 祐二《ゆうじ》 302

▼て

寺崎《てらさき》 裕則《ひろのり》 313

▼と

藤舎《とうしゃ》 名生《めいしょう》 290
藤舎《とうしゃ》 呂船《ろせん》 290
常磐津《ときわづ》 一寿郎《いちじゅろう》 309
常磐津《ときわづ》 英寿《えいじゅ》 309
常磐津《ときわづ》 兼太夫《かねたゆう》 308
常磐津《ときわづ》 菊寿郎《きくじゅろう》 309
常磐津《ときわづ》 菊美太夫《きくみだゆう》 308
常磐津《ときわづ》 文字太夫《もじたゆう》 308
常磐津《ときわづ》 文字兵衛《もじべえ》 310
常磐津《ときわづ》 八百二《やおじ》 310
鳥羽屋《とばや》 三右衛門《さんえもん》 278
鳥羽屋《とばや》 長孝《ちょうこう》 282
鳥羽屋《とばや》 長秀《ちょうしゅう》 283
鳥羽屋《とばや》 里一郎《りいちろう》 283
鳥羽屋《とばや》 里長《りちょう》 278
鳥羽屋《とばや》 里之輔《りのすけ》 287
豊澤《とよざわ》 勝二郎《かつじろう》 302
豊澤《とよざわ》 淳一郎《じゅんいちろう》 303
豊澤《とよざわ》 長一郎《ちょういちろう》 303

▼な

中島《なかしま》 靖子《やすこ》 311
中村《なかむら》 いてう《いちょう》 172
中村《なかむら》 歌之助《うたのすけ》 192
中村《なかむら》 梅秋《うめあき》 264
中村《なかむら》 梅蔵《うめぞう》 213
中村《なかむら》 梅寿《うめとし》 264
中村《なかむら》 梅乃《うめの》 213

【人名索引】名前から引く

▼あ

愛一朗《あいいちろう》 261
愛三朗《あいざぶろう》 120
愛治郎《あいじろう》 261
愛之助《あいのすけ》 118
明三郎《あきさぶろう》 94
荒五郎《あらごろう》 82

▼い

郁治郎《いくじろう》 254
伊助《いすけ》 264
市蔵《いちぞう》 122
市也《いちや》 262
いてう《いちょう》 172

▼う

右近《うこん》(市川) 46
右近《うこん》(尾上) 102
右左次《うさじ》 254
丑之助《うしのすけ》 107
右若《うじゃく》 46
宇十郎《うじゅうろう》 149
歌之助《うたのすけ》 192
卯瀧《うたき》 254
右田六《うたろく》 254
右團次《うだんじ》 44
羽之助《うのすけ》 271
梅秋《うめあき》 264
梅蔵《うめぞう》 213
梅寿《うめとし》 264
梅乃《うめの》 213
梅之助《うめのすけ》 95

▼え

海老蔵《えびぞう》 74
笑子《えみこ》 255
笑三郎《えみさぶろう》 48
笑野《えみの》 58
笑羽《えみは》 255
笑也《えみや》 50
猿翁《えんおう》 52
猿三郎《えんざぶろう》 47
猿紫《えんし》 59
猿四郎《えんしろう》 58
燕治郎《えんじろう》 262
猿之助《えんのすけ》 54
猿弥《えんや》 56
延郎《えんろう》 156

▼お

音吉《おときち》 259
音三郎《おとさぶろう》 259
音二郎《おとじろう》 259
音蔵《おとぞう》 259
音幸《おとゆき》 260
男寅《おとら》 62
男女蔵《おめぞう》 60
折乃助《おりのすけ》 141

▼か

魁春《かいしゅん》 158
家橘《かきつ》 88
歌昇《かしょう》 220
壱太郎《かずたろう》 176
我當《がとう》 126
かなめ 202
亀三郎《かめさぶろう》 238
亀蔵《かめぞう》(片岡) 124
亀蔵《かめぞう》(坂東) 226
歌女之丞《かめのじょう》 157
歌六《かろく》 162
翫延《かんえん》 265
莟玉《かんぎょく》 212
勘九郎《かんくろう》 166
勘太郎《かんたろう》 165
翫哉《かんさい》 265
鴈治郎《がんじろう》 174
翫政《かんせい》 265
鴈成《がんせい》 180
翫蔵《かんぞう》 265
鴈大《がんだい》 265
鴈童《がんどう》 172
翫之《かんの》 266

勘之丞《かんのじょう》 164
鴈乃助《がんのすけ》 173
鴈洋《がんよう》 266

▼き

喜猿《きえん》 59
亀鶴《きかく》 178
菊市郎《きくいちろう》 103
菊五郎《きくごろう》 104
菊三呂《きくさぶろう》 110
菊次《きくじ》 110
菊十郎《きくじゅうろう》 107
菊史郎《きくしろう》 106
菊之助《きくのすけ》 108
菊伸《きくのぶ》 111
喜太郎《きたろう》 255
吉右衛門《きちえもん》 182
吉五郎《きちごろう》 184
吉三郎《きちさぶろう》 180
吉二郎《きちじろう》 266
吉太朗《きちたろう》 141
吉之丞《きちのじょう》 181
吉兵衛《きちべえ》 184
吉弥《きちや》 142
橘三郎《きつさぶろう》 43
橘太郎《きつたろう》 90
橘之助《きつのすけ》 271
橘治《きつはる》 271
喜楽《きらく》 255
京純《きょうすみ》 266
京蔵《きょうぞう》 198
京妙《きょうたえ》 198
京由《きょうゆき》 266
紀世助《きよすけ》 264
錦吾《きんご》 246
錦之助《きんのすけ》 186
欣弥《きんや》 47

▼く

九一朗《くいちろう》 255
九團次《くだんじ》 63
國久《くにひさ》 149
國矢《くにや》 156

▼け

桂三《けいぞう》 96
桂太郎《けいたろう》 259

▼こ

功一《こういち》 233
幸一郎《こういちろう》 274
幸右衛門《こうえもん》 251
幸四郎《こうしろう》 248
幸雀《こうじゃく》 250
幸次郎《こうじろう》 274
幸蔵《こうぞう》 251
弘太郎《こうたろう》 64
幸之助《こうのすけ》 274
小三郎《こさぶろう》 168
児太郎《こたろう》 216
高麗五郎《こまごろう》 243
高麗蔵《こまぞう》 66
権十郎《ごんじゅうろう》 144

▼さ

齊入《さいにゅう》 68
咲十郎《さくじゅうろう》 274
左近《さこん》 114
左升《さしょう》 72
左團次《さだんじ》 70
猿《さる》 255
澤五郎《さわごろう》 256
澤路《さわじ》 256
山左衛門《さんざえもん》 168

▼し

獅一《しいち》 267
芝歌蔵《しかぞう》 267
芝翫《しかん》 188
芝喜松《しきまつ》 267
芝晶《ししょう》 267
七之助《しちのすけ》 170
獅童《しどう》 194
芝《し》のぶ 222
嶋之亟《しまのじょう》 133
雀右衛門《じゃくえもん》 196
寿治郎《じゅうじろう》 177
秀調《しゅうちょう》 228
寿猿《じゅえん》 65
春花《しゅんか》 160
笑猿《しょうえん》 256
松悟《しょうご》 260
翔三《しょうぞう》 256
松三《しょうぞう》 260
翔乃亮《しょうのすけ》 256

升平《しょうへい》 256
祥馬《しょうま》 202
松緑《しょうろく》 112
新悟《しんご》 242
新次《しんじ》 257
新十郎《しんじゅうろう》 73
新蔵《しんぞう》 73
進之介《しんのすけ》 128
新八《しんぱち》 257

▼せ

扇雀《せんじゃく》 200
千壽《せんじゅ》 140
扇十郎《せんじゅうろう》 267
千次郎《せんじろう》 121
千藏《せんぞう》 262
千太郎《せんたろう》 140
扇乃丞《せんのじょう》 173
千之助《せんのすけ》 132
扇緑《せんろく》 111

▼そ

宗之助《そうのすけ》 148
染五郎《そめごろう》 250

▼た

孝志《たかし》 137
孝太郎《たかたろう》 130
鷹之資《たかのすけ》 203
孝法《たかのり》 262
隆松《たかまつ》 260
貴緑《たかろく》 260
瀧昇《たきしょう》 257
瀧二朗《たきじろう》 257
竹三郎《たけさぶろう》 230
竹蝶《たけちょう》 268
竹之助《たけのすけ》 232
竹松《たけまつ》 91
辰緑《たつろく》 115
種之助《たねのすけ》 221
田之助《たのすけ》 150
玉朗《たまお》 238
玉三郎《たまさぶろう》 234
玉太郎《たまたろう》 223
玉之助《たまのすけ》 243
玉雪《たまゆき》 233
段一郎《だんいちろう》 257
團子《だんこ》 83
段之《だんし》 82
段四郎《だんしろう》 78
團蔵《だんぞう》 80

▼ち

中車《ちゅうしゃ》 84
蝶一郎《ちょういちろう》 268
長三郎《ちょうざぶろう》 165
蝶三郎《ちょうざぶろう》 268
蝶紫《ちょうし》 193
蝶十郎《ちょうじゅうろう》 222
蝶八郎《ちょうはちろう》 164

▼つ

蔦之助《つたのすけ》 72
鶴松《つるまつ》 169

▼と

當吉郎《とうきちろう》 132
東三郎《とうざぶろう》 203
當十郎《とうじゅうろう》 121
藤十郎《とうじゅうろう》（坂田） 146
藤十郎《とうじゅうろう》（澤村） 152
當次郎《とうじろう》 262
東蔵《とうぞう》 204
時蔵《ときぞう》 206
徳松《とくまつ》 120
當史弥《としや》 262
東志也《としや》 268
富志郎《とみしろう》 193
富二朗《とみじろう》 268
富彦《とみひこ》 269
友右衛門《ともえもん》 98
虎之介《とらのすけ》 199

▼な

仲侍《なかじ》 269
仲四郎《なかしろう》 269
仲助《なかすけ》 269
仲之助《なかのすけ》 269
仲弥《なかや》 269

▼に

仁左衛門《にざえもん》 134
仁三郎《にさぶろう》 133

▼は

梅花《ばいか》 217
梅玉《ばいぎょく》 210
梅枝《ばいし》 208

白鷗《はくおう》 252
橋吾《はしご》 192
橋三郎《はしさぶろう》 270
橋之助《はしのすけ》 190
橋光《はしみつ》 270
隼人《はやと》 185
春希《はるき》 270
春之助《はるのすけ》 160

▼ひ
光《ひかる》（市村） 94
光《ひかる》（中村） 270
彦三郎《ひこさぶろう》 236
秀太郎《ひでたろう》 138
比奈三《ひなぞう》 263
裕喜《ひろき》 257
廣太郎《ひろたろう》 100
廣松《ひろまつ》 101

▼ふ
福緒《ふくお》 270
福五郎《ふくごろう》 258
福助《ふくすけ》 214
福太郎《ふくたろう》（市川） 77
福太郎《ふくたろう》（中村） 271
福之助《ふくのすけ》（市川） 77
福之助《ふくのすけ》（中村） 191

▼ま
升吉《ますきち》 258
升三郎《ますさぶろう》 76
又五郎《またごろう》 218
又紫朗《またしろう》 271
又之助《またのすけ》 223
松江《まつえ》 224
松五郎《まつごろう》 261
松四朗《まつしろう》 263
松十郎《まつじゅうろう》 137
松太郎《まつたろう》 114
松太朗《まつたろう》 263
松之助《まつのすけ》 136
まつ虫《むし》 260
松也《まつや》 116
萬次郎《まんじろう》 92
萬太郎《まんたろう》 209

▼み
光紀《みつき》 264
緑《みどり》 115
巳之助《みのすけ》 239
三四助《みよすけ》 258

▼も
守若《もりわか》 232
門松《もんしょう》 83
門之助《もんのすけ》 86

▼や
やゑ亮《えすけ》 272
八重蔵《やえぞう》 272
八重之《やえゆき》 272
やゑ六《えろく》 272
彌光《やこう》 272
彌七《やしち》 273
彌十郎《やじゅうろう》 240
家之助《やのすけ》 273
八大《やひろ》 273
彌風《やふう》 273
彌紋《やもん》 273

▼ゆ
佑次郎《ゆうじろう》 263

▼よ
由次郎《よしじろう》 154
由蔵《よしぞう》 264
義太郎《よしたろう》 258
好蝶《よしちょう》 271
米吉《よねきち》 161
米十郎《よねじゅうろう》 258

▼ら
楽善《らくぜん》 244

▼り
りき彌《や》 263
龍生《りゅうせい》 95
龍蔵《りゅうぞう》 258

▼ろ
緑三郎《ろくさぶろう》 261

特集 一

歌舞伎とメディア

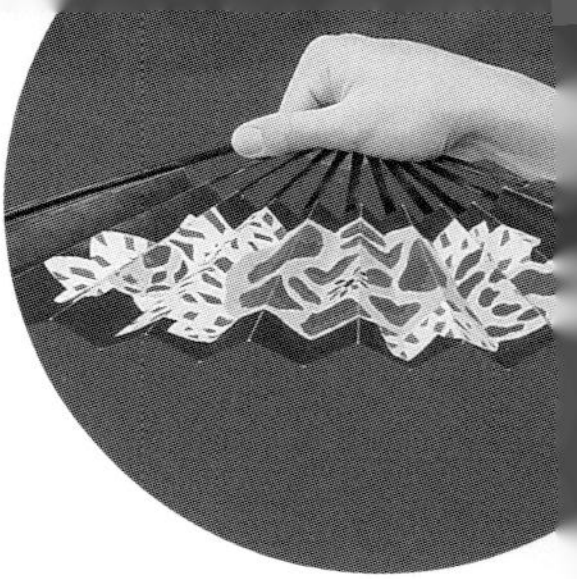

歌舞伎とメディア
草双紙、役者絵から写真、映画、ビデオまで

神山 彰

1 歌舞伎と周辺メディア

歌舞伎は、それをとりまく美術、音楽、文学、映像などの周辺のメディアと関連して発展してきた。昔も今も、どんな歌舞伎好きでも、そういう歌舞伎以外のジャンルに接しないで生活はできない。

そういうメディアと歌舞伎との係わりはいつからなのかといえば、それは江戸時代から始まっている。そもそも歌舞伎は当初から、評判記や芝居絵、役者絵という当時のメディアを通して広まっていった。

草双紙の流行と歌舞伎

江戸時代後期（十八―十九世紀）になると、読本、洒落本、黄表紙、合巻、滑稽本、人情本などの出版物が大量に流通するとともに、庶民にも身近なメディアとして展開した。これらの読み物では随所に大きな挿絵があり、その周りを文章が囲んでいる。そこに描かれる挿絵に役者の似顔が使われることがあり、読者はそのフィクションの世界に役者のイメージを重ねて、楽しみながら読み進めていったのである。

そういう出版物や、役者絵や評判記の世界を通して舞台や役者を想像し、そこから得た期待を胸に抱いて劇場に向かう。それはメディアが写真や映像、新聞雑誌やネット情報に代わった現代でも同じことがいえると思う。

そして現代でも、小説や漫画やアニメーション

◉上／『南総里見八犬伝』
犬飼現八＝十二代目市川團十郎、犬塚信乃＝尾上菊五郎
◉下右／月岡芳年筆『南総里見八犬伝』芳流閣両雄動
◉下左／『南総里見八犬伝』9輯98巻
「戯言を信じて八房 敵将の首級を献る」[国立国会図書館所蔵]

から歌舞伎が作られることがあるように、江戸時代でも当時のベストセラーの絵草紙、読本、合巻などの人気作品が脚色され、劇化されていった。

『南総里見八犬伝』

曲亭（滝沢）馬琴の『南総里見八犬伝』は文化十一年（一八一四）から天保十三年（一八四二）まで、二十八年間に全九十八巻を刊行する大ベストセラーだった。挿絵は初世柳川重信が主に担当した。馬琴の作には他に『椿説弓張月』などがある。『南総里見八犬伝』の歌舞伎化は、天保五年（一八三四）『金花山雪曙《きんかざんゆきのあけぼの》』、同七年（一八三六）『花魁莟八総《はなのあにつぼみのやつふさ》』、『八犬伝評判楼閣《うわさのたかどの》』などがある。大坂、江戸での上演がいずれも好評で、現代でも人気作であり、通し狂言としての上演のほか、「芳流閣」の立廻りの場面だけが採り上げられることもある。

『偐紫田舎源氏』

また、柳亭種彦『偐紫田舎源氏《にせむらさき》』は文政十二年（一八二九）から天保十三年（一八四二）までの十三年間に三十八編刊行したが、著者の逝去で未完に終わった人気作だった。「偐」は「似せ」の意味で、「紫」は紫式部を暗示した『源氏物語』の通俗的脚色版である。天保九年（一八三八）、嘉永四年（一八五一）などに歌舞伎化作品があり、美貌の人気スター八代目市川團十郎が演じて評判となった。慶応三年（一八六七）に上演された作品の一部が、現在まで『田舎源氏露東雲《つゆのしののめ》』として残り、時折上演される。

『梅暦』

為永春水の著名作『春色梅暦《しゅんしょくうめごよみ》』（梅児誉美）は天保三年（一八三二）から翌年にかけて刊行された。挿絵は柳川重信、柳川重山が担当した。美男の丹次郎と深川芸者などとの達引きと気負いが巧

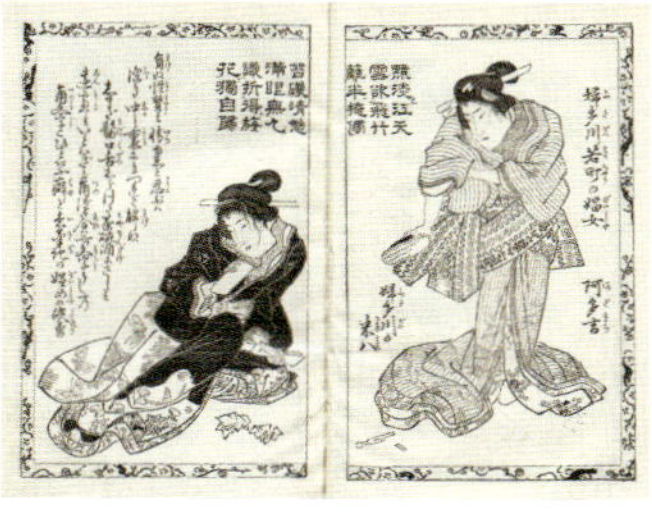

◉上／『偐紫田舎源氏』古寺
舞指南東雲実は教元娘横雲＝
六代目中村歌右衛門、
娘たそがれ＝中村魁春、足利光氏＝中村梅玉
◉中／『梅ごよみ』
芸者仇吉＝坂東玉三郎、
芸者米八＝十八代目中村勘三郎
◉左／為永春水『梅ごよみ・春告鳥』
深川若町の芸者仇吉と米八
［国立国会図書館所蔵］

みに美しく描かれている。春水の『春色辰巳園』などと合わせて明治以降に脚色され、現在上演されるのは昭和初めの木村錦花脚色の作品である。

話芸から歌舞伎へ

歌舞伎は話芸（落語、講談など）との関わりも大きい。『天一坊』は、実在の事件を元に、初代神田伯山（生年不詳―明治六年〈一八七三〉）が大岡越前守を登場させて講談で大当りとなった。これを元に幕末に『天日坊』として上演され、更に実録風に河竹黙阿弥が脚色して人気作品となった。

現在でも屈指の人気演目である『天衣紛上野初《くもにまごううえののはつ》花《はな》』も、元来は幕末の人気講釈師・二代目松林伯《しょうりんはく》円《えん》（天保五年〈一八三四〉―明治三十八年〈一九〇五〉）の『天保六花撰』を黙阿弥が明治初期に脚色したものである。当初は「河内山」のくだりだけだったが、のちに「三千歳直侍」のくだりも書き加え、一層の人気を呼んだ。後者の単独での上演は『雪暮夜入谷畦道《ゆきのゆうべいりやのあぜみち》』の外題になり、清元の「忍逢春雪解《しのびあうはるのゆきどけ》」は、背景音楽として劇的効果を高める余所事《よそごと》浄瑠璃の代表的な曲として有名である。

盗賊を主人公とすることが多く、「泥棒伯円」と呼ばれた二代目伯円の講談から黙阿弥が脚色した演目に「小猿七之助」（『網模様燈籠菊桐《あみもようとうろのきくきり》』）、「鼠小僧」（『鼠小紋東君新形《はるのしんかた》』）などがある。

また、「お富与三郎」で知られる人気作も元来は乾坤坊良斎《けんこんぼうりょうさい》の講談が元で、それを初代古今亭志ん生や春錦亭柳桜《しゅんきんていりゅうおう》という落語家が採り上げたものを二代目伯円が纏《まと》めたという。それを三世瀬川如皐が歌舞伎化したのが『与話情浮名横櫛《よわなさけうきなのよこぐし》』なのだ。

三遊亭円朝

明治期には、三遊亭円朝（天保十年〈一八三九〉―明治三十三年〈一九〇〇〉）の作品からも怪談物や人情噺などが脚色され、劇化されている。

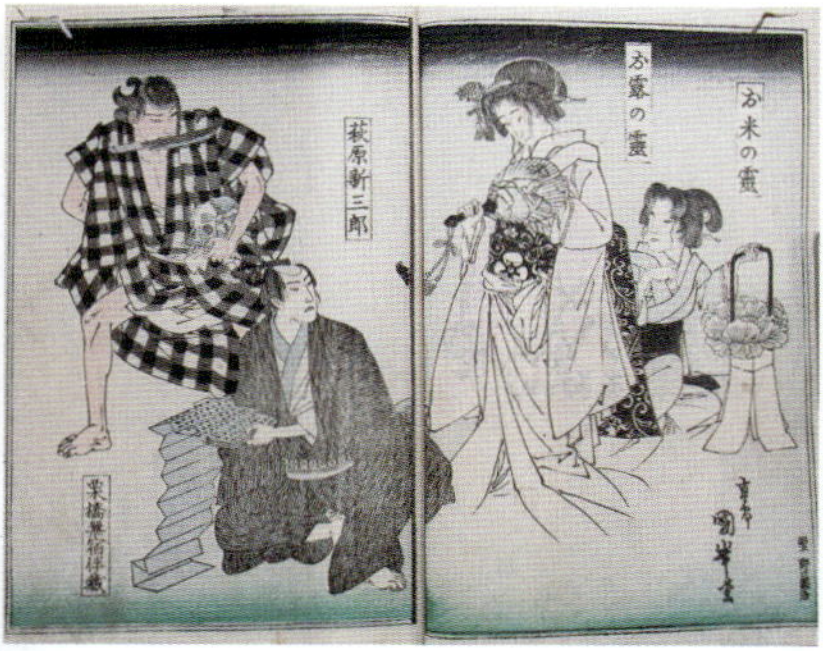

◉上／『怪談牡丹燈篭』三遊亭円朝演述、若林玵蔵筆記 再版
［鶴見大学図書館所蔵］

◉左／『怪異談牡丹燈籠』
お米の霊＝三代目尾上多賀之丞、
お露の霊＝尾上菊五郎

円朝は黙阿弥とも交流があり、黙阿弥門下の三世河竹新七が手掛けた『塩原多助一代記』『怪異談《かいだん》牡丹燈籠』が上演されている。また『芝浜革財布』や『人情噺文七元結』も、他の作者の脚色した人気作品として知られている。

講談や落語から脚色されたそれらの作品群を歌舞伎の舞台で名優が演じることで、新たなイメージも広がり、より有名な作品となったのである。

ニュース・メディアとしての浄瑠璃と歌舞伎

歌舞伎が周辺のメディアを採り入れて発展しただけでなく、ある時代までは、歌舞伎自体がメディアの役割も担っていた。

人形浄瑠璃での上演が先だが、近松門左衛門作品を始めとする心中物などには、実際の事件を直ぐに劇化した際物《きわもの》といわれるものもある。

広い意味では『忠臣蔵』なども歴史的事件の劇化だが、市井に起こった庶民の犯罪や事件の劇化は、四世鶴屋南北や黙阿弥を始め、多くの作者が手掛けている。南北の『東海道四谷怪談』も幾つかの犯罪を取り込んでおり、並木五瓶の『五大力《ごだいりき》恋緘《こいのふうじめ》』と、南北による改作『盟三五大切《かみかけてさんごたいせつ》』もそうである。黙阿弥物では『八幡祭小望月賑《はちまんまつりよみやのにぎわい》』（縮屋新助）、『日月星《じつげつせい》享和政談』（延命院日当）などがある。明治期の作では竹柴其水《きすい》『神明恵和合取《かみのめぐみわごうのとり》組《くみ》』（め組の喧嘩）もそうである。

これらは実際の事件から時間が経過してからの作品だが、明治十年（一八七七）の西南戦争は、直ぐに数人の作者が劇化して、ニュースの役割を担った。川上音二郎の新演劇や新派が登場する明治二十年代には、日清戦争劇が歌舞伎でも数多く上演された。九代目市川團十郎や五代目尾上菊五郎らのベテランを始め、若き日の初代中村鴈治郎も戦争劇で名を馳せた。その時代には、五代目菊五郎が「スペンサーの風船乗り」や「チャリネの曲馬」（外国人の曲芸）など、風俗面でニュース性のある題材も取り上げた。

しかし、明治三十年代後半の二十世紀になると、日露戦争劇は少なくなる。それは、それ以前に登場した新派が人気を集め、錦絵が写真に代わり、やがて映画の時代になるメディアの推移と重なっている。昭和の世にも、レヴューも含め「戦意高揚劇」が作られ、歌舞伎でも「爆弾三勇士」物が上演された。ただその頃には、演劇のメディアとしての役割は映画に比べると意味の乏しいものとなった。

2 浮世絵から写真へ

役者絵の流行

日本に限らず、大都市の劇場には格や興行のやり方に違いがある。江戸や京・大坂の一流の芝居の入場料は高価だった。庶民の多くは安価な小芝居や寺社で興行される宮地芝居を楽しみ、大芝居

●上／『日本風俗図絵』第11輯
「役者夏の冨士」〔国立国会図書館所蔵〕
●左／東洲斎写楽筆
「二代目沢村淀五郎の川連法眼と
初代坂東善次の鬼佐渡坊」
（寛政６年５月河原崎座『義経千本桜』）

へ行けるのは数年に一度のことだったかもしれない。それにもかかわらず、演劇史に名を残す名優のイメージが庶民に浸透していたのは、目からは役者絵、耳からは声色《こわいろ》というメディアがあったからである。現在でも、我々が実際に見たこともない有名スターやアイドルを映像やテレビを通して知ったつもりになっているのと、同じである。

江戸時代といっても三世紀に及ぶから、人々の目や耳の感じ方や欲求も随分変わる。現代人には同じに見える役者絵も、十八世紀前半までとそれ以後では違う。

まず印刷技術や紙質の進歩で、多色刷りが可能となる。色とりどりという意味の「錦絵」という言い方も十八世紀後半からである。背景も描き込めるようになり、実感や動きが出てくる。

人気役者の似顔絵

この時代には「似顔絵」が人気となり写実化す

る。初代と二代目の團十郎は体形も資質も随分違う役者だったが、絵だと同じように見えるのは「團十郎らしさ」というタイプで描かれていたからだ。

　しかし、十八世紀後半の四代目團十郎からは似顔の時代だから、痩せ型で面長という特徴が解る。やがて、「素顔」を求める風潮も出てくる。『役者夏の富士』という題名の画集が出版され、売れるようになる。「夏の富士」は雪化粧しない地肌を見せる例えである。そういう時代の大スター、五代目團十郎は化粧を嫌い素顔にこだわった芸談が伝わっている。少しずつ写実化していくのが、絵を通して実感される。

　また、著名な絵師に描かれることで、役者のステータスも上がるのは、現在でも、有名写真家に撮影されることで俳優やアイドルのそれが上がるのに似ている。

東洲斎写楽と三世歌川豊国

　十八世紀末には、写楽がスターや女方の老いや容貌の欠点までも描き、それまで商品化されなかった敵役・老け役・脇役なども描くようになる。重要なのはそれがよく売れたことだ。現代でさえ、アイドルや若いスターの写真集はあるが、老け役や脇役のそれはあっても稀だろう。徐々に観客の価値観も変わってゆく。そして、十九世紀の文化・文政期になると、四世南北の『桜姫東文章』のように、それまで脇役でしかなかった中間《ちゅうげん》が主役になり、幕末には四代目市川小團次のような平凡な容貌の、普通の人にしか見えない役者が黙阿弥の芝居で主役を演じるようになる。

　一方、錦絵のイメージをヒントに、芝居が作られることもあった。黙阿弥の『青砥稿花紅彩画《あおとぞうしはなのにしきえ》』（白浪五人男）は、三世歌川豊国の役者見立て絵に触発されて、当時の役者に当てはめて作られたといわれる。

◉右／三世歌川豊国筆「豊國漫画図絵　弁天小僧菊之介」
［早稲田大学坪内博士記念演劇博物館所蔵 006−4921］
◉左／『青砥稿花紅彩画』弁天小僧菊之助=尾上菊五郎

3　写真から映画へ

写真の登場

明治期には、浮世絵から写真への移行が当然ながら大きい。

それまでの役者絵や美人画では、美化され、類型化されて、いつまでも若く美しく描かれていた対象も、写真の登場によってその「神話」は崩される。名優の女方も老人の女装に見え、浮世絵では美貌でならした花魁も浅黒い面長な一人の女性に過ぎなくなる。しかも写真は、撮影者に歌舞伎への格別の知識がなく約束事を知らずとも、出来栄えを別にすれば、素人でも撮れるメディアなのだ。ブロマイドも明治初期から販売され、役者絵とは別のオーラを放つものもあり、独特の「神話」を作っていく。

当初は、シャッタースピードの関係から実際の舞台写真は撮れず、雑誌の写真類は開幕の前か後にポーズ写真として撮影されたものである。昭和初期にライカが輸入され、シャッタースピードが画期的に速くなることで、木村伊兵衛らが舞台を躍動感ある写真に残せるようになった。

やがて、写真は広告との関連でも役者絵に代わり、番付（プログラム）やポスター、チラシも変質していく。

写真の登場以前と以後では、歌舞伎だけでなく、演劇の性質が大きく変わった。初めて劇場へ行く人も、何らかの写真や映像がもたらすイメージなしに舞台に直に向き合うということは、最早出来なくなってしまったのだ。

映画の草創期と歌舞伎

映画は、近代になって登場した、いかにも「二十世紀」的ジャンルといえるだろう。一般論でいえば、紀元前から十九世紀までは演劇が担っていた娯楽の役割が、二十世紀に映画に移り、半世紀間は映画が大衆文化の王者だった。

十九世紀末に発明された映画が、明治三十二年（一八九九）に日本人によって初めて撮影されたのが、九代目團十郎と五代目菊五郎の『紅葉狩』である。

以前は「劇映画」といったように、映画の初期には欧米でも、演劇を題材に、そのイメージや記憶を利用して発展した。特に上映時間の短い初期映画では、庶民の目の記憶に定着している一目でそれとわかる人物を使うことが重要だった。それには、歌舞伎の登場人物が一番だったのだ。

長時間の劇映画が作られる時代になっても、題材から人脈まで、映画は多くを演劇の世界に負っていた。つまり、あくまでも演劇があってこその映画だった。俳優も尾上松之助をはじめとして歌舞伎界から多くの人材が流れ、人気スターとなったし、『忠臣蔵』や『婦系図《おんなけいず》』『国定忠治』など、歌舞伎や新派や新国劇の題材や人物像なしには映

◉映画『紅葉狩』
戸隠山の鬼女＝
九代目市川團十郎、
平維茂＝
五代目尾上菊五郎
［(公財)松竹大谷図書館所蔵］

◉左／映画『雄呂血』
久利富平三郎＝
阪東妻三郎
◉下／『義経千本桜』
小金吾討死
主馬小金吾武里＝
中村梅枝

画は発展しなかった。新劇俳優が脇役や悪役で癖の強い演技を見せなかったら、日本映画は印象薄いものになっていたと思う。

映画が歌舞伎にもたらした影響

だが、逆に、映画から歌舞伎、演劇に影響したことも多い。それは、先ず「顔」である。

初期劇映画で公開される役者の「顔」が、元来は多様であったはずの役のイメージを作ってしまうということである。これは歌舞伎以上に、初期映画に極めて重要な影響を与えた新派にふさわしい例で、こういうことがいえる。

芝居好きの人は『不如帰《ほととぎす》』の浪子や『金色夜叉《こんじきやしゃ》』のお宮という役を、本や雑誌で見た挿絵や写真に残る新派の名女方の美貌でイメージする。しかし、明治・大正期に多彩な地方廻りの劇団が存在した新派で、そういう名女方の舞台を見たのは都市部の限られた観客だった。地方廻りの新派のお宮や浪子は、それこそ美貌とは程遠い容貌の女方が演じていた。だが、映画が普及し、どんな地域でも、映画の立花貞二郎や衣笠貞之助のような美貌の女方の「顔」が全国画一に流通するようになると、従来の旅廻りの劇団のお宮や浪子は違和感を持たれてしまう。つまり、元来はどこにも実在しない作中人物の顔に、「こんな顔ではない」という印象を観客が抱いてしまうのだ。現在でも小説の著名作が映画やテレビ化されると、同様の感覚を持つことがある。映像があるイメージを普及させると共に、画一化してしまうのだ。これが現代のテレビの時代まで続いている。

また、昭和期の名立師だった坂東八重之助が語っているように、現在では歌舞伎の代表的な立廻りだと思われている『義経千本桜』の「小金吾討死」のそれは、映画『雄呂血《おろち》』で阪東妻三郎が演じたタテを八重之助が取り入れ、工夫して作り上げたものである。

◉『高坏』　次郎冠者＝十八代目中村勘三郎

昭和初期には、フレッド・アステアのレヴュー映画が人気で、そのタップダンスが評判だった。当時はダンスホール隆盛期でもあり、宝塚や松竹の少女歌劇でもそれを採り上げていた。タップダンスにヒントを得た六代目菊五郎が意欲を示し、宝塚の劇作家久松一声《いっせい》に頼み、『高坏《たかつき》』の上演に至ったのはよく知られている。

もっと直接の題材では、ドイツ映画の『嘆きの天使』を三代目阪東寿三郎が上演している。もちろん、『忠臣蔵』から『弁天小僧』『切られ与三郎』や新派、新国劇の有名演目をはじめ、歌舞伎・演劇の方から映画に与えた題材の方が遥かに多いが、映画や歌謡曲というメディアとの関連のなかで、実際の舞台を見ない人たちにも、その知名度をあげることになったのである。

4　声色《こわいろ》からレコード、テープへ

声色の流行

一方、耳で聴くメディアは、近世には「肉声」だけであった。劇場以外で役者の声を想像させるものに、役者絵の空白や背景に台詞を書き入れた「台詞入り役者絵」というのがあって、明治初期まで続いた。同時に人気を博したのが、声色であ

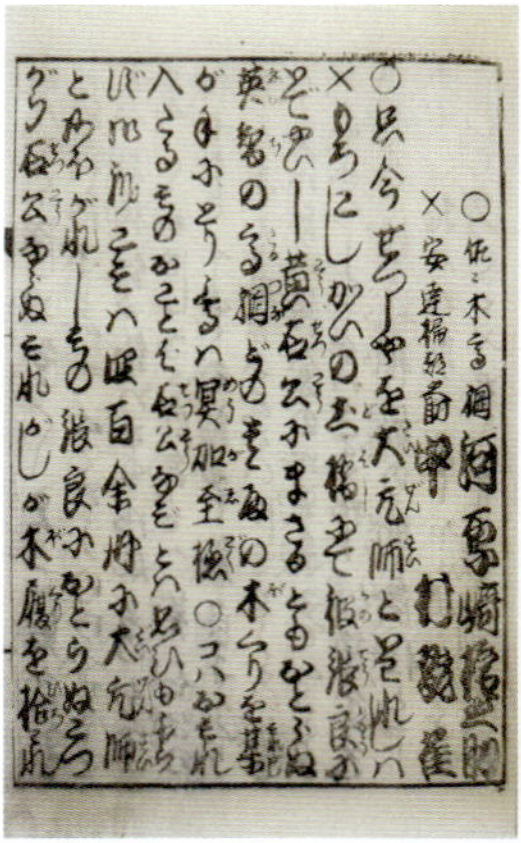

●明治4年8月江戸・守田座『出来秋月花雪張』の『鸚鵡石』
守川周重筆の表紙には、初代市川左團次（右上）、三代目中村翫雀（右下）、七代目河原崎権之助（九代目市川團十郎）（左上）の姿がある。

る。

正徳年間（一七一〇年代）、江戸で菖蒲《あやめ》屋平治という人物が初代芳沢あやめの声を、紺屋町の酒売が二代目藤村半太夫の声を真似たのが、声色の始めという。

声色をひとりで楽しむ、今でいう一人カラオケもあり、『影芝居』『鸚鵡石《おうむせき》』などの名称で、声色用台詞集が刊行されていた。

庶民に親しまれた「声色」は、芝居好きの間だけでなく、各地の花柳界や遊興の場だけでなく、物売り商いの場まで広がりを持っていた。新派の『婦系図』湯島天神の場にも登場するように、明治どころか大正、昭和になっても命脈を保った。

蓄音機の発明とレコード

明治期になると、声の複製が可能となる。トーマス・エジソンが明治十年（一八七七）に発明した蓄音機の出現である。東京大学の「お雇い外国人」教師だったジェームス・ユーイングが、早速日本に持ち込み、紹介した。

それ以後、蝋管蓄音機が鹿鳴館で明治二十二年（一八八九）に披露され、翌年には浅草花屋敷内奥山閣《おうざん》で一般庶民にも公開され、評判となる。

俳優や歌い手の音声が、レコードやラジオという近代メディアに取って代わられる。すると興味深いことに、今度は声色のレコードが発売され、「贋物」としての関心を引き付けた。ラジオやテレビ番組でも「演芸」や「素人演芸」の一種として歌舞伎の声色は恰好の題材を提供し，昭和四十年代まで機能していた。

レコードの録音方法、音質の変化等にはここでは触れない。ただ、当初のラッパ型の吹き込みはゆっくりした語りや歌い方でないと録音できず、実際の音声とは随分違うという。マイク式になってから、かなり改善されたようだ。

テープレコーダーの登場

戦後、テープレコーダーが登場し、やがて、カセットテープの時代になるに従い、劇場の音響技術も稽古方法も変化する。おどりの稽古でも、お師匠さんが三味線を弾いて稽古する風景は昭和四十年代以降見られなくなり、立派な流儀の稽古場でもテープが普通になったと思う。ある時期まで、新国劇にも松竹新喜劇にも音楽部があり、黒御簾での下座音楽だったが、次第にテープに代わってきた。現在では新派でもテープの場合がある。

なお、楽器についていえば、明治期から九代目團十郎が『娘道成寺』を踊る際に、部分的にピアノ演奏を入れ、和洋合奏で踊ったりしている。

音響では、マイク機能とＰＡ（パブリックアドレス・音声拡声装置）の発達も著しく、ピンマイクを使うことも多くなった。舞台の奥に居ても、声量のある人も乏しい人も、同じように客席に音

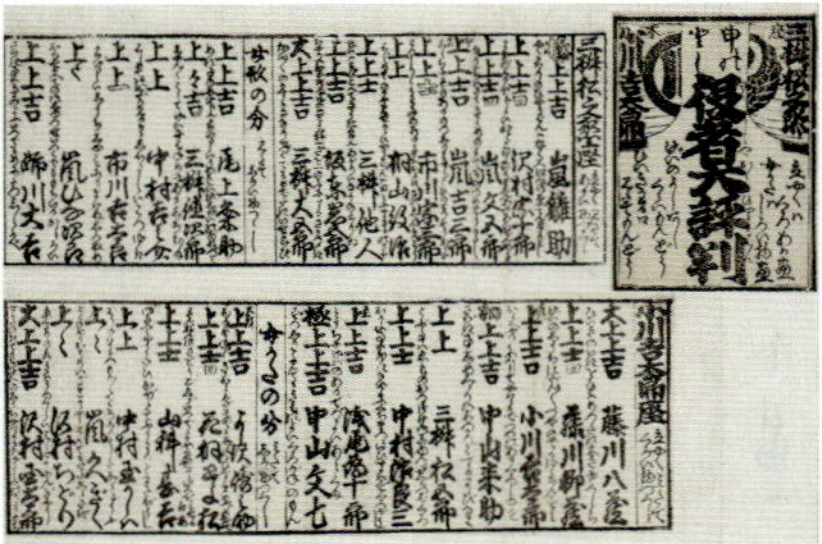

◉上／役者評判記『申のとし 役者大評判』
［早稲田大学坪内博士記念演劇博物館所蔵 E12-06288-0009-088］
◉左／演芸雑誌のいろいろ

声が届くのは嬉しい。しかし、声量のない人が独特の口跡や調子を工夫して聴かせようとした、かつての声色を使いたくなるような個性的な魅力が懐しい気持ちになる。近年は、歌舞伎でも新しいタイプの公演では、ときにPAが力を発揮しているのが解り、時代の変化を感じさせる。

5 評判記とファン雑誌

役者評判記から演芸雑誌へ

江戸時代には、歌舞伎を広める大きなメディアが「役者評判記」だった。明治期になると、新聞・雑誌の記事や劇評は、当然、評判記の狭い世界から、不特定多数の広い読者を対象とするようになる。

そして、明治から大正期には『歌舞伎』『演藝画報』『新演芸』などの雑誌が、評判記に取って代わる。

歌舞伎を巡る徳川期のメディアと、近代以降のそれとの差異はどこにあるのだろうか。一言でいえば、江戸のメディアは「通」のものであり、近代は「素人」にも開かれた世界である。「役者評判記」「遊女評判記」等、「評判記」の表現は「通」の言葉から成り立っており、そこに通じていない人には意味が解らない。それは、各種の「約束事」を承知し、その世界に通じて初めて読み取れる価値観である。役者絵、美人画にしても、評判記の世界や基準と関係している。もちろん徳川の世にも、それを読みとれない野暮は多かった。だからこそ、「通」の世界が成立するので、誰もが「訳知り」では「通」の意味がなくなってしまう。

近代になると受け手が変化した。簡単にいえば、受け手が一部の特権的存在から一般化するのが近代である。音楽も美術も、近代以前は宗教施設や貴族や特定のパトロンの所有物だったのが、近代以後は美術館や音楽堂（コンサートホール）で、料金を払えば誰でも見聴きできるようになる。つまり、何の知識も経験もない人でも接することができるようになるのが、近代の芸術なのだ。

ファン雑誌の熱気

だから、活字メディアでは、特定の知識や意欲を持った人対象の「専門誌」が逆に重要になる。一般に見過ごされがちだが、特に各種「ファン雑誌」の持った意味は演劇・映画では大きい。「人気」は演劇に占める重要な要素だが、その時代が過ぎ去ると解りにくい。二十世紀でさえ、自分の知らない時代だと、古い映像を見ても人気が実感できない俳優や歌手はいる。それを検討するうえで「ファン雑誌」の存在は貴重である。そこにある意義や成果にとらわれない「贔屓の強さ」こそが、その時代の肉声を感じさせる最高のメディアである。『花道』『役者』『梨園』のような戦後の歌舞伎ファン雑誌は、ある時代の熱気や欲望を、政治的社会的な事柄以上に実感させて、「ある時代」のイメージを鮮やかに浮かびあがらせる。息を弾ませて客席に向かう観客たちの体温が伝わってくるような貴重な雑誌群なのだ。

6 テレビからビデオへ

テレビ放送の開始

昭和三十年代にはテレビが最大のメディアとなった。NHKの一般放送が開始された昭和二十八年（一九五三）の記念番組に二代目尾上松緑と七代目尾上梅幸の『道行初音旅』が放映されて以来、歌舞伎は家庭のお茶の間にも登場する。昭和三十年代までは、民放でもラジオを含め、多くの劇場から舞台中継をしていた。

当初はテレビタレントなどいないから、演劇人、映画人が主体で、テレビのおかげで演劇人は全国的に顔が売れたのは間違いない。だがテレビは老人から子供まで家庭で見る性質上、時代劇だけでなく現代劇に出る歌舞伎俳優や歌舞伎のイメージも、明るい健全明朗型が求められた。テレビドラマの中の初代中村鴈治郎や十五代目市村羽左衛門は考えられない。逆に舞台からは感じ取れない歌舞伎俳優の意外なイメージを浸透させたテレビの功績は大きい。

しかし、舞台に始まり映画からテレビ迄は、基本的に一回限りの体験で、繰り返して何度も見たり、途中で止めることも、早送りすることもできなかった。それを可能にしたのが、ビデオの普及である。

ビデオの普及

一九六〇年代には、ビデオはまだテレビ局にある大きな設備というイメージだった。

やがて一九八〇年代に普及したビデオの大きな

特色は、記録、再生だけでなく、繰り返し見られる反復機能があることだ。ビデオは映画以上に広く庶民に影響を与えたテレビの延長となるメディアだが、テレビにはない再生と反復という二つの機能で、観客の記憶と思い出を変質させた。

記録という点で見ると、それまでの、舞台を筆一本で描き記録する「見たまま」の伝統が、必要性の意味からはなくなってしまった。明治期の雑誌『歌舞伎』から『演藝画報』を経て『演劇界』にまで継続した名物記事「芝居見たまま」は、平成期にはもう見られなくなる。

更にいうと、ビデオや現在のＤＶＤは、実際には「保存」するだけで見ない、見ていないものも多いのではないか。ＤＶＤで何時でも、何回でも反復して見られるとなれば、逆にいえば、必要性がなければ、大部分は見ないで済むということだ。録画しただけで、死蔵されているＤＶＤは多いのではないだろうか。

ビデオが歌舞伎に与えた影響

ビデオが歌舞伎に与えた影響とは何だろうか。

ビデオには「記録・再生・反復」のほか、「早送り」という機能がある。映画では絶対不可能な、ビデオの早送り機能の誘惑に勝てない人は多いだろう。早送りの特徴は、各自必要なところしか見ないということにある。一つの仕どころを見ると、次のキッカケまで早送りしたりする。すると、「間《ま》」や「沈黙」という重要な要素は見聴きしないことになる。歌舞伎では、斬った後の刀身を拭い、鞘に収めるというだけの仕草が、三味線の糸に乗り、実に妙味ある芸となる場合もあるが、そこは別段、意味がある訳でなく、後の手順にも関連ないので、その濃厚な芝居味タップリな仕草を素通りしてしまう。もっとも私も、かつて国立劇場に勤務していた頃は、稽古に入るまでの多忙な時期、手順やキッカケ確認の為、そして現場を離れた現在でも、様々な執筆に際し、早送りで見てしまっている。

更にビデオは、個人で見るというそれまでにない見方を生んだ。かつての最新のメディアだったテレビは、元来、街頭の大衆や家族など複数の人々といっしょに楽しむ見方を想定していた。しかしビデオは著作権等の規定から、公開の場での放映は原則禁止であり、基本的に「個人」で見るのが前提なのだ。だが不特定多数の大ぜいの観客を前提に作られた演劇や映画を狭い個室で一人で見るのは無理があり、見方が変わってしまう。

観劇体験と思い出の変質

演劇も映画も、個人で、しかもモニターやスマホのような小サイズの画面での見方を想定していない。例えば、舞台や画面からはみ出してしまう「大きさ」、現世を超えた奇跡や霊験の表現などは滑稽に見えてしまう。少年期、胸を躍らせた特大シネマスコープでの特撮映画の驚き、その大きさに圧倒された歌舞伎の名優、細部のリアリズム、一世を風靡した人気の美男俳優——それらを語るのに絶対必要な肉感的記憶や劇場特有の遠近感、錯覚の魅力は、小さな画面では消えてしまうのである。

私が見た役者たちは、思えば遠く見晴るかすものだった。大劇場の三階席から見る俳優は、物理的には数センチの大きさだが、回想の中で彼らは等身大かそれ以上の大きさで甦る。劇場での遠近感は奇妙で、舞台に引き込まれれば、前席の観客より遠くの数センチの俳優の方が大きく見える。そういう錯覚が、舞台の秘密と魅惑だった。

また、かつての芝居は、それを見た時の町の思い出や、当時の交友関係や自分の人生の記憶と結びついていた。あの芝居を見た時は何があった、誰と付き合っていた、どこの町の何々という店へ行った、という個人的な人生の断片が、連想されることがある。しかし、殆どは自分の家で、一人で見るビデオやDVDでは、そういう記憶や思い出は連想されない。どんな名人の名舞台も、ナマでしか接しられなかった時代には、多くは一回限りの経験だが、その記憶は反芻されることで、生涯の思い出に残り、その人の人生を潤わせ、多くの豊かな回想として次代に語り伝えられてきた。だが今では、実際には見たことも聴いたこともなくとも、多くの映像を数十回再生できる人の方が詳しいことになってしまった。

つまり、ビデオ以降、DVDに至る過程で、芝居とは「劇場で、生の役者を肉眼で見て、その思い出を語るもの」という無意識に共有されていた前提が変わってしまったのだ。

そして、芝居を見る側だけでなく、このビデオ以後の流れで起きた再生、反復、早送りという習慣によって、芝居作りの現場も様々な面で変質した。元来は舞台を記録するのが映像であり、舞台あっての映像という主従関係だった。ところが、映像を先に見て、それを模倣して舞台を作る、或いは公演と別に映像として見せるための舞台を作るという逆転が起きる。

映画でもCG（コンピューター・グラフィックス）が取り入れられ、現実と虚構の境目が曖昧な「仮想現実（VR：ヴァーチャル・リアリティ）」という言葉が一般化するのは、一九八〇年代だ。この時期からメディアの意味や文脈が変質してくる。

マンガから歌舞伎へ

演劇の題材にも変化が起きる。漫画を題材にした舞台は大正期からあるが、昭和四十九年（一九七四）『ベルサイユのばら』が企画された際は、宝塚でも原作が漫画であることに抵抗感が強く、反対する声もあったという。それ以前、私が小学生時代、人気少年漫画の劇化『赤胴鈴之助』を新宿松竹座の歌舞伎公演で、同名テレビドラマで主演していた初代尾上緑也（六代目松助）で見たが、それは一本立てでなく、見取り演目の一本に過ぎなかった。一九八〇年代以降、『はいからさんが通る』をはじめ、漫画やアニメの原作ものが舞台化され、大人向けの劇場で上演され、歌舞伎俳優が出演するのも普通になる。これもメディアと時代との関係に係わるだろう。

例えば、かつては最新の発想で、今では一般化している2・5次元ミュージカルのことを、二〇歳前後の学生と話すと、人生最初の演劇体験が2・5次元物だから、彼等にとっては、新しいどころかそれは既にノスタルジーの対象なのだ。

例えば、生活の面でも、かつての「最新のテクノロジー」だった電化製品は、今ではノスタルジーを誘う展示品になっている。

シネマ歌舞伎

二十一世紀に入ると、映像と舞台の逆転が起きる。欧米での近年の舞台のライブ配信がそれである。それらは「ライブ」だが、実際の客席では存在しない視点や観客の視力では不可能なアップ画像が展開される。印象は違うが、「シネマ歌舞伎」も、それらの条件に加え編集がなされる。

舞台と別に「作り直す」発想は以前からあり、新しいものではない。劇場で上演されない作品をテレビスタジオで収録するのは、かつてのNHKの『芸能百選』などがそうだった。これは、歌舞伎の名優の「名舞台」を保存する「記録映画」や「劇場中継」の延長で、あくまでも舞台が「本物」であるという前提は疑われていない。

だが、少年期よりVR映像に馴染んだ世代には、現実より映像の世界の方がリアルで、舞台より映像の方が生々しいのだ。映像の演劇への取り込みは、明治末の連鎖劇（西欧ではキノドラマ）からあり、近年では舞台外の出来事を映像で見せる演出も少なくない。

ただ、あまりに映像や音響技術の進歩をはっきり強調した舞台を見ると、かえって「生の魅力」の欠落を感じることがある。

スクリーンもプロジェクターも見えない立体映像が作られる時代、他のジャンルでの手法を使い「何でもあり」にしてしまうと、「これって、あそこの劇場でも、やっていたね」という感想を聞くことがある。一概にそうとは言えないが、かえって歌舞伎らしい魅力が薄れてしまうと感じる人もいるかもしれない。

新しいメディアを用いた舞台を見た後で、義太夫狂言、生世話物、新歌舞伎、舞踊などの昔ながらのよき舞台に接すると、こればかりは、他のジャンルでは絶対に味わえない、歌舞伎ならではの世界だと改めて感じる。

繰り返すが、メディアや科学技術と離れては、歌舞伎も演劇も成立しない。今では古風に見える「差出し」の明かりも、廻り舞台も、電気照明による変化も、当時の最新のテクノロジーの応用なのだから。しかし、あまり新しさを強調すると、日進月歩のテクノロジーはたちまち古くなる。それと、歌舞伎の独自性をどう生かすかの工夫が大切なところだろう。

◉シネマ歌舞伎『鼠小僧』チラシ（2004年12月）

◉『風の谷のナウシカ』　ナウシカ＝尾上菊之助

生の舞台ならではの感動を、もう一度

しかし、どんなに科学技術、テクノロジーが進み、便利なメディアが登場しても、人間の感じ方や感動には変わらない大きなところがある。

近年、『ワンピース』歌舞伎化のヒットをはじめとして、『ＮＡＲＵＴＯ－ナルト－』や『風の谷のナウシカ』のような長編漫画が相次いで歌舞伎化されて人気を博している。こうした動向も、江戸時代後期の『南総里見八犬伝』『偐紫田舎源氏』など、挿絵入り人気作が歌舞伎化されて現在にまで続くレパートリーとなっているのを想起させる。

漫画やスマホは一人で楽しむものだが、劇場での上演には多くの観客とその感動を共有しあえる独自の喜びがある。だからこそ、二十一世紀の同時代に生きる俳優たちが演じる生の舞台に少しでも多く接し、その時間を劇場という空間で共有して、一期一会の体験を、生涯に残る思い出として感じ取ってほしいと思うのである。

二 歌舞伎俳優名鑑

▼この名鑑には現役の歌舞伎俳優全員を収録した。
▼データは令和二年（二〇二〇）四月一日に確認したものである。
▼幹部・名題は芸名・代数・屋号・紋、プロフィールと主な経歴を掲載した。
但し文章中では代数を省略した場合がある。
▼名題下は芸名と主な経歴を掲載した。
▼配列は芸名の五十音順を基本としつつ、一門別などの条件も勘案した。
▼俳優の素顔写真は、松竹株式会社提供の最新版を掲載した。

▶俳優のプロフィールの執筆者〔五十音順〕
朝田富次〔演劇コラムニスト〕
飯塚友子〔産経新聞記者〕
石山俊彦〔演劇評論家〕
大島幸久〔演劇ジャーナリスト〕
上村以和於〔演劇評論家〕
亀岡典子〔産経新聞大阪本社編集委員〕
小菅昭彦〔時事通信社編集委員〕
小玉祥子〔毎日新聞社専門編集委員〕
田中聡〔読売新聞東京本社編集委員〕
中村桂子〔ライター〕
中村正子〔時事通信文化特信部編集委員〕
林尚之〔演劇ジャーナリスト〕
坂東亜矢子〔演劇記者〕
水落潔〔演劇評論家〕
宮辻政夫〔演劇評論家〕
森重達裕〔読売新聞文化部記者〕
森洋三〔演劇ライター〕
横溝幸子〔演劇評論家〕

▶俳優名鑑に使用されている写真は、下記の撮影者が著作権を保有しています。
松竹株式会社／伝統歌舞伎保存会／網中健太／井川由香／小川知子
桂秀也／篠山紀信／田口真佐美／中村彰／二階堂健／福田尚武
前野寛幸／山本聡子／一光堂 渡辺文雄／ファーンウッド

▶これらの写真を利用したい方は、各著作権者か日本俳優協会にお問合せください。
公益社団法人 日本俳優協会
TEL.03-3543-0941／FAX.03-3546-8629／e-mail otegami@actors.or.jp

嵐《あらし》橘《きつさぶろう》三郎

六代目─伊丹屋

紋＝三階菱橘
伝統歌舞伎保存会会員

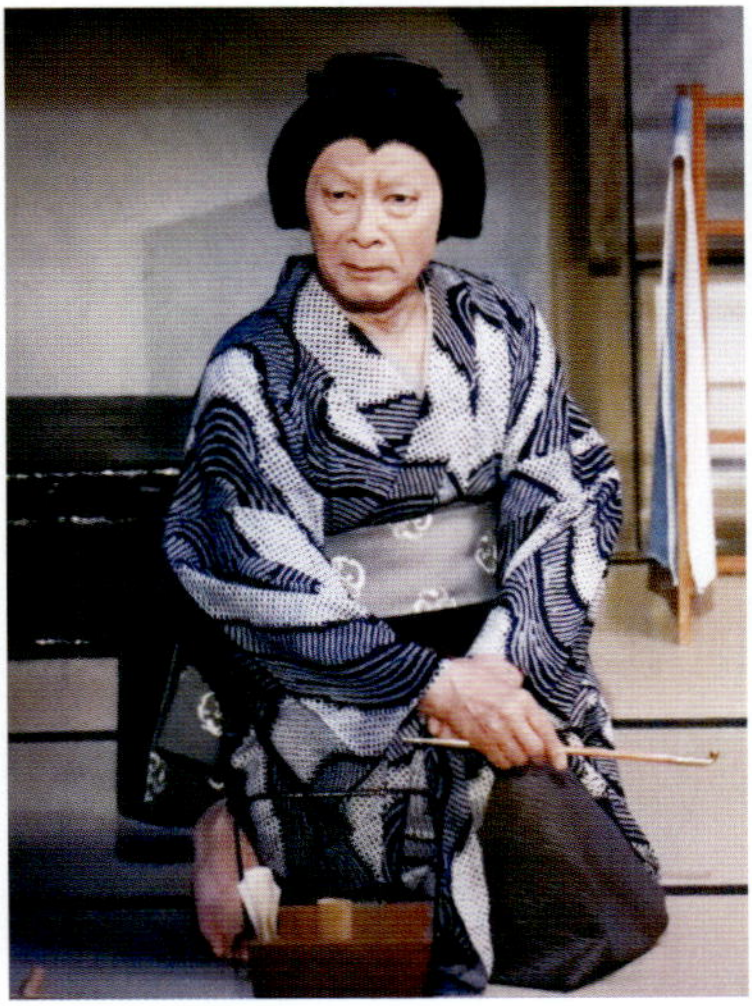

●『暗闇の丑松』お米の母お熊

出ているだけで舞台が引き締まる、頼もしいわき役の一人である。平成31年と令和元年も老巧な腕を見せて活躍した。『暗闇の丑松』では丑松女房お米の育ての親お熊役で、浪人を使ってお米を襲わせるというよこしまな女を好演した。また『弁天娘女男白浪』では、弁天小僧に本当の女性だと思っていろいろ言いかけたり、万引きだと騒ぎ立てたり、果ては男と知って驚く番頭与九郎を演じて道化味と強面《こわもて》を巧みに使い分けた。さらにオフシアター歌舞伎の『女殺油地獄』では、放蕩する与兵衛の父徳兵衛の情愛をたっぷり見せた。これら人間の様々な面を引き出してみせる、歌舞伎に欠かせない役者である。

▼昭和19年10月22日生まれ。38年3月坂東鶴之助（五代目中村富十郎）に入門し、5月大阪新歌舞伎座『花の生涯』の侍で坂東鶴吉を名のり初舞台。坂東竹四郎、中村富太郎を経て52年10月新橋演舞場『梶原平三誉石切』の奴菊平ほかで六代目嵐橘三郎を襲名し名題昇進。平成25年11月歌舞伎座『仮名手本忠臣蔵』四・七段目の斧九太夫で幹部昇進。（宮辻）

市川《いちかわ》右團次《うだんじ》

三代目｜高嶋屋

紋＝松皮菱に鬼蔦、三升に右
伝統歌舞伎保存会会員

●『蜘蛛絲梓弦』源頼光朝臣

令和元年、ラグビーワールドカップ2019™日本大会の開会式で長男の市川右近と『連獅子』を披露、日本の伝統文化の美しさを世界に知らしめた。翌2年にはその『連獅子』を再び親子で演じた。さぞかし深い感慨があったであろう。三代目右團次を襲名して早三年、成田屋一門で演じる機会が増え、『勧進帳』では市川海老蔵の弁慶に富樫、『神明恵《かみのめぐみ》和合取《わごうのとり》組《くみ》』め組の喧嘩では相撲取り四ツ車大八など、これまであまり演じることのなかった役どころにも芸域を広げている。『鳴神』の鳴神上人をはじめ主役から主要なわき役まで風格も増し、精彩を放ち続けている。

▼昭和38年11月26日生まれ。飛鳥流宗家・飛鳥峯王の長男。47年6月南座『大岡政談天一坊』の忠右衛門で武田右近の名で初舞台。50年市川猿之助（現・猿翁）の部屋子となり市川右近を名のる。平成10年7月歌舞伎座『義経千本桜』の小金吾で名題昇進。29年1月新橋演舞場『雙生隅田川《ふたごすみだがわ》』の猿島惣太後に七郎天狗ほかで三代目市川右團次を襲名。（亀岡）

●『弁天娘女男白浪』南郷力丸

市川《いちかわ》右近《うこん》

二代目｜澤瀉屋

紋＝澤瀉鶴

平成22年4月18日生まれ。市川右團次の長男。28年6月歌舞伎座『義経千本桜』渡海屋・大物浦の銀平娘お安実は安徳帝で武田タケルの名で初お目見得。29年1月新橋演舞場『雙生隅田川《ふたごすみだがわ》』の梅若丸、松若丸で二代目市川右近を名のり初舞台。30年11月国立劇場『名高大岡越前裁《なもたかしおおおかさばき》』の大岡一子忠右衛門、令和元年10・11月新橋演舞場『新版 オグリ』の金坊（交互出演）、ほかをつとめた。

●『連獅子』仔獅子の精

市川《いちかわ》右若《うじゃく》

二代目｜髙嶋屋

紋＝松皮菱に姫蔦

女方。少し離れ目の愛嬌がある顔立ち。しとやかな佇まいで、時代物の腰元や『御所五郎蔵』のおますのような世話物の仲居などを行儀よく勤める。近年は師匠とともに新作への出演も増え、「ＡＢＫＡＩ」の『ＳＡＮＥＭＯＲＩ』では腰元柵として客席に降りて観客を盛り上げていた。▼昭和56年生まれ。平成9年7月市川右近（現・右團次）に入門し、歌舞伎座『夏祭浪花鑑《なつまつりなにわかがみ》』の仲居で初舞台。10年2月国立劇場〈春秋会公演〉『摂州合邦辻』の腰元ほかで市川喜昇を名のる。25年1月大阪松竹座『毛抜』の腰元若菜で名題昇進。29年1月新橋演舞場『黒塚』の後見で二代目市川右若を名のる。

●『嫐』乳母呉竹

市川《いちかわ》猿三郎《えんざぶろう》

二代目　澤瀉屋

紋＝三ツ追澤瀉
伝統歌舞伎保存会会員

立役・女方。子役から腕を磨いたベテランで安心感がある。オフシアター歌舞伎『女殺油地獄』では叔父森右衛門を骨太に演じて舞台を締めた。『女鳴神』の白雲尼のような役もいい。『新版 オグリ』のホヤ婆はアクの強さを面白く見せた。▼昭和27年生まれ。32年11月宝塚大劇場〈新芸座公演〉『無法松の一生』の吉岡少年で初舞台。56年父・六代目嵐冠十郎に入門し、嵐延夫の名で関西歌舞伎に籍を置く。平成元年市川猿之助（現・猿翁）門下となり市川延夫と改名。10年7月歌舞伎座『義経千本桜』鳥居前の亀井六郎ほかで名題昇進。20年3月市川猿三郎を襲名。▼日本俳優協会賞。

◉『女鳴神』白雲尼

市川《いちかわ》欣弥《きんや》

初代　澤瀉屋

紋＝三ツ追澤瀉

ベテラン立役。堂々たる面構えに、凄みのある個性的な声の持ち主。『傾城反魂香』の百姓米作のような老け役や敵役など、この人が演じるとひと味違った余韻が残る。『新版 オグリ』では奔放な息子を案じる父親の威厳と慈しみを見せた。▼昭和23年生まれ。祖父は文楽の四代目竹本大隅太夫。父は人形遣い吉田栄三郎。43年3月関西芸術座で初舞台。49年4月前進座入座、片岡欣弥を名のる。62年4月市川猿之助（現・猿翁）門下となり市川欣弥と改名。平成10年7月歌舞伎座『義経千本桜』鳥居前の駿河次郎で名題昇進。▼歌舞伎座賞、国立劇場特別賞ほか。

◉『NARUTO－ナルト－』水戸門ホムラ

市川《いちかわ》笑三郎《えみさぶろう》

三代目｜澤瀉屋

紋＝三ツ寄り替り澤瀉
伝統歌舞伎保存会会員

●『新版　オグリ』閻魔夫人

凛とした佇まいに、古風な味わいやしっとりとした柔らかな色気も併せ持つ女方。古典からスーパー歌舞伎まで幅広い劇世界で的確に役割を果たし、多彩な人物を生き生きと映し出している。平成31年から令和元年は、『金門五三桐』の大炊之助妻呉竹、『傾城反魂香』の宮内卿の局、『東海道中膝栗毛』の登喜和屋おかめといった役で活躍。中でも、新作『NARUTO－ナルト－』の大蛇丸では、中性的な悪役をニヒルに表現して印象付けた。対照的に主人公の母、うずまきクシナを温かく包み込むように描いたのも、この人の腕である。スーパー歌舞伎Ⅱ『新版　オグリ』での主人公の母である大納言の妻や閻魔夫人でも、手堅い演技で舞台に厚みをもたらした。

▼昭和45年5月6日生まれ。61年4月市川猿之助（現・猿翁）に入門し、5月中日劇場『ヤマトタケル』の吉備の国の使者ほかで三代目市川笑三郎を名のり初舞台。平成6年3月猿之助（現・猿翁）の部屋子となる。10年7月歌舞伎座『義経千本桜』四の切の静御前で名題昇進。

（坂東）

●『金門五三桐』大炊之助妻呉竹

市川《いちかわ》笑也《えみや》

二代目｜澤瀉屋

紋＝一ツ丸澤瀉
伝統歌舞伎保存会会員

●『平成代名残絵巻』建春門院滋子

透明感漂う涼しげな美貌は相変わらず。若々しさと瑞々しさを失わない女方で、近年は華やかな存在感に貫禄も滲み出て、鋭い輪郭で役を息づかせている。平成31年から令和元年も、古典に新作にと各地で活躍。『東海道中膝栗毛』の天照大神での神秘的で大らかな魅力、『金門五三桐』の真柴久秋での優美な二枚目ぶりが光った。『NARUTO－ナルト－』の綱手は回数を重ねて迫力を増し、心に哀しみを抱える女性の陰影と芯の強さを巧みに描出。若手が軸となった新作で、一日の長を感じさせた。スーパー歌舞伎Ⅱ『新版 オグリ』での小栗党の一員・小栗三郎でも精彩を放つなど、芸の深化を見せている。

▼昭和34年4月14日生まれ。55年3月国立劇場第五期歌舞伎俳優研修修了。4月国立劇場小劇場『絵本《えほん》合法衢《がっぽうがつじ》』の中間で泉山太男の名で初舞台。56年2月市川猿之助（現・猿翁）に入門し、二代目市川笑也を名のる。平成2年2月猿之助（現・猿翁）の部屋子となる。10年7月歌舞伎座『義経千本桜』鳥居前の静御前で名題昇進。（坂東）

●『弁天娘女男白浪』赤星十三郎

市川《いちかわ》猿翁《えんおう》

二代目｜澤瀉屋

紋＝澤瀉、三ツ猿
伝統歌舞伎保存会会員
文化功労者

●『ヤマトタケル』ヤマトタケル

信じ難いほど旺盛な活躍を続けていた猿翁が病を得たのが平成16年2月のことだから、思えば早や十六年の歳月が流れたことになる。その間、猿之助・中車襲名の折に出演したのを例外としてその舞台に接する機会はなかったが、その存在を今なおさまざまな形で私たちに意識させる。それは後継者としての猿之助や中車の舞台に留まらない。盛んに行われるようになった新奇な新作物や、次代を担うと目される中堅・花形たちの活動の様相を見る時、その眼差しの先に猿翁のしてきたことどもが浮かんでくる。先駆者として猿翁の求めたことが、いま、若い世代によって現実となろうとしているのではなかろうか？

▼昭和14年12月9日生まれ。三代目市川段四郎の長男。22年1月東京劇場『壽式三番叟』の附千歳で三代目市川團子を名のり初舞台。38年5月歌舞伎座『吉野山』の忠信、『黒塚』の鬼女ほかで三代目市川猿之助を襲名。平成24年6・7月新橋演舞場『楼《さん》門《もん》五《ご》三桐《さんのきり》』の真柴久吉ほかで二代目市川猿翁を襲名。（上村）

●『加賀見山再岩藤』骨寄せの岩藤　岩藤の亡霊

●『隅田川続俤』聖天町法界坊

市川《いちかわ》猿之助《えんのすけ》

四代目｜澤瀉屋

紋＝八重澤瀉、三ツ猿
伝統歌舞伎保存会会員

令和初年一年間を例にとると、8月『弥次喜多』、3月『弁天娘女男白浪』、6月『月光露針路日本《つきあかりめざすふるさと》』など松本幸四郎との仕事が目に付く。それぞれの先代である現・市川猿翁と松本白鸚が良きライバルとして脚光を浴びていた姿の再来のようだ。ダブルキャストの弁天小僧はオーソドックスな幸四郎に対しやんちゃな猿之助、『月光露針路日本』では幸四郎の大黒屋光太夫の漂流仲間から一転、エカテリーナ女帝の艶やかなドレス姿と才気煥発な猿之助流。その一方、家の芸『黒塚』、『傾城反魂香』のおとくではきっちりとなすべきことを仕遂げて見せた。スーパー歌舞伎Ⅱ『オグリ』では猿翁の精神を受け継ぎつつ独自の路線を模索した。

▼昭和50年11月26日生まれ。市川段四郎の長男。58年7月歌舞伎座『御目見得太功記』の禿《かむろ》たよりで二代目市川亀治郎を名のり初舞台。平成10年7月歌舞伎座『鮨屋』のお里で名題昇進。24年6・7月新橋演舞場『ヤマトタケル』の小碓命後にヤマトタケルほかで四代目市川猿之助を襲名。（上村）

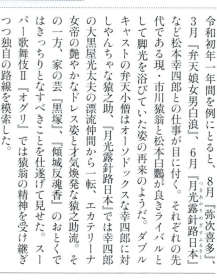

●『雷船頭』女船頭

市川《いちかわ》猿弥《えんや》

二代目｜澤瀉屋

紋＝軸違いの二ツ葉澤瀉
伝統歌舞伎保存会会員

●『義経千本桜』大物浦　入江丹蔵

抜群の芝居心、口跡の良さ、切れのある動きで敵役から老け役、三枚目、女方と、幅広く演じて舞台を盛り上げる。持ち前の愛嬌と確かな演技力を自在に操り、どんな役も魅力的に見せる達人だ。『盛綱陣屋』の伊吹藤太や、『黒塚』の強力太郎吾などは丸みのある体からおかしみが発散する。平成の締めくくりに歌舞伎座の大舞台で演じたのが『弁天娘女男白浪』の南郷力丸と鳶頭清次の役替わり。本人も驚いたという松本幸四郎と市川猿之助とのダブルキャストで、南郷は芝居っ気たっぷりに、清次は貫禄を効かせて抜擢に応えた。スーパー歌舞伎Ⅱ『新版オグリ』の小栗五郎では照手姫への思いをユーモラスに表現。古典に新作に欠かせない存在だ。

▼昭和42年8月15日生まれ。50年1月歌舞伎座『菅《すが》原《わら》伝授《でんじゅ》手習鑑《てならいかがみ》』寺子屋の寺子四郎蔵で久住良浩の名で初舞台。53年5月市川猿之助（現・猿翁）の部屋子となり、南座『加賀見山《かがみやま》再岩藤《ごにちのいわふじ》』の志賀市ほかで二代目市川猿弥を名のる。平成10年7月歌舞伎座『義経千本桜』の武蔵坊弁慶で名題昇進。（中村正）

●『東海道中膝栗毛』娘義太夫豊竹円昇

市川《いちかわ》猿四郎《えんしろう》

二代目　澤瀉屋

紋＝三ツ追澤瀉
伝統歌舞伎保存会会員

立役。大きな切れ長の目に骨太の体つきで、どこか不敵さが漂う。古典のパロディ『女鳴神』では〝なまぐさ〟の尼僧を楽しく造詣し、『芝浜』では飲み友達の梅吉を演じた。『NARUTO』では猿飛ヒルゼンを好演。『新版 オグリ』では、長掛貴信・クセのあるウニ婆・馬喰の三役で活躍した。▼昭和41年生まれ。63年国立劇場第九期歌舞伎俳優研修修了。4月歌舞伎座『仮名手本忠臣蔵』の中間《ちゅうげん》ほかで田村俊晴の名で初舞台。7月市川猿之助（現・猿翁）に入門し、市川猿四郎を名のる。平成12年7月歌舞伎座『宇和島騒動』の雲助ほかで名題昇進。▼日本俳優協会賞奨励賞ほか。

◉『ヤマトタケル』ヤイレポ

市川《いちかわ》笑野《えみの》

初代　澤瀉屋

紋＝一ツ澤瀉菱

女方。端正な容姿に落ち着いた佇まい。上品な物腰で、『伽羅先代萩《めいぼくせんだいはぎ》』などの時代物の腰元や官女がぴったり。世話物では芸者や町娘などもいい。『新版 オグリ』の女郎山茶花では現代的な一面を面白く見せた。平成30年から始めた中村芝のぶとの舞踊公演「梅笑會」で『道行恋苧環』の橘姫などを勤め、舞踊の腕も磨いている。▼昭和54年生まれ。平成9年7月市川猿之助（現・猿翁）に入門し、歌舞伎座『夏祭浪花鑑《なつまつりなにわかがみ》』の仲居、『當世流小栗判官《とうりゅうおぐりはんがん》』の腰元と同行の僧ほかで市川笑野を名のり初舞台。25年1月大阪松竹座『毛抜』の息女錦の前で名題昇進。

◉『NARUTO－ナルト－』美人

市川《いちかわ》猿紫《えんし》

初代　澤瀉屋

紋＝一ツ澤瀉菱

小柄で楚々とした可愛らしさがある、澤瀉屋一門の若女形《わかおやま》。時代物の『傾城反魂香』の腰元や『高時』の侍女小萩などを品よく勤めていた。『恋飛脚大和往来』封印切の女郎喜代川に儚げな風情があった。『新版 オグリ』では女郎桃ノ木を思い切りよく演じた。▼昭和56年生まれ。平成13年4月市川猿之助（現・猿翁）に入門し、新橋演舞場『新・三国志Ⅱ』の蜀の軍兵で初舞台。7月歌舞伎座『続篇《つづくたび》華果《かか》西遊記《さいゆうき》』の侍女ほかで市川猿紫を名のる。25年1月大阪松竹座『小栗栖の長兵衛』の建場茶屋の娘おかんで名題昇進。

◉『恋飛脚大和往来』封印切 女郎喜代川

市川《いちかわ》喜猿《きえん》

五代目　澤瀉屋

紋＝三ツ追澤瀉

立役。精悍な顔立ちで、『すし屋』の梶原の臣のような時代物の武士がぴったり。百姓や世話物の町人などもこなす。小さめの柄と機敏さを活かし、『星合世十三團』の知盛にかかる武者などの立廻りでも活躍。『新版 オグリ』では噂好きのカキ婆・馬喰・中原祐膳の三役を勤めた。今後の成長が楽しみである。▼昭和50年生まれ。平成8年6月市川段四郎に入門し、中日劇場『俊寛』の船頭で市川段三郎を名のり初舞台。15年7月市川猿之助（現・猿翁）門下となり、市川喜猿を名のる。27年7月歌舞伎座『蜘《くも》蛛絲梓弦《のいとあずさのゆみはり》』の卜部勘解由季武ほかで名題昇進。

◉『高時』赤黒兵太

市川《いちかわ》男女蔵《おめぞう》

六代目｜滝野屋

紋＝隅切り角に一葉紅葉
伝統歌舞伎保存会会員

◉『月光露針路日本』風雲児たち　水主小市

近年、存在感を増している。父・市川左團次譲りの堂々たる押し出しに加え、老け役から三枚目まで幅広い役柄をこなす。1月『平家女護島』俊寛の平康頼、2月は『暗闇の丑松』の料理人作公、3月『鯉つかみ』で大百足と堅田刑部、6月の三谷かぶき『月光露針路日本《つきあかりめざすふるさと》』の小市、10・11月『新版 オグリ』の横山修理太夫、長殿と続いた。小市は何ごとにもマイペースで、日本に着く直前に幻想の富士山を見ながら命を落とす切ない役で涙を誘った。『新版 オグリ』では横暴な修理太夫と、心優しい近江屋主人の長殿を巧みに演じ分けた。持ち前の愛きょう、人柄の良さで親しまれ、三谷幸喜監督の映画『記憶にございません!』では大臣役で出演した。

▼昭和42年10月9日生まれ。市川左團次の長男。48年1月歌舞伎座『酒屋』の娘おつうで荒川謹次の名で初お目見得。49年2月歌舞伎座『たぬき』の伜梅吉ほかで六代目市川男寅を名のり初舞台。平成15年5月歌舞伎座『暫』の成田五郎ほかで六代目市川男女蔵を襲名。（林）

◉『湧昇水鯉滝』鯉つかみ　三上山の大百足

●『新版　オグリ』小栗二郎

市川《いちかわ》男寅《おとら》

七代目｜滝野屋

紋＝隅切り角に一葉紅葉

彫りの深い端正で現代的なマスクの若手花形。大学を卒業して舞台への出演が本格化し、時代物の並び大名や四天王、世話物の男伊達などで経験を積んでいる。堂々とした体格の祖父・市川左團次、父・市川男女蔵よりきゃしゃで繊細な持ち味で、『毛抜』の錦の前、『芝浜革財布』のお君といった女方も演じてきた。平成31年・令和元年は『極付幡随長兵衛』の子分神田弥吉、『義経千本桜』すし屋の梶原の臣、『め組の喧嘩』の亀の子三太、『御所五郎蔵』の子分秩父重介などで古典に取り組む一方で、スーパー歌舞伎Ⅱに初参加。『新版　オグリ』で小栗党の一人、小栗二郎を現代に通じる等身大の若者として造形した。再演を重ねながら作品と役を練り上げていく経験は今後の大きな糧となるだろう。

▼平成7年12月27日生まれ。市川男女蔵の長男。祖父は市川左團次。15年5月歌舞伎座『極付幡随長兵衛』の長兵衛倅長松と『梅雨小袖昔八丈』髪結新三の紙屋丁稚長松で七代目市川男寅を襲名し初舞台。

（中村正）

◉『勧進帳』片岡八郎

市川《いちかわ》九團次《くだんじ》

四代目　高島屋

紋＝三升の中に九の字

男らしい風貌。歌舞伎への思いは強く、以前は上方歌舞伎で活躍したが、東京に本拠を移してからは成田屋一門で江戸歌舞伎や新作歌舞伎に出演、敵役や二枚目などで存在感を際立たせている。近年では、『義経千本桜』鳥居前で弁慶の勇壮と稚気を見せ、『平家女護島』俊寛の丹波少将成経を品よく演じた。『勧進帳』の四天王や『極付幡随長兵衛』の子分極楽十三、『外郎売《ういろううり》』の梶原景高など一門の舞台に欠かせない役どころをしっかり勤めている。大谷廣松と「九團次・廣松の会」を開催するなど意欲的な活動ぶりだ。

▼昭和47年4月4日生まれ。平成10年9・10月大阪松竹座『ヤマトタケル』の舎人ほかで坂東竹志郎を名のり初舞台。坂東竹三郎の芸養子となり、17年4月大阪松竹座『車引』の杉王丸で四代目坂東薪車を襲名。19年名題適任証取得。26年9月市川海老蔵門下となり、南座で市川道行を名のる。27年1月新橋演舞場『石川五右衛門』の建州女真族長ヌルハチで四代目市川九團次を襲名。

（亀岡）

市川《いちかわ》弘太郎《こうたろう》

初代｜澤瀉屋

紋＝雪輪に立澤瀉
伝統歌舞伎保存会会員

●『金門五三桐』順喜観実は加藤虎之助正清

愛嬌ある笑顔と、溌剌としたキレの良い動き。台詞回しの小気味良さも持ち味だ。毎月のように各地の舞台に出演し、多彩な役柄に取り組んで、手堅く舞台を盛り上げている。平成31年から令和元年も、幅広い役に臨んでみせた。『金門五三桐』の加藤虎之助正清、『色気噺お伊勢帰り』の目明かし文吉、『東海道中膝栗毛』の医者藪玄磧などの立役に加え、『傾城反魂香』の腰元藤袴、『たぬき』の柏屋女中お島といった女方もこなす。三谷かぶき『月光露針路《つきあかりめざす》日本《ふるさと》』風雲児たちでは水主《かこ》勘太郎で、漂流する人々の苦悩を浮かび上がらせた。スーパー歌舞伎Ⅱ『新版 オグリ』での鬼次、銀鬼少将、商人でも活躍。活気漲《みなぎ》る演技で役に血を通わせている。

▼昭和58年6月29日生まれ。平成5年8月国立劇場〈市川右近の会〉『勧進帳』の太刀持で三浦弘太郎の名で初舞台。7年7月市川猿之助（現・猿翁）の部屋子となり歌舞伎座『小猿七之助』の日吉丸で市川弘太郎を名のる。25年1月大阪松竹座『毛抜』の八剣数馬ほかで名題昇進。

（坂東）

市川《いちかわ》寿猿《じゅえん》

二代目｜澤瀉屋

紋＝三ツ澤瀉
伝統歌舞伎保存会会員

◉『月光露針路日本』風雲児たち　アレクサンドル・ベズボロトコ

令和2年に九十歳を迎える大ベテランだが、年齢を感じさせないエネルギッシュな舞台活動を続けている。元年も『新版　オグリ』をはじめ数々の作品に出演。『傾城反魂香』のような古典はもちろん、人気劇作家の三谷幸喜の歌舞伎座進出が話題を呼んだ『月光露針路日本《つきあかりめざすふるさと》』などの新作にも果敢に挑む姿は、進取の精神に溢れる澤瀉屋一門を長年にわたって支えてきた重鎮ならではと言える。軽みや愛嬌のある老人役を飄々と演じる一方、『高時』の秋田城之介入道延明のような品格が求められる役も説得力をもって演じる。その芸域の広さに驚くばかりだ。

▼昭和5年5月20日生まれ。9年小石川小劇場『義経千本桜』の安徳帝で坂東小鶴を名のり初舞台。24年4月三代目市川段四郎に入門し、市川段三郎と改名。30年1月市川猿之助（初代猿翁）門下となり、市川喜太郎と改名。32年4月歌舞伎座で四代目市川喜猿を襲名し名題昇進。50年7月歌舞伎座で二代目市川寿猿を襲名。平成12年7月歌舞伎座『義経千本桜』四の切の川連法眼ほかで幹部昇進。（小菅）

市川《いちかわ》高麗蔵《こまぞう》

十一代目｜高麗屋

紋＝四ツ花菱、三升に高
伝統歌舞伎保存会会員

●『双蝶々曲輪日記』引窓　女房お早

誰が見ても歌舞伎役者と思うに違いない中高《なかだか》の瓜実顔にくっきりした目鼻立ち、女方・二枚目いずれも行ける練達の芸。『菅原伝授手習鑑《すがわらでんじゅてならいかがみ》』加茂堤の八重、『双蝶々』引窓のお早などの女房、『傾城反魂香』では前髪立ちの修理之助をいまも持ち役とする一方、年配の役をつとめることも多くなった。『研辰の討たれ』では、皆に疎んじられている研辰を何も気づかずひとり重用する奥方という役で味なところを見せ、『盛綱陣屋』の早瀬は魁春の篝火とよく拮抗し、矢文の応酬をするくだりを面白く見せた。いよいよその真価を万人に知らしめる時節到来だ。

▼昭和32年10月14日生まれ。二代目花柳泰輔の長男。大伯父・八代目市川中車の預かりで37年6月東京宝塚劇場『義経千本桜』の安徳帝で初舞台。46年12月初代松本白鸚の部屋子となり、市川百々丸を名のる。56年10・11月歌舞伎座『壽曽我對面』の喜瀬川で二代目市川新車を襲名。平成6年4月歌舞伎座『双蝶々《ふたつちょうちょう》曲輪日記《くるわにっき》』の山崎屋与五郎で十一代目市川高麗蔵を襲名。

（上村）

●『恋飛脚大和往来』封印切　傾城梅川

市川《いちかわ》齊入《さいにゅう》

二代目｜高嶋屋

紋＝右三ツ巴
伝統歌舞伎保存会会員

●『極付幡随長兵衛』伊予守頼義

平成29年に曽祖父・初代右團次が晩年に名のった名跡を二代目として襲名し、30年に故郷の大阪松竹座で披露した。八歳の時に三代目寿海の部屋子になり関西歌舞伎で修業を積み、昭和48年に十二代目團十郎の一門になった。上方狂言から江戸狂言、立役から女方まで幅広い芸域で貴重なわき役として活躍してきた。襲名公演で演じた『加賀鳶』のお兼では技巧を、『め組の喧嘩』の尾花屋女房では女将の風格を見せる一方、『引窓』のお幸では実子を溺愛する母親の情を出した。『鳴神』の白雲坊や『日本むかし話』のおばば鬼など三枚目もいける。長年の経験は海老蔵一門にとって益々貴重になるだろう。

▼昭和22年10月1日生まれ。祖父は二代目市川右團次。30年10月三代目市川寿海の部屋子となり、大阪歌舞伎座『菅《すが》原《わら》伝《でん》授《じゅ》手《て》習《ならい》鑑《かがみ》』寺子屋の小太郎で三代目市川右之助を名のり初舞台。48年2月十二代目市川團十郎一門に加入。平成29年7月歌舞伎座『加賀鳶』の女按摩お兼ほかで二代目市川齊入を襲名。

（水落）

●『雙生隅田川』局長尾

市川《いちかわ》左團次《さだんじ》

四代目｜高島屋

紋＝三升に左、松皮菱に鬼蔦
伝統歌舞伎保存会会員

●『極付幡随長兵衛』水野十郎左衛門

とにかく舞台が大きい。生来の体もあるが、七十年余の修業が熟成し、独自の生き方も加わり、肩ひじ張る意識もなく、昨今、益々芸格大きく、圭角など微塵もない。平成31年も1月新橋演舞場『極付幡随長兵衛』の水野十郎左衛門や、3月歌舞伎座『近江源氏先陣館』盛綱陣屋の和田兵衛秀盛など、同輩を束ねる旗本、戦場の勇将の風貌を見せた。一見すると塚原卜伝風の無手勝流だが、他者への配慮があって、シャイな都会人だ。そんな風だから、後輩の中堅、若手に慕われ、楽屋は千客万来、誕生日の祝辞メールもいっぱい。令和元年6月博多座で休演することとなったが、幸い、翌7月には早くも舞台復帰した。

▼昭和15年11月12日生まれ。三代目市川左團次の長男。22年5月東京劇場『寺子屋』の菅秀才で五代目市川男寅を名のり初舞台。37年2月歌舞伎座『曽我の石段』の八幡三郎ほかで五代目市川男女蔵を襲名。54年2月歌舞伎座『毛抜』の粂寺弾正ほかで四代目市川左團次を襲名。

（朝田）

●『神明恵和合取組』め組の喧嘩　四ツ車大八

市川《いちかわ》左升《さしょう》

四代目｜高島屋

紋＝松皮菱に鬼蔦
伝統歌舞伎保存会会員

立役。長身の痩躯で目鼻立ちの整った二枚目。『鳥居前』の伊勢三郎の硬質さ、『御存鈴ヶ森』の雲助和尚の鉄の煤けた色気、『極付幡随長兵衛』の坂田金左衛門のいけすかなさ、『弁天娘女男白浪』の手代のそつのなさ。どんな役も魅力的に演じる実力派である。▼昭和38年生まれ。63年国立劇場第九期歌舞伎俳優研修修了。4月歌舞伎座『仮名手本忠臣蔵』の大名ほかで鈴木俊之の名で初舞台。8月市川左團次に入門し、近松座巡業で市川左十次郎を名のる。平成26年1月新橋演舞場『壽三升景清《ことほいでみますかげきよ》』の範頼家臣ほかで市川左升と改め名題昇進。▼歌舞伎座賞ほか。

◉『極付幡随長兵衛』子分地蔵三吉

市川《いちかわ》蔦之助《つたのすけ》

三代目｜高島屋

紋＝松皮菱に鬼蔦

立役・女方。小柄で聡明そうな眼差し。時代物の武士や世話物の若い衆などの立役も、『名月八幡祭』の手古舞や芸者などの女方もいける。『新版 オグリ』ではハゼ婆と小悪党・なめ郎を軽妙に演じた。自主公演「蔦之会」での『吉原雀』や、尾上松也らとの公演「百傾繚乱」での『橋弁慶』の牛若丸など、舞踊の研鑽も続けている。▼昭和54年生まれ。平成10年6月市川左團次に入門。6・7月公文協東コース巡業『二人道成寺』の所化で市川左字郎を名のり初舞台。26年5月歌舞伎座『春興鏡獅子』の胡蝶の精で市川蔦之助と改め名題昇進。

◉『博奕十王』博奕打

市川《いちかわ》新蔵《しんぞう》

六代目　成田屋

紋＝三升
伝統歌舞伎保存会会員

ベテラン立役で、成田屋一門の大番頭的存在。『勧進帳』の番卒をはじめ、堅実な芝居で歌舞伎十八番には欠かせない。『星合世十三團』の幕開きの横川覚範は、海老蔵の教経と対峙する敵大将の手強さを印象づけた。「ABKAI」の『SANEMORI』では、九郎助の篤実な人柄を好演。▼昭和31年生まれ。55年国立劇場第五期歌舞伎俳優研修修了。4月国立劇場小劇場『絵本合法衢《えほんがっぽうがつじ》』の旅の者で矢野匡志の名で初舞台。56年2月市川海老蔵（十二代目市川團十郎）に入門し、市川新次を名のる。平成17年6月博多座で市川新蔵と改め名題昇進。▼国立劇場特別賞、日本俳優協会賞、こんぴら三穂津さくら賞ほか。

●『夏祭浪花鑑』三河屋義平次

市川《いちかわ》新十郎《しんじゅうろう》

四代目　成田屋

紋＝三升
伝統歌舞伎保存会会員

立役。颯爽とした二枚目。堀越勸玄の世話係でもある。『幡随長兵衛』の小気味いい舞台番、尾上右近の自主公演での『白浪五人男』のいなせな鳶頭など、数々の役で個性が光った。「ABKAI」の『SANEMORI』の進野次郎は、立廻りの名手だった頃を彷彿させるキレ味だった。▼昭和44年生まれ。平成2年国立劇場第十期歌舞伎俳優研修修了。4月国立劇場小劇場『彦山権現誓助劔《ひこさんごんげんちかいのすけだち》』の忍びの浪人で初舞台。3年4月十二代目市川團十郎に入門し、市川新七を名のる。20年5月歌舞伎座『極付幡随長兵衛』の舞台番ほかで市川新十郎を襲名し名題昇進。▼日本俳優協会賞奨励賞ほか。

●『SANEMORI』進野次郎宗政

市川《いちかわ》海老蔵《えびぞう》

十一代目｜成田屋

紋＝三升
伝統歌舞伎保存会会員

●『素襖落』太郎冠者

スケールが大きく、華もあり、当代屈指の人気を誇る。平成31年は、1月から『極付幡随長兵衛』の長兵衛、『平家女護島』の俊寛、『春興鏡獅子』の弥生後に獅子の精、『三升曲輪傘売《みますくるわのかさうり》』の綱吉実は五右衛門、『牡丹花十一代《なとりぐさはなのじゅういちだい》』の鳶頭とめまぐるしい大奮闘。令和元年5月は『勧進帳』の武蔵坊弁慶と続き、7月は子息・堀越勸玄との親子共演『外郎売《ういろううり》』に、渡海屋銀平実は新中納言知盛、いがみの権太、忠信など十三役に挑んだ『星合世十三團』。本公演以外でも、六本木歌舞伎『羅生門』、斎藤実盛をはじめ三役を勤めた自主公演「ABKAI」の『SANEMORI』、ギリシア悲劇『オイディプス』と挑戦が続いた。襲名による更なる飛躍が期待されている。

▼昭和52年12月6日生まれ。十二代目市川團十郎の長男。58年5月歌舞伎座『源氏物語』の春宮で堀越孝俊の名で初お目見得。60年5月歌舞伎座『外郎売《ういろううり》』の貴甘坊で七代目市川新之助を名のり初舞台。平成16年5月歌舞伎座『暫』の鎌倉権五郎、『勧進帳』の富樫ほかで十一代目市川海老蔵を襲名。（林）

●『外郎売』外郎売実は曽我五郎時致

市川《いちかわ》升三郎《ますさぶろう》

四代目｜成田屋

紋＝三升

立役。すらりとした長身に切れ長の眼。時代物では『平家女護島』俊寛の瀬尾の供侍や『菅原伝授手習鑑《すがわらでんじゅてならいかがみ》』車引の仕丁など、世話物では鳶の者や手代などの町人、舞踊では『京鹿子娘道成寺』の所化など、さまざまな役を真摯に勤めている。海老蔵一門の中堅としてさらなる精進が期待される。▼昭和56年生まれ。平成10年2月十二代目市川團十郎に入門し、市川升一を名のる。5月歌舞伎座『御存鈴ケ森』の雲助で初舞台。30年5月歌舞伎座『雷神不動北山櫻《なるかみふどうきたやまざくら》』の桂文之丞で市川升三郎を名のり名題昇進。

◉『雷神不動北山櫻』桂文之丞

◉歌舞伎インターネット情報

◆歌舞伎 on the web
https://www.kabuki.ne.jp
歌舞伎俳優名鑑（現在の俳優篇・想い出の名優篇）、歌舞伎公演データベース、歌舞伎演目案内、歌舞伎用語案内、歌舞伎俳優出演劇場一覧など

◆歌舞伎公式ウェブサイト 歌舞伎美人【かぶきびと】
https://www.kabuki-bito.jp
公演情報、歌舞伎俳優情報、歌舞伎関連情報など

◆独立行政法人 日本芸術文化振興会ホームページ
https://www.ntj.jac.go.jp
国立劇場公演情報、文化デジタルライブラリー（過去の公演記録、所蔵資料のデータベース）など

◆公益社団法人 日本俳優協会ホームページ
http://www.actors.or.jp
「俳優祭」報告、歌舞伎ソフトの利用ガイド、『かぶき手帖』バックナンバー販売など

◆一般社団法人 伝統歌舞伎保存会ホームページ
http://www.kabuki.or.jp
会員一覧、「小学生のための歌舞伎体験教室」「研修発表会」「葉月会」報告など

市川《いちかわ》福太郎《ふくたろう》

三代目｜成田屋

紋＝三升

平成13年4月25日生まれ。20年5月新橋演舞場『彦《ひこ》山権現誓助剱《さんごんげんちかいのすけだち》』毛谷村の一味斎孫弥三松で秋山悠介の名で歌舞伎の初舞台。25年1月十二代目市川團十郎の部屋子となり、浅草公会堂『勧進帳』の太刀持音若で市川福太郎を名のる。31年1月新橋演舞場『春興鏡獅子』の胡蝶の精、令和元年7月歌舞伎座『西郷と豚姫』の舞子染次、ほかをつとめた。

◉『春興鏡獅子』胡蝶の精

市川《いちかわ》福之助《ふくのすけ》

四代目｜成田屋

紋＝瓢箪桐

平成17年11月24日生まれ。23年7月新橋演舞場『江戸の夕映』町の子供で秋山聡の名で初舞台。27年11月市川海老蔵の部屋子となり、歌舞伎座『若き日の信長』村の子供、『江戸花成田面影』の役者で市川福之助を名のる。31年1月新橋演舞場『春興鏡獅子』の胡蝶の精、令和2年1月新橋演舞場『神明恵《かみのめぐみ》和合取組《わごうのとりくみ》』め組の喧嘩の山門の仙太、ほかをつとめた。

◉『春興鏡獅子』胡蝶の精

市川《いちかわ》段四郎《だんしろう》

四代目｜澤瀉屋

紋＝三升に段の字、八重澤瀉
伝統歌舞伎保存会会員

◉『楼門五三桐』左枝利家

渋みと深さを兼ね備えた天性の声を持ち、数々の作品で名演を見せた歌舞伎界の重鎮だ。澤瀉屋一門の副将格として、兄・猿翁（先代猿之助）のスーパー歌舞伎の一翼を担ったが、古典作品でも数々の名演を披露してきた。『義経千本桜』川連法眼館の川連法眼や『実盛物語』の瀬尾、『石切梶原』の六郎太夫、『夏祭浪花鑑《なつまつりなにわかがみ》』の三婦など、時代物から世話物まで自在にこなす。悪役を演じてもワンパターンに陥ることなく、それぞれの役の性根に応じた演技を見せてくれるのがうれしい。息子・猿之助の襲名公演以降、本格的な歌舞伎の舞台から遠ざかっているのは残念なかぎり。一日も早い舞台復帰が望まれる。それは本人、猿之助、ファンの共通した思いだろう。

▼昭和21年7月20日生まれ。三代目市川段四郎の次男。32年4月歌舞伎座『熊野《ゆや》』の女童で初代市川亀治郎を名のり初舞台。38年5月歌舞伎座『雪月花三《せつげつかみ》重暗闘《えのだんまり》』の沙那王で四代目市川團子を襲名。44年5月歌舞伎座『根元草摺引』の五郎ほかで四代目市川段四郎を襲名。（小菅）

●『新薄雪物語』刀鍛冶団九郎

市川《いちかわ》團蔵《だんぞう》

九代目｜三河屋

紋＝縦長三升、結び柏
伝統歌舞伎保存会会員

◉『暗闇の丑松』浪人潮止当四郎

円熟から老巧へ。本領の時代物に、滋味が加わった世話物にと存在感が重みを増してきた。菊五郎劇団で二代目松緑、初代辰之助（三代目松緑追贈）に鍛えられた。舞台映えがする容姿と口跡の良い明晰なせりふに加えて、身に染み込んだ芸に味わいがあり『船弁慶』の武蔵坊弁慶、『義経千本桜』渡海屋・大物浦の弁慶では法螺貝を吹く姿が豪快だった。『直侍』では暗闇の丑松、『河内山』なら北村大膳、『勧進帳』の常陸坊、『俊寛』では瀬尾、『魚屋宗五郎』の父太兵衛と広い芸域で枠にはまらない立役である。令和元年11月歌舞伎座『髪結新三』の弥太五郎源七では鋭い凄味を見せてくれた。生締が似合う武士の爽やかな舞台姿もまた見たいものである。

▼昭和26年5月29日生まれ。祖父は八代目市川團蔵。31年5月歌舞伎座『義経千本櫻』の六代君で市川銀之助を名のり初舞台。二代目尾上松緑のもとに預けられ、56年名題適任証取得。62年5月歌舞伎座『馬《ば》盥《だらい》』の光秀ほかで九代目市川團蔵を襲名。日本舞踊柏木流十代目宗家も兼ねる。（大島）

●『権三と助十』家主六郎兵衛

市川《いちかわ》段之《だんし》

初代｜澤瀉屋

紋＝三ツ澤瀉の丸
伝統歌舞伎保存会会員

女方。『廓文章』の仲居や『近江源氏先陣館』盛綱陣屋の腰元などにベテランらしい安心感と大らかな色気がある一方、『松竹梅湯島掛額』のおさんなどの娘役にもまだまだ若々しさを感じさせる。『新版オグリ』では古株の女郎小手毬を豪胆に演じた。市川猿之助が舞踊の後見として信頼を寄せる人である。▼昭和37年生まれ。59年国立劇場第七期歌舞伎俳優研修修了。4月明治座『御贔屓繫馬』の仕丁ほかで後藤明夫の名で初舞台。11月市川段四郎に入門し、市川段之を名のる。平成6年7月歌舞伎座で名題昇進。▼国立劇場奨励賞。

◉『NARUTO－ナルト－』美人

市川《いちかわ》荒五郎《あらごろう》

五代目｜三河屋

紋＝結び柏

立役。端正な容貌で優しげな印象がある。『対面』の大名や『白浪五人男』の手代、『野晒《のざらし》悟助《ごすけ》』の提婆の子分など、どんな役も真摯に勤めている。立派な体格で、『野崎村』の駕籠舁や雲助なども似合う。『髪結新三』の夜そば売りにとぼけた味があった。「蔦之会」では『博奕十王』の獄卒を勤めた。▼昭和45年生まれ。平成8年国立劇場第十三期歌舞伎俳優研修修了。4月歌舞伎座で初舞台。11年3月市川團蔵に入門し、4月国立劇場『十六夜清心』の捕手で市川茂之助を名のる。26年5月歌舞伎座『極付幡随長兵衛』の地蔵三吉ほかで市川荒五郎と改め名題昇進。▼国立劇場特別賞。

◉『仮名手本忠臣蔵』道行旅路の嫁入　奴可内

市川《いちかわ》團子《だんこ》

五代目｜澤瀉屋

紋＝八重澤瀉

平成16年1月16日生まれ。市川中車の長男。祖父は市川猿翁。24年6月新橋演舞場で市川猿翁・市川猿之助・市川中車襲名興行の『ヤマトタケル』のワカタケルで五代目市川團子を名のり初舞台。29年8月、30年8月歌舞伎座『東海道中膝栗毛』に続き令和元年8月歌舞伎座『東海道中膝栗毛』の五代政之助ほかを、2年1月歌舞伎座『連獅子』の狂言師左近後に仔獅子の精をつとめた。

◉『東海道中膝栗毛』五代政之助

市川《いちかわ》門松《もんしょう》

初代｜瀧乃屋

紋＝杏葉紅葉
伝統歌舞伎保存会会員

門之助一門のベテラン立役。端正な二枚目で、『一《いち》條大蔵譚《じょうおおくらものがたり》』の仕丁などが似合う。一方で、『傾城反魂香』の百姓や『松竹梅湯島掛額』の火の見櫓の夜番六郎などの役にも素朴な味わいがあっていい。『新版 オグリ』では下世話な老海女のシャコ婆と、ふてぶてしい地回り権太の二役を好演。立師も勤める。▼昭和33年生まれ。56年4月七代目市川門之助に入門し、明治座『裏表太閤記』の近習ほかで市川瀧之を名のり初舞台。平成19年12月歌舞伎座『ふるあめりかに袖はぬらさじ』の男客兼造で市川門松と改め名題昇進。▼歌舞伎座奮闘賞ほか。

◉『新版 オグリ』地回り権太

市川《いちかわ》中車《ちゅうしゃ》

九代目｜澤瀉屋

紋＝立澤瀉

●『義経千本桜』すし屋　鮓屋弥左衛門

良い意味でのアクの強さを持ち、輪郭のくっきりした役作りでも観客を惹きつける。映像で培った演技力に加え、歌舞伎の味も増してきたのは、たゆまぬ努力と澤瀉屋の血だろう。俳優・香川照之としての顔と、市川中車としての活動を見事に両立。平成31年から令和元年は四ヶ月の歌舞伎公演に出演した。『心中月夜星野屋』の星野屋照蔵でケチな男に愛嬌を滲ませ、『東海道中膝栗毛』では火付盗賊改め方の鎌川霧蔵を勇ましく描出。『新版　雪之丞変化』では、中村菊之丞、孤軒老師、土部三斎、脇田一松斎、盗賊闇太郎という五役を巧みに演じ分けた。『東海道四谷怪談』の直助権兵衛で、人間の闇や業を炙り出したのも印象深い。『すし屋』の弥左衛門、『芝浜革財布』の政五郎など、年々芸域を広げている。

▼昭和40年12月7日生まれ。市川猿翁の長男。平成24年6・7月新橋演舞場『小栗栖の長兵衛』の百姓長兵衛、『ヤマトタケル』の帝、『将軍江戸を去る』の山岡鉄太郎で九代目市川中車を襲名し初舞台。

（坂東）

●『東海道四谷怪談』直助権兵衛

市川《いちかわ》門之助《もんのすけ》

八代目｜瀧乃屋

紋＝四ツ紅葉
伝統歌舞伎保存会会員

●『傾城反魂香』将監北の方

面長で鼻筋が通り、古風な雰囲気を持つ。和事から新作まで、立役と女方のどちらも勤める。立役では二枚目や高貴な役を得意とする。当たり役のひとつが門之助襲名でも演じた『義経千本桜』の義経で、気品と気性の激しさの両面を見せた。大店《おおだな》の若旦那もよく似合い、『お染の七役』の油屋多三郎では、生活力に乏しい若旦那の柔和さを漂わせた。女方は老け役から女房まで幅広く、新作歌舞伎『たぬき』の金兵衛女房おせきでは、気の強さと夫への苛立ちを表現し、『封印切』のおえんでは上方の廓に生きる女の世知に長けた様子を見せた。若き日は猿翁（三代目猿之助）と一座し、スーパー歌舞伎や復活狂言で初役を多く手掛けた。その修業の成果が役作りの的確さに表れているように思える。

▼昭和34年9月24日生まれ。七代目市川門之助の長男。44年2月歌舞伎座『義経千本桜』鮨屋の六代君ほかで二代目市川小米を名のり初舞台。平成2年12月歌舞伎座『義経千本桜』四の切の判官義経で八代目市川門之助を襲名し名題昇進。

（小玉）

●『新版歌祭文』座摩社　山家屋佐四郎

市村《いちむら》家橘《かきつ》

十七代目｜橘屋

紋＝根割橘、渦巻
伝統歌舞伎保存会会員

●『外郎売』梶原平三景時

名優十七代目中村勘三郎の薫陶を身近に受け、没後に十二代目市川團十郎の成田屋一門に加わった歌舞伎界の貴重なわき役。古希を若々しく超え、老若の立役や女方、三枚目と役どころは幅広く、年輪を重ねたベテランの円熟味と貫禄を見せる。成田屋の舞台に出演する機会が多く、令和元年（平成31年）も1月新橋演舞場『極付幡随長兵衛』で市川海老蔵の長兵衛に血気盛んな渡辺綱九郎、『牡丹花十一代《なとりぐさはなのじゅういちだい》』はその役名も世話役橘屋家橘、7月歌舞伎座『外郎売《ういろううり》』に梶原平三景時、『成田千本桜』では百姓吾作も。海老蔵の十三代目團十郎白猿襲名が予定されているが、同時襲名の長男・八代目市川新之助のバックアップを含めて成田屋一門の重鎮としての役割がいっそう重要になってきた。

▼昭和24年1月21日生まれ。二代目市村吉五郎の長男。31年7月歌舞伎座『お祭り』の伜芳松で市村寿を名のり初舞台。42年10月歌舞伎座『島鵆《しまちどり》』のお仲ほかで十七代目市村家橘を襲名。48年7月公文協巡業『河内山』の腰元浪路ほかで名題昇進。（森）

●『春興鏡獅子』家老渋井五左衛門

市村《いちむら》橘太郎《きつたろう》

初代｜橘屋

紋＝三ツ脚橘
伝統歌舞伎保存会会員

●『風の谷のナウシカ』城おじミト

小柄で愛嬌のある風貌。軽やかな身のこなしと切れのある演技で舞台を脇で支える菊五郎劇団のベテランだ。『仮名手本忠臣蔵』三段目の鷺坂伴内や、『弁天娘女男白浪』浜松屋の番頭与九郎など、おかしみのある役を絶妙な間《ま》で演じる。『菅原伝授手習鑑《すがわらでんじゅてならいかがみ》』筆法伝授の左中弁希世の嫌みな小者感も笑いの中に巧みに表現。『暗闇の丑松』の湯屋番頭甚太郎や『髪結新三』の肴売新吉は小気味良く、『義経千本桜』すし屋のおくらなど、女方も自在。『風の谷のナウシカ』のナウシカの従者ミトとトルメキア王国の強面《こわもて》な将軍との演じ分けも鮮やかだった。
▼昭和36年10月27日生まれ。子役として十七代目市村羽左衛門に入門し、42年10月歌舞伎座『盛綱陣屋』の小三郎ほかで馬場正次の名で初舞台。43年4月歌舞伎座『逆櫓』の遠見で坂東うさぎを名のる。56年5月坂東橘太郎と改名。平成7年1月歌舞伎座『寿曽我対面』の秦野四郎で名題昇進。26年5月歌舞伎座『魚屋宗五郎』の小奴三吉ほかで初代市村橘太郎を名のり幹部昇進。

（中村正）

●『新版　オグリ』小栗一郎

市村《いちむら》竹松《たけまつ》

六代目

橘屋

紋＝根上り橘

菊五郎劇団に所属する若手立役。子役の時期を過ぎてからは学業を優先し、大学卒業後に本格的に舞台復帰した。最近では『幸助餅』の丁稚末吉、『め組の喧嘩』の伊皿子の安三など、脇の役を堅実に勤めているが、新作歌舞伎で個性を発揮し、平成30年11月博多座『あらしのよるに』の山羊はく、令和元年10・11月『新版　オグリ』の小栗一郎と、頭脳明晰な役柄で起用される機会が続いた。とりわけ、小栗判官を支える「小栗六人衆」の筆頭、一郎では博士然とした丸メガネをかけ、三角定規を武器にして戦うユニークなキャラクターをひょうひょうと演じ、強い印象を残した。童顔ながら三十代になり、同世代にスターも出始めてきたのでこれからに期待がもてる。英語に堪能だけに、近年増えてきた海外公演でも貴重な戦力になってくれそうだ。

▼平成2年1月12日生まれ。市村萬次郎の長男。祖父は十七代目市村羽左衛門。6年11月歌舞伎座〈十五代目市村羽左衛門五十回忌追善〉『盛綱陣屋』の小三郎で六代目市村竹松を襲名し初舞台。（森重）

市村《いちむら》萬次郎《まんじろう》

二代目｜橘屋

紋＝根上り橘、渦巻
伝統歌舞伎保存会会員

●『祇園祭礼信仰記』金閣寺　慶寿院尼

性根をつかんだ役の造形、自在な演技で芝居に厚みを加える脇の名女形《めいおやま》。特徴のある丸い目、明晰なせりふ回しで、舞台のどこにいても存在感を放つ。「劇界の生き字引」と評された父・十七代目市村羽左衛門の薫陶を受けた博覧強記の人。戯曲の読み込みに定評があり、その腕は新作で殊に際立つ。令和元年には尾上菊之助主演『風の谷のナウシカ』の城ババに扮し、風の谷の長老にふさわしい風格を見事に体現した。再演を重ねる『あらしのよるに』の狼おばば、『阿弖流為《アテルイ》』の御霊御前の好演も記憶に新しい。菊五郎劇団では、持ち役になった『髪結新三』の家主女房おかく、『め組の喧嘩』の島崎楼女将などで活躍。『成田千本桜』では尼妙林を演じ、十三役早替わりの市川海老蔵を支えた。

▼昭和24年12月23日生まれ。十七代目市村羽左衛門の次男。30年10月歌舞伎座『土蜘』の石神で五代目市村竹松を名のり初舞台。47年5月歌舞伎座『暫』の照葉ほかで二代目市村萬次郎を襲名し名題昇進。

（中村桂）

●『幸助餅』三ツ扇屋女将お柳

市村《いちむら》 光《ひかる》

初代｜橘屋

紋＝根上り橘

平成6年4月10日生まれ。市村萬次郎の次男。祖父は十七代目市村羽左衛門。11年5月歌舞伎座『土蜘』の石神実は小姓四郎吾で市村光の名で初お目見得。令和元年5月歌舞伎座『神明恵和合取組《かみのめぐみわごうのとりくみ》』の二本榎の若太郎、10月歌舞伎座『江戸育お祭佐七』の鳶仙太、11月歌舞伎座『研辰の討たれ』の猿廻し光吉、2年1月国立劇場『菊一座令和仇討』の新貝荒次郎実重をつとめた。

◉『神明恵和合取組』め組の喧嘩
二本榎の若太郎

大谷《おおたに》明三郎《あきさぶろう》

初代｜明石屋

紋＝丸十、水仙丸

女方。落ち着いた風情で、『一條大蔵譚《いちじょうおおくらものがたり》』の腰元や女官、芸者などのしっとりした役がよく似合う。品のある色気は師匠の四代目雀右衛門譲り。海老蔵の「六本木歌舞伎」の第三弾『羅生門』では仲居役を勤めた。▼昭和49年生まれ。平成10年国立劇場第十四期歌舞伎俳優研修修了。5月歌舞伎座『野晒悟《のざらしご》助《すけ》』の町人の男ほかで田端俊の名で初舞台。11月四代目中村雀右衛門に入門、歌舞伎座『暗闇の丑松』の若い者で中村京三郎を名のる。28年1月大谷友右衛門一門となり、歌舞伎座『直侍』の新造千代春ほかで大谷明三郎と改め名題昇進。

◉『源氏物語』女房

大谷《おおたに》龍生《りゅうせい》

初代｜十字屋

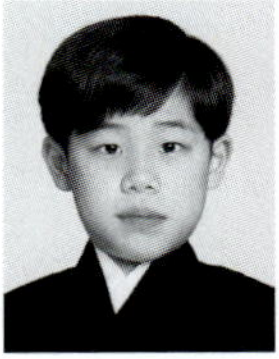

紋＝巴の二重丸

平成19年3月26日生まれ。大谷桂三の長男。27年9月歌舞伎座『競伊勢物語《だてくらべいせものがたり》』の旅人倅春太郎で井上公春の名で初お目見得。29年4月歌舞伎座『奴道成寺』の所化苦念坊で大谷龍生を名のり初舞台。

◉『奴道成寺』所化苦念坊

尾上《おのえ》梅之助《うめのすけ》

三代目｜音羽屋

紋＝乱菊
伝統歌舞伎保存会会員

七代目尾上梅幸に師事したベテラン女方。『義経千本桜』の官女や腰元など格式ある役を行儀良く勤める一方、菊五郎劇団の世話物では『め組の喧嘩』の芸者や『権三と助十』の長屋の女など江戸の市井の人々を活写する。『暗闇の丑松』のおしかは、うらぶれた宿場女郎の哀れさと逞しさがよく滲んでいた。

▼昭和43年4月七代目尾上梅幸に入門。44年1月歌舞伎座『井筒業平河内通』の腰元ほかで尾上音女を名のり初舞台。53年2月歌舞伎座で尾上梅之助と改名。平成3年2月歌舞伎座『仮名手本忠臣蔵』四段目の腰元小枝ほかで名題昇進。

◉『松竹梅湯島掛額』友達娘おしも

大谷《おおたに》桂三《けいぞう》

初代 | 十字屋

紋=巴の二重丸
伝統歌舞伎保存会会員

●『高坏』大名某

出過ぎず抑え過ぎない。さりげない芝居で舞台を締めるベテランわき役。端正な容姿が生きる二枚目に加え、近年は一癖ある敵役や、人生の年輪がにじむ老け役で味のある芝居をみせる。平成の終わりから令和にかけては新春浅草歌舞伎に連続出演。『番町皿屋敷』の柴田十太夫、『忠臣蔵』七段目の斧九太夫などで若手を守り立てた。『鯉つかみ』鯉王や『高《たか》坏《つき》』大名某でも好演。『孤高勇士嬢景清《ここうのゆうしむすめかげきよ》』の梶原平三景時では、肚のある芝居で舞台を膨らませた。『石切梶原』の囚人呑助のような役どころでも品を失わないのが身上。歌舞伎の普及活動にも力を尽くす。

▼昭和25年6月11日生まれ。新派の名わき役だった春本泰男の三男。31年1月新橋演舞場で初舞台。二代目尾上松緑の部屋子となり、34年3月尾上松也を名のる。39年6月十四代目守田勘弥の芸養子となり、歌舞伎座『心中刃《やいば》は氷の朔日《ついたち》』の秀吉ほかで四代目坂東志うかを襲名。48年10月御園座『女暫』の紅梅姫で大谷桂三と改名。一時期、舞台を離れていたが、平成6年11月、十四年ぶりに復帰。

（中村桂）

●『湧昇水鯉滝』鯉つかみ　鯉王

大谷《おおたに》友右衛門《ともえもん》

八代目｜明石屋

紋＝丸十、水仙丸
伝統歌舞伎保存会会員

●『素襖落』次郎冠者

年齢を重ねるにつれて風格と品格が自然に備わり、舞台に登場するだけで存在感を増すような、そんな〝味〟を感じるいい役者ぶりになった。『鳥居前』の義経は、御大将の毅然とした中にも御曹司の色気が滲む。『毛抜』の小野春道のおっとりした風情の良さ、『金閣寺』の狩野之介直信も、雪姫との別れを惜しみながら引かれてゆく身の寂しさを全身に漂わせた。『幡随長兵衛』の近藤登之助は、水野側の旗本でも長兵衛の人柄を見抜く目を持ち、死を惜しむ思いが伝わる。『弁天娘女男白浪』の浜松屋幸兵衛は、大店《おおだな》の主人らしい落ち着き、『素襖落』の次郎冠者は狂言袴姿でのきちんとした佇まいを見せた。『勧進帳』では亀井六郎で四天王のシンを勤めた。役柄の幅が広く、貴重で必要とされる役者になった。

▼昭和24年2月23日生まれ。四代目中村雀右衛門の長男。弟は現・雀右衛門。36年2月歌舞伎座『勧進帳』の太刀持で二代目大谷広太郎を名のり初舞台。39年9月歌舞伎座『ひと夜』の康二で八代目大谷友右衛門を襲名。44年名題適任証取得。（横溝）

●『義経千本桜』鳥居前　源九郎判官義経

大谷《おおたに》廣太郎《ひろたろう》

三代目｜明石屋

紋＝丸十、水仙丸、大の字雪輪

◉『傾城反魂香』不破伴左衛門

父・友右衛門の古風で品の良い顔立ちを色濃く受け継ぎ、近年は白鸚、幸四郎の下で立役の修業を積んでいる。平成31年・令和元年は3月歌舞伎座『盛綱陣屋』の時政の四天王、夏の巡業では『引窓』の三原伝造と、古典の脇の役にしっかり取り組み、6月歌舞伎座『月光露針路日本《つきあかりめざすふるさと》』では、幸四郎が勤めた船頭・大黒屋光太夫の下で船の構造に詳しい水主《かこ》藤助を好演。芝居の「引き出し」を着実に増やしている。芸域が広い幸四郎のそばで勉強を重ねていけば、やがて大輪の花を咲かすことだろう。弟・廣松は近年、海老蔵と同座する中で女方として頭角を現しつつある。兄弟が力を合わせて明石屋を背負って立つ日に向け、さらに研鑽を積んでほしい。

▼平成4年6月10日生まれ。大谷友右衛門の長男。祖父は四代目中村雀右衛門。8年11月歌舞伎座『土蜘』の石神で青木政憲の名で初お目見得。15年1月歌舞伎座『助六由縁江戸桜《すけろくゆかりのえどざくら》』の禿《かむろ》で三代目大谷廣太郎を襲名し初舞台。27年1月歌舞伎座『金閣寺』の大膳弟松永鬼藤太ほかで名題昇進。

（森重）

大谷《おおたに》廣松《ひろまつ》

二代目｜明石屋

紋＝丸十、水仙丸、大の字雪輪

◉『外郎売』遊君喜瀬川

おっとりした品のある舞台姿は貴重。現在は江戸の匂いのする立役から義太夫狂言の女方まで、成田屋の舞台を中心に活躍している。『め組の喧嘩』の新銭座の吉蔵、『御所五郎蔵』の五郎蔵の子分新貝荒蔵、『極付幡随長兵衛』の子分雷重五郎など、ちょっとした所作や佇まいに江戸の男の粋と気風が見える。また、『勧進帳』の四天王の力強さと忠義、その一方で、女方では『義経千本桜』鳥居前の静御前の義経を思う情愛など、祖父・四代目中村雀右衛門を尊敬しているのがわかる。市川九團次との自主公演では舞踊『女夫蝶花臺《つがいのちょうはなのしまだい》』の小槇などさまざまな役どころに果敢に挑み、芸の幅を広げている。

▼平成5年7月21日生まれ。大谷友右衛門の次男。祖父は四代目中村雀右衛門。10年5月歌舞伎座『お祭佐七』で祭礼の屋台の『落人』の伴内で青木孝憲の名で初お目見得。15年1月歌舞伎座『助六由縁江戸桜《すけろくゆかりのえどざくら》』の禿《かむろ》で二代目大谷廣松を襲名し初舞台。27年1月新橋演舞場『石川五右衛門』の侍女花里で名題昇進。

（亀岡）

尾上《おのえ》右近《うこん》

二代目　音羽屋

紋＝重ね扇に抱き柏

●『弁天娘女男白浪』弁天小僧菊之助

父方の曽祖父が六代目尾上菊五郎、母方の祖父が鶴田浩二。歌舞伎界と映画界のスターの遺伝子を継ぐ期待の若手である。子役時代から『鏡獅子』の胡蝶の精などで才能のきらめきをみせてきたが、現・菊五郎のもとで着実に実力をアップさせてきた。『文七元結』のお久、『三人吉三』のおとせ、『お江戸みやげ』のお紺など、女方での活躍が目立っているが、立役にも意欲を燃やす。令和元年の自主公演「研の會」では、『弁天娘女男白浪』で弁天小僧菊之助に初挑戦。12月新橋演舞場『風の谷のナウシカ』でアスベルとオーマの精を演じ、2年夏にはミュージカル『ジャージー・ボーイズ』に出演予定。古典から新作歌舞伎、現代劇まで活躍の場を広げている。

▼平成4年5月28日生まれ。清元延寿太夫の次男。曾祖父は六代目尾上菊五郎。12年4月歌舞伎座『舞鶴雪月花』の松虫で岡村研佑の名で初舞台。17年1月新橋演舞場『人情噺文七元結』の長兵衛娘お久ほかで二代目尾上右近を襲名。26年名題適任証取得。30年2月七代目清元栄寿太夫を襲名。

（田中）

尾上《おのえ》菊市郎《きくいちろう》

初代｜音羽屋

紋＝乱菊
伝統歌舞伎保存会会員

◉『土蜘』坂田主馬之丞公時

菊市郎を名のって二十年を越え、以前は『身替座禅』の侍女千枝など品のいい女方を見せたが、平成26年頃から役柄を広げてきた。抜擢にも応えて国立劇場の『義経千本桜』渡海屋・大物浦の武蔵坊弁慶の代役、歌舞伎座『女暫』の武蔵九郎氏清では珍しく赤っ面、腹出しという役柄もこなした。令和元年では『一谷嫩軍記《いちのたにふたばぐんき》』熊谷陣屋の伊勢三郎、『義経千本桜』渡海屋・大物浦の亀井六郎というように時代物の武士が嵌まった。一方、12月新橋演舞場『風の谷のナウシカ』では工房都市セム酒場の主人とトルメキア軍将校セネイイと異色の役柄。菊五郎劇団の中堅俳優として着実な歩みを見せている。

▼昭和45年2月17日生まれ。50年4月歌舞伎座『切支丹道成寺』の聖歌隊で松尾英樹の名で初舞台。53年1月七代目尾上梅幸の部屋子となり、2月歌舞伎座『蘭平物狂《らんぺいものぐるい》』の繁蔵ほかで尾上尾登丸を名のる。61年6月歌舞伎座で尾上梅也と改名。平成3年2月歌舞伎座で名題昇進。11年5月歌舞伎座『鏡獅子』の用人関口十太夫で尾上菊市郎を名のる。（大島）

尾上《おのえ》菊五郎《きくごろう》

|七代目|音羽屋

紋＝重ね扇に抱き柏、四ツ輪
伝統歌舞伎保存会会員
人間国宝
日本芸術院会員
文化功労者

◉『神明恵和合取組』め組の喧嘩　め組浜松町辰五郎

菊五郎劇団を率い、日本俳優協会理事長も勤める歌舞伎界を代表する大御所。円熟の芸は、とりわけ五・六代目菊五郎の芸脈を継承した世話物に真価を発揮しているが、代表作『文七元結』の左官長兵衛役に「…時代なところも作らねば歌舞伎でなくなってしまいます」（令和2年2月歌舞伎座筋書）と語っている。至芸に至言あり。令和元年（平成31年）も2月歌舞伎座『暗闇の丑松』の丑松、5月團菊祭『め組の喧嘩』の辰五郎、11月歌舞伎座『髪結新三』の新三などで魅せた江戸前の粋と男伊達、退廃美の中に見せる品格など、当代の頂点を見事に示した。團菊祭では孫の寺嶋和史が七代目尾上丑之助を襲名披露、継承者を得た祖父の喜びが重なった。
▼昭和17年10月2日生まれ。七代目尾上梅幸の長男。23年4月新橋演舞場『助六曲輪菊《すけろくくるわのももよぐさ》』の禿《かむろ》で五代目尾上丑之助を名のり初舞台。40年5月歌舞伎座『寿曽我対面』の曽我十郎ほかで四代目尾上菊之助を襲名。48年10・11月歌舞伎座『弁天娘女男白浪』の弁天小僧菊之助ほかで七代目尾上菊五郎を襲名。（森）

◉『江戸育お祭佐七』お祭佐七

●『暗闇の丑松』流連客与市

尾上《おのえ》菊史郎《きくしろう》

初代

音羽屋

紋＝乱菊

伝統歌舞伎保存会会員

女方を修業し『文七元結』で角海老の娘お光や『魚屋宗五郎』の茶屋娘おしげといった娘役で可憐さと清潔感を漂わせていた。その後に腰元、傾城、芸者や遊君へと役柄を広げたのは真面目で努力家の証である。『外郎売《ういろううり》』の遊君喜瀬川で力を付け、『夏祭《なつまつり》浪花鑑《なにわかがみ》』の傾城琴浦も印象深かった。その成長と共に、菊史郎を名のった翌年から『一谷嫩軍記《いちのたにふたばぐんき》』熊谷陣屋の亀井六郎などの立役がグッと増えた。令和元年は『熊谷陣屋』の駿河次郎、『義経千本桜』渡海屋・大物浦で片岡八郎を演じていた。12月新橋演舞場の新作歌舞伎『風の谷のナウシカ』では人造人間ヒドラ使いという異色さ。世話物も時代物も行儀の良さが伝わる。三歳年上の兄・菊市郎と共に菊五郎劇団での存在感が増している。

▼昭和48年5月25日生まれ。53年10月御園座『土蜘』の石神で初舞台。56年5月尾上菊五郎の部屋子となり、歌舞伎座『髪結新三』の丁稚長松ほかで尾上菊丸を名のる。平成11年5月歌舞伎座『文七元結』のお光で尾上菊史郎と改め名題昇進。（大島）

尾上《おのえ》丑之助《うしのすけ》

七代目|音羽屋

紋＝重ね扇に抱き柏

平成25年11月28日生まれ。尾上菊之助の長男。祖父は尾上菊五郎。28年5月歌舞伎座『勢獅子《きおいじし》音羽花《おとわのはな》籠《かご》』の寺嶋和史で初お目見得。令和元年5月歌舞伎座『絵本牛若丸』の源牛若丸で七代目尾上丑之助を名のり初舞台。9月歌舞伎座『菅原伝授《すがわらでんじゅ》手習鑑《てならいかがみ》』寺子屋の菅秀才、11月歌舞伎座『梅雨小袖昔八丈』髪結新三の紙屋丁稚長松をつとめた。

◉『絵本牛若丸』源牛若丸

尾上《おのえ》菊十郎《きくじゅうろう》

四代目|音羽屋

紋＝乱菊
伝統歌舞伎保存会会員

立役。六代目菊五郎に師事した国宝級のベテラン。柄は小さいがキビキビした物腰と鋭い眼光、渋い嗄れ声、出てきただけで江戸の匂いが漂う。菊五郎劇団の『髪結新三』で肴売といえばこの人で、イキの良い呼び声は絶品。立師の名人で、後進の指導者としての功績も大きい。▼六代目尾上菊五郎に入門し、昭和23年4月新橋演舞場『助六《すけろく》曲輪《くるわの》菊《ももよぐさ》』の廓の若い者で尾上幸一を名のり初舞台。33年1月尾上梅五郎と改名。43年2月歌舞伎座で尾上菊十郎を襲名し名題昇進。▼文化庁長官表彰、歌舞伎座賞、松竹会長賞、国立劇場優秀賞、同奨励賞、日本俳優協会賞ほか。

◉『梅雨小袖昔八丈』髪結新三　肴売新吉

尾上《おのえ》菊之助《きくのすけ》

五代目　音羽屋

紋＝重ね扇に抱き柏
伝統歌舞伎保存会会員

●『京鹿子娘道成寺』白拍子花子

こぼれんばかりの役者の華が咲き誇る花形だ。艶やかで清涼感溢れる美貌に加え、情感豊かな演技でも心を捉えて離さない。立女形《たておやま》として舞台を彩る一方で、スケールの大きな立役に挑む機会も増えている。平成31年から令和元年も、古典から新作まで八面六臂の活躍ぶり。『寺子屋』の千代で母親の情愛を描き出し、『京鹿子娘道成寺』の白拍子花子では観客を作品世界へ華やかに誘う。『関の扉』の関守関兵衛、『土蜘』の土蜘の精では骨太な役柄に取り組み、『勧進帳』の源義経では気品を醸し出した。自ら企画した新作『風の谷のナウシカ』では、宮崎駿の人気漫画を古典味豊かに展開。勇敢な少女ナウシカを、初々しく健気に表現して見せたのも印象深い。兼ねる役者としてしっかりと歩みを進めている。

▼昭和52年8月1日生まれ。尾上菊五郎の長男。59年2月歌舞伎座『絵本牛若丸』で六代目尾上丑之助を名のり初舞台。平成8年5月歌舞伎座『弁天娘女男白浪』の弁天小僧ほかで五代目尾上菊之助を襲名。

（坂東）

●『土蜘』叡山の僧智籌実は土蜘の精

尾上《おのえ》菊三呂《きくさぶろう》

初代 | 音羽屋

紋＝乱菊
伝統歌舞伎保存会会員

女方。黒目がちで、独特の愛嬌がある顔立ち。『元禄忠臣蔵』御浜御殿綱豊卿の局や『嫗山姥《こもちやまんば》』の腰元などを行儀よく勤める。『神明恵《かみのめぐみ》和《わ》合取組《ごうのとりくみ》』め組の喧嘩の茶屋娘や『江戸育お祭佐七』の女髪梳きお幸など、世話物でより持ち味が光った。師匠の菊五郎、菊之助の舞踊の後見として信頼も厚い。▼昭和39年生まれ。58年2月尾上菊五郎に入門。6月公文協巡業『一條大蔵譚《いちじょうおおくらものがたり》』檜垣の腰元で尾上音女を名のり初舞台。平成12年5月歌舞伎座『源氏物語』の官女で尾上菊三呂と改め名題昇進。

●『勢獅子』手古舞

尾上《おのえ》菊次《きくじ》

音羽屋

紋＝乱菊

立役・女方。背高で端正な顔立ち。音羽屋一門の中堅として『め組の喧嘩』などの立廻りはもちろん、手代や武士といった役も手堅く演じる。伝統歌舞伎保存会の研修発表会では『仮名手本忠臣蔵』六段目の勘平に挑戦。オリジナル公演「百傾繚乱」では『橋弁慶』の弁慶ほかを勤めた。▼昭和61年生まれ。平成16年国立劇場第十七期歌舞伎俳優研修修了。4月歌舞伎座『大物浦』の軍兵ほかで初舞台。9月御園座で尾上音一郎を名のる。25年3月音一朗と改名。令和2年4月尾上菊次と改め名題昇進。▼国立劇場特別賞ほか。

●『仮名手本忠臣蔵』六段目　早野勘平

尾上《おのえ》菊伸《きくのぶ》

初代｜音羽屋

紋＝乱菊

立役。『渡海屋・大物浦』の軍兵や駕籠舁など、菊五郎劇団の立廻りで頼りになる存在。茶目っ気のある風貌で、世話物の按摩などは小憎らしい愛嬌がある。『新版 雪之丞変化』では鈴虫役に抜擢。伝統歌舞伎保存会の研修発表会では、師匠・菊五郎の当たり役『人情噺文七元結』の長兵衛に挑んだ。▼昭和49年生まれ。平成11年5月尾上菊五郎に入門。6月博多座『與話情浮名横櫛《よわなさけうきなのよこぐし》』見染の場の貝拾いの男、『恋湊博多諷《こいみなとはかたのひとふし》』の奥田屋若い者で尾上音之助を名のり初舞台。令和2年4月尾上菊伸と改め名題昇進。▼国立劇場特別賞ほか。

◉『人情噺文七元結』左官長兵衛

尾上《おのえ》扇緑《せんろく》

初代｜音羽屋

紋＝四ツ輪に抱き柏
伝統歌舞伎保存会会員

女方。菊五郎劇団の大ベテラン。『七段目』の仲居や『助六』の白玉付の遣手から、『春興鏡獅子』の風格ある老女飛鳥井、『暗闇の丑松』の近所の女房まで、幅広い役を確かに勤めて舞台を和ませる。女方だが『御所五郎蔵』の土右衛門門弟など立役もいい。先々代松緑の後見と資料整理を長く勤めた。▼昭和5年生まれ。二代目尾上松緑に入門し、23年4月新橋演舞場『助六曲輪菊《すけろくくるわのももよぐさ》』の仕出しで尾上松男を名のり初舞台。34年10月歌舞伎座『黒手組曲輪達《くろてぐみくるわのたて》引《ひき》』の三浦屋新造巻繁ほかで尾上扇緑と改め名題昇進。▼文化庁長官表彰、国立劇場優秀賞、日本俳優協会賞功労賞ほか。

◉『春興鏡獅子』老女飛鳥井

尾上《おのえ》松緑《しょうろく》

四代目｜音羽屋

紋＝四ツ輪に抱き柏
伝統歌舞伎保存会会員

●『素襖落』太郎冠者

実役から国崩しのような大敵《おおがたき》までを演じる立役。年毎に舞台ぶりが大きくなっている。平成31年2月の初世辰之助三十三回忌追善狂言では二演目に出演。新歌舞伎『名月八幡祭』の縮屋新助で、実直な田舎商人が恋から狂気に陥るまでの経緯を玉三郎の美代吉と仁左衛門の三次相手に鮮烈に描き、『すし屋』ではいがみの権太で、すべてが掛け違った男の悲しみを表現した。『寿曽我対面』の工藤左衛門祐経では座頭らしい線の太さを示し、『車引』の松王丸では兄弟相手に一歩も引かない力強さを見せ、『あんまと泥棒』の泥棒権太郎では愛嬌をにじませた。

▼昭和50年2月5日生まれ。初代尾上辰之助（三代目尾上松緑）の長男。55年1月国立劇場『山姥』の怪童丸で藤間嵐の名で初お目見得。56年2月歌舞伎座『幡随長兵衛』の長松で二代目尾上左近を名のり初舞台。平成3年5月歌舞伎座『壽曽我對面』の曽我五郎ほかで二代目尾上辰之助を襲名。14年5・6月歌舞伎座『勧進帳』の弁慶、『蘭平物狂《らんぺいものぐるい》』の蘭平ほかで四代目尾上松緑を襲名。（小玉）

●『棒しばり』次郎冠者

尾上《おのえ》左近《さこん》

三代目｜音羽屋

紋＝四ツ輪に抱き柏

平成18年1月20日生まれ。尾上松緑の長男。21年10月歌舞伎座『音羽嶽だんまり』の稚児音若で藤間大河の名で初お目見得。26年6月歌舞伎座『倭仮名《やまとがな》在原《ありわら》系図《けいず》』蘭平《らんぺい》物狂《ものぐるい》の一子繁蔵で三代目尾上左近を襲名し初舞台。31年2月歌舞伎座『當年祝春駒《あたるとしいわうはるこま》』の曽我五郎時致、令和元年5月歌舞伎座『神明恵《かみのめぐみ》和合《わごう》取《とり》組《くみ》』の山門の仙太、7月国立劇場『車引』の舎人杉王丸（交互出演）、ほかをつとめた。

◉『當年祝春駒』曽我五郎時致

尾上《おのえ》松太郎《まつたろう》

二代目｜音羽屋

紋＝四ツ輪に抱き柏
伝統歌舞伎保存会会員

子役の頃から立廻りで活躍した菊五郎劇団のベテラン立役。時代物の武士や世話物の町人、捕手などを勤める。最近では『すし屋』の村役人など年配の役も多い。『三人吉三』の権次に世間の裏で生きる男の苦み走った味があった。立師として国立劇場の歌舞伎俳優研修講師を長年勤めて、国立劇場より表彰された。▼昭和14年生まれ。二代目尾上松緑に入門し、23年5月東京劇場『寺子屋』の寺子で初舞台。25年10月尾上みどりと改め、34年3月尾上松太郎と改名。59年2月歌舞伎座で名題昇進。▼歌舞伎座賞、国立劇場奨励賞、同特別賞、日本俳優協会賞ほか。

◉『都鳥廓白浪』道具屋小兵衛

尾上《おのえ》辰緑《たつろく》 初代 音羽屋

紋＝四ツ輪に抱き柏
伝統歌舞伎保存会会員

立役。高めのハスキーな声と細い目が印象的。菊五郎劇団育ちで、『野晒悟助《のざらしごすけ》』の白酒売や『暗闇の丑松』の近所の男など、世話物の市井の人々を力まず演じて味がある。時代物の武士や百姓などもいい。『髪結新三』では初鰹の頭を貰って小躍りする権兵衛に庶民のささやかな日常が見えるようだった。▼昭和26年生まれ。42年4月初代尾上辰之助に入門し、43年1月東横劇場『石切梶原』の近習で尾上小辰を名のり初舞台。平成3年5月尾上辰緑と改名。12年1月新橋演舞場『対面』の八幡ほかで名題昇進。▼国立劇場奨励賞、同特別賞ほか多数。

◉『御摂勧進帳』出羽運藤太

尾上《おのえ》緑《みどり》 三代目 音羽屋

紋＝四ツ輪に抱き柏

女方。長身で、あごのしゃくれた個性的な顔立ち。時代物では腰元や侍女、世話物では町娘や新造などを神妙に勤める。伝統歌舞伎保存会の研修発表会で『文七元結』の角海老女房、夏の勉強会で『一條大《いちじょうおお》蔵譚《くらものがたり》』のお京などに挑戦。松緑・左近の後見としても信頼が厚い。▼昭和57年生まれ。平成14年国立劇場第十六期歌舞伎俳優研修修了。6月歌舞伎座『蘭《らん》平物狂《べいものぐるい》』の捕手で縣博史の名で初舞台。9月尾上松緑に入門し、10月御園座『京人形』の大工で尾上みどりを名のる。27年10月歌舞伎座『梅雨小袖昔八丈』の白子屋下女お菊ほかで尾上緑と改め名題昇進。▼国立劇場特別賞。

◉『大商蛭子島』手習い子おはん

尾上《おのえ》松也《まつや》

二代目｜音羽屋

紋＝抱き若松
伝統歌舞伎保存会会員

●『曽我綉俠御所染』御所五郎蔵　御所五郎蔵

華やかな容姿と美声に恵まれ、目覚ましい成長を続ける花形役者。着実に経験を重ね、近年は大一座でも大役を任される機会が増えた。令和初の新春浅草歌舞伎では、六年連続で若手を束ねるリーダーとして『寺子屋』の松王丸、『忠臣蔵』七段目の由良之助という義太夫狂言の難役に体当たり。歌舞伎座でも『御所五郎蔵』の五郎蔵、『寿式三番叟』の三番叟、『三人吉三』のお嬢吉三といった役々で存在感を発揮した。さらに三谷幸喜の新作『月光露針路日本《つきあかりめざすふるさと》』では、物語を牽引する「教授風の男」を好演。『風の谷のナウシカ』では、ナウシカの師匠ユパを包容力を持って演じきった。自ら勉強会を主宰し、道を切り開いてきた努力の人。豊かな感性とスター性を生かし、ミュージカルや映像でも活躍する。潜在力は無限。さらなる開花が待たれる。

▼昭和60年1月30日生まれ。六代目尾上松助の長男。平成2年5月歌舞伎座『伽羅先代萩《めいぼくせんだいはぎ》』の鶴千代で二代目尾上松也を名のり初舞台。19年名題適任証取得。

（中村桂）

●『源平布引滝』義賢最期　木曽先生義賢

片岡《かたおか》愛之助《あいのすけ》

六代目｜松嶋屋

紋＝追いかけ五枚銀杏
伝統歌舞伎保存会会員

◉『金門五三桐』石川五右衛門

次代を担う役者の一人である。上方歌舞伎だけでなく江戸歌舞伎、新作、舞踊と活躍が続く。役者ぶりが年々大きくなってきている。三代猿之助四十八撰の一つ『金門五三桐』の五右衛門では、南禅寺山門で「絶景かな、絶景かな」と悠然たる風格を示し、時代物のスケールの大きさがあった。『東海道四谷怪談』では伊右衛門を初役で演じ、色悪ぶりを存分に発揮。三谷幸喜作・演出『月光露針路日本《つきあかりめざすふるさと》』では、歌舞伎味をもって達者な芝居をしてみせた。『信州川中島合戦』輝虎配膳の輝虎も手に入っている。『蜘蛛絲梓弦《くものいとあずさのゆみはり》』での小姓、傾城など五役早変わりの舞踊も見事であった。座頭を勤める永楽館歌舞伎、システィーナ歌舞伎でも観客の期待を裏切らない。

▼昭和47年3月4日生まれ。56年12月十三代目片岡仁左衛門の部屋子となり、南座『勧進帳』の太刀持音若で片岡千代丸を名のり初舞台。平成4年1月片岡秀太郎の養子となり、大阪・中座『勧進帳』の駿河次郎ほかで六代目片岡愛之助を襲名。6年名題昇進。

（宮辻）

●『弁天娘女男白浪』早瀬主水娘実は弁天小僧菊之助

片岡《かたおか》愛三朗《あいざぶろう》

初代｜松嶋屋

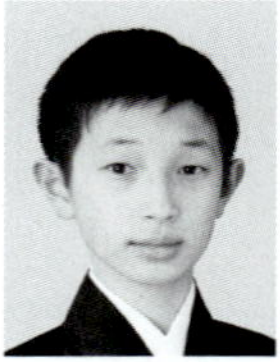

紋＝丸に追いかけ五枚銀杏

平成15年4月7日生まれ。片岡愛之助の部屋子。26年11月国立劇場『伽羅先代萩《めいぼくせんだいはぎ》』の小姓で加來真之介の名で初舞台。30年3月愛之助の部屋子となり、歌舞伎座『芝浜革財布』の丁稚長吉で片岡愛三朗を名のる。31年3月博多座『湧昇水鯉滝』鯉つかみの琵琶湖さかなの巫女と清水寺の所化、令和元年10月歌舞伎座『御摂勧進《ごひいきかんじん》帳《ちょう》』の富樫の小姓、ほかをつとめた。

◉『湧昇水鯉滝』鯉つかみ 清水寺の所化

尾上《おのえ》徳松《とくまつ》

初代｜音羽屋

紋＝抱き若松
伝統歌舞伎保存会会員

女方。師匠・松助の歿後も松也一門を支える屋台骨。『義賢最期』など時代物の腰元から『御所五郎蔵』など世話物の女房まで、幅広い役柄を演じる。『暗闇の丑松』の女郎お北に、苦界に身を落とした女性の悲哀が滲んだ。オリジナル公演「百傾繚乱」では歌舞伎講座に出演した。▼昭和27年生まれ。ニューヨークのハーバート・バーガフ演劇学校を出るなど多彩な経歴ののち、平成5年1月に六代目尾上松助に入門。6月〈近松座公演〉『冥途の飛脚』の村人で尾上徳松を名のり初舞台。17年11月新橋演舞場『児雷也豪傑譚話《じらいやごうけつものがたり》』の腰元楓で名題昇進。▼日本俳優協会賞。

◉『孤高勇士嬢景清』日向嶋 女郎楓

片岡《かたおか》當十郎《とうじゅうろう》

三代目｜松鶴屋

紋＝三徳銀杏
伝統歌舞伎保存会会員

師匠が十三代目仁左衛門のベテラン立役で、松嶋屋一門の最古参。面長の立派な容貌に大きな声、長身で存在感がある。『廓文章』の大尽や『鯉つかみ』の庄屋などに古風な味が滲んだ。あべの歌舞伎「晴《そら》の会」では『肥後駒下駄』の月岡刑部を演じた。▼昭和14年生まれ。十三代目片岡仁左衛門に入門し、28年4月神戸・八千代劇場『寺子屋』の寺子で片岡彦太郎を名のり初舞台。38年3月片岡秀六と改名。56年1月大阪・中座『勧進帳』の四天王で片岡當十郎を襲名し名題昇進。▼文化庁長官表彰、国立劇場奨励賞、日本俳優協会賞功労賞、関西で歌舞伎を育てる会奨励賞、三穂津さくら賞ほか。

●『江戸ッ子繁盛記』御存知一心太助　土井利勝

片岡《かたおか》千次郎《せんじろう》

二代目｜松美屋

紋＝十角に追いかけ五枚銀杏

立役・女方。小柄で大きな黒目に愛嬌がある。子役から腕を磨いた実力派で、『厳島招檜扇』の難波六郎のような時代物の武士も、世話物の町人もこなす。『四谷怪談』で按摩宅悦に抜擢された。上方歌舞伎会では『近頃河原の達引』の与次郎に挑戦。「晴《そら》の会」では亀屋東斎の名で改訂も勤める。▼昭和56年生まれ。平成11年3月上方歌舞伎塾第一期修了。同月大阪松竹座『忠臣蔵』の大名ほかで小林慎吾の名で初舞台。12月片岡我當に入門し、南座で片岡千次郎を名のる。25年12月南座『厳島招檜扇』の難波六郎で名題昇進。▼日本俳優協会賞奨励賞。

●『東海道四谷怪談』按摩宅悦

片岡《かたおか》市蔵《いちぞう》

六代目｜松島屋

紋＝銀杏丸
伝統歌舞伎保存会会員

●『雁のたより』家老高木次郎太夫

成田屋一門の中核的な存在として、市川海老蔵を支えている。日頃から勉強熱心で、口跡の良さに加えて、どんな役でも安定感がある。平成31年1月『俊寛』の瀬尾太郎は骨太の憎々しさがあり、『幡随長兵衛』の劇中の公平、5月『勧進帳』の常陸坊海尊と、ともに何度も演じて手の内に入っている。7月『素襖落』の鈍太郎は軽みとおかしみがあり、『め組の喧嘩』の江戸座喜太郎は、急な代役出演でもすぐに溶け込んだ。『星合世十三團』では敵役の猪熊大之進、『外郎《ういろう》売《うり》』の茶道珍斎では海老蔵・勸玄親子を優しく見守り、11月『市松小僧の女』の掏摸《すり》の仙太郎は不気味さがあった。来たる團十郎白猿襲名興行でも、献身的サポートが求められるだろう。

▼昭和33年12月12日生まれ。五代目片岡市蔵の長男。37年4月歌舞伎座『助六由縁江戸桜《すけろくゆかりのえどざくら》』の禿《かむろ》で片岡幸一の名で初舞台。44年11月歌舞伎座『助六由縁江戸桜』の茶屋廻り金太ほかで六代目片岡十蔵を襲名。60年名題昇進。平成15年5月歌舞伎座『実盛物語』の瀬尾十郎ほかで六代目片岡市蔵を襲名。（林）

●『平家女護島』俊寛　瀬尾太郎兼康

片岡《かたおか》亀蔵《かめぞう》

四代目｜松島屋

紋＝銀杏丸
伝統歌舞伎保存会会員

●『傾城反魂香』土佐将監光信

ぎょろりとした目。分厚い唇。いかにも舞台映えする面長の「役者顔」である。『寺子屋』の春藤玄蕃や『実盛物語』の瀬尾では、バリバリとしたいかにも古典歌舞伎の敵役らしい存在感を発揮、『吉野山』の逸見藤太のような半道敵では憎々しさの中にユーモアをにじませる。『め組の喧嘩』などの世話物では、いなせな立ち居振る舞いで江戸の空気を芝居の中に運んでくる。強さも愛嬌も表現できる芸達者なのだ。『狐狸狐狸ばなし』の物持ちの娘おそめ、『野田版　研辰の討たれ』のからくり人形、『天日坊』のお三婆など、新作の特異なキャラクターが印象に残るのも確かな演技力があるからだ。様々な役柄で芝居を支える貴重な存在。今後ますます、その存在感は大きくなっていくだろう。

▼昭和36年9月15日生まれ。五代目片岡市蔵の次男。40年12月歌舞伎座『忠臣蔵』の天川屋義平の一子・由松で片岡二郎の名で初舞台。44年11月歌舞伎座『辨天娘女男白浪』の丁稚三吉ほかで四代目片岡亀蔵を襲名。平成7年名題昇進。

（田中）

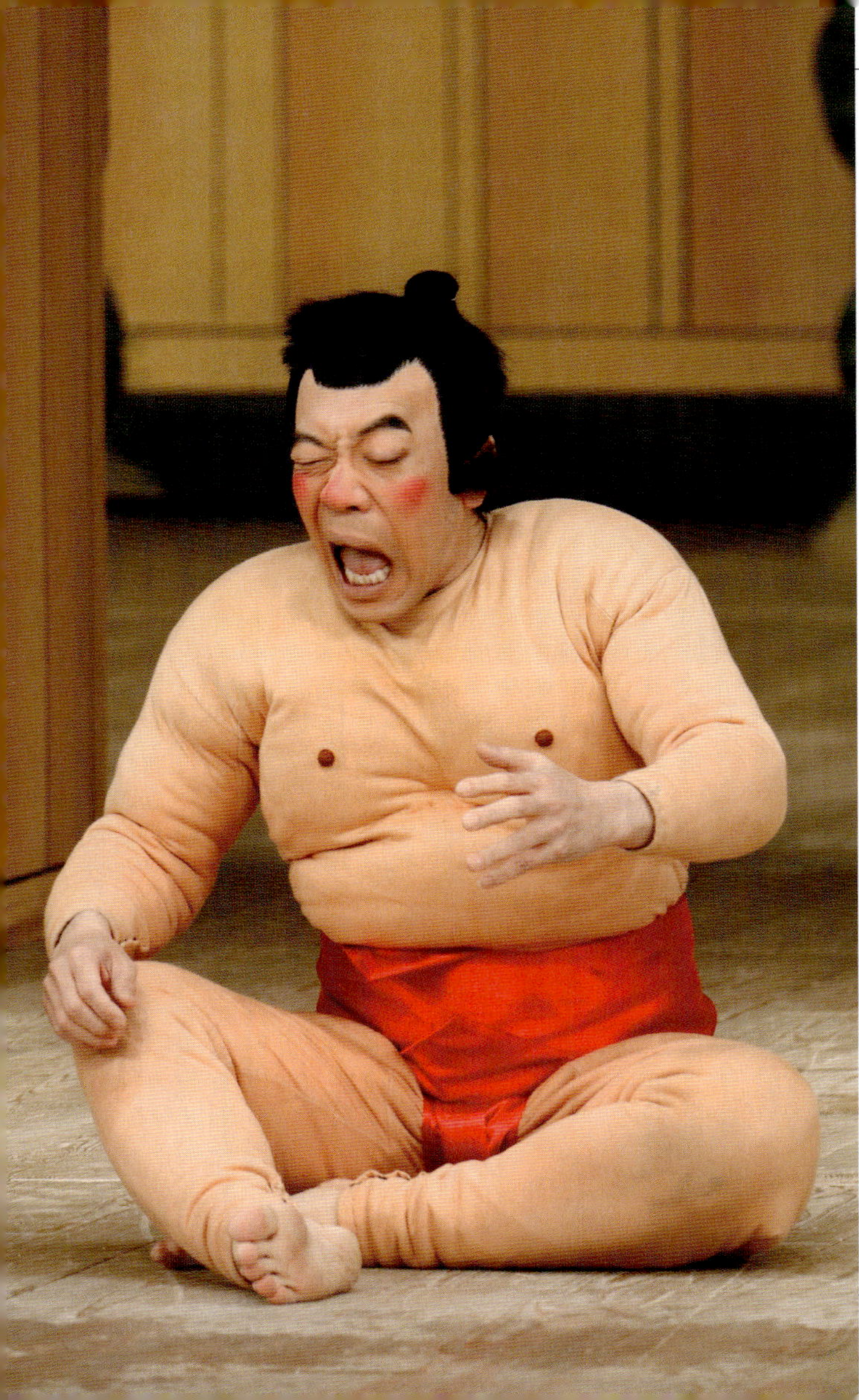

●『神明恵和合取組』め組の喧嘩　御輿岳芳五郎

片岡《かたおか》我當《がとう》

五代目｜松嶋屋

紋＝七ツ割丸に二引
伝統歌舞伎保存会会員

◉『天満宮菜種御供』時平の七笑　藤原時平

誠実な人柄を映すような味わい深い舞台。そうかと思えば、輪郭の大きい荒事の役どころや深い解釈が必要とされる新歌舞伎にも真価を発揮する。上方歌舞伎のベテランだが、若い頃、二代目尾上松緑のもとで修業したこともあり江戸の芝居も範疇としている。令和2年2月歌舞伎座で、亡父・十三代目片岡仁左衛門の二十七回忌追善興行を弟・片岡秀太郎、片岡仁左衛門とともに三兄弟で成功させたことは記憶に新しい。その際には、十三代目の最後の舞台となった『八陣守護城《はちじんしゅごのほんじょう》』の佐藤正清を猛将らしい風格と腹芸で演じ切った。令和元年7月大阪松竹座で演じた『日招ぎの清盛』の平清盛の大きさも印象深い。『沼津』の平作や『近頃河原の達引』の猿廻し与次郎など当たり役は数多い。

▼昭和10年1月7日生まれ。十三代目片岡仁左衛門の長男。15年10月大阪・歌舞伎座『堀川』のおつるで片岡秀公の名で初舞台。46年2月大阪新歌舞伎座『二月堂』の良弁ほかで五代目片岡我當を襲名。

（亀岡）

●『厳島招檜扇』日招ぎの清盛　平相国入道清盛

片岡《かたおか》進之介《しんのすけ》

初代｜松嶋屋

紋＝追いかけ五枚銀杏
伝統歌舞伎保存会会員

●『弥栄芝居賑』道頓堀芝居前　男伊達安の平兵衛

造りのはっきりした端正な容貌で、上方歌舞伎や義太夫狂言の立役を中心に勤めている。令和2年2月歌舞伎座で行われた祖父・十三代目片岡仁左衛門の二十七回忌追善では、父・片岡我當とともに『八陣《はちじん》守護城《しゅごのほんじょう》』に出演、佐藤正清の家臣・斑鳩平次をしっかり勤めた。この役は、平成5年に南座で十三代目が最後に勤めたときも演じた思い入れの深い役であった。ほかにも、父が平清盛を演じた『厳島招檜扇』日招ぎの清盛で内大臣宗盛を、また『寿曽我対面』では物語の最後に曽我兄弟が探している宝刀友《とも》切丸《きりまる》を持参する鬼王新左衛門をきりりと演じ、実事の芸を体現してみせた。令和元年の南座の顔見世では『仮名手本忠臣蔵』祇園一力茶屋で三人侍のひとり、赤垣源蔵。遊興にふける由良之助に腹を立て、厳しくたしなめる武士の心意気を一直線に演じて存在感を見せた。

▼昭和42年9月7日生まれ。片岡我當の長男。46年2月大阪新歌舞伎座『さくら時雨』の禿《かむろ》で片岡進之介の名で初舞台。平成10年名題適任証取得。（亀岡）

●『厳島招檜扇』日招ぎの清盛　内大臣宗盛

片岡《かたおか》孝太郎《たかたろう》

初代｜松嶋屋

紋＝追いかけ五枚銀杏
伝統歌舞伎保存会会員

◉『二人夕霧』傾城買指南所　後の夕霧

水も漏らさぬ、スキのない演技力の持ち主。上方歌舞伎、江戸歌舞伎の双方で活躍する女方である。世話物では『恋飛脚大和往来』封印切の梅川が代表作の一つ。『双蝶々《ふたつちょうちょう》曲輪《くるわ》日記《にっき》』引窓のお早の明るさも捨てがたい。お早を演じていて、笑う際の指の曲げ方一つにも、元遊女の色気を感じさせる巧みさがある。時代物では『義経千本桜』渡海屋・大物浦のお柳実は典侍《すけ》の局で、風格と大きさを示したのも忘れ難い。『仮名手本忠臣蔵』祇園一力茶屋のお軽の色気と兄妹愛の表現も充実していた。一方、江戸が舞台の『碁太平記白石噺』新吉原揚屋では信夫を演じて、敵討ちの志に燃える娘のけなげさ、純朴さを表現した。江戸歌舞伎では『極付幡随長兵衛』のお時で、長兵衛に注ぐ情愛のこまやかさを見せた。『寿曽我対面』の十郎、『勧進帳』の義経など立役も品格が備わっており、広い芸域を持っている。

▼昭和43年1月23日生まれ。片岡仁左衛門の長男。48年7月歌舞伎座『夏祭《なつまつり》浪花《なにわ》鑑《かがみ》』の市松で片岡孝太郎を名のり初舞台。平成6年名題昇進。（宮辻）

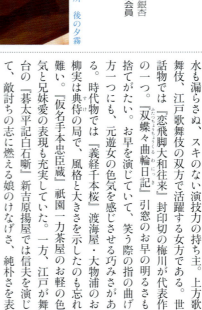

◉『義経千本桜』大物浦　銀平女房お柳実は典侍の局

片岡《かたおか》千之助《せんのすけ》

初代｜松嶋屋

紋＝追いかけ五枚銀杏

平成12年3月1日生まれ。片岡孝太郎の長男。祖父は片岡仁左衛門。15年7月大阪松竹座『男女《めおと》道成寺』の所化で初お目見得。16年11月歌舞伎座『松栄祝嶋台』お祭りの若鳶千吉で初代片岡千之助を名のり初舞台。30年12月南座『義経千本桜』小金吾討死の主馬小金吾、11月南座『仮名手本忠臣蔵』七段目の大星力弥、2年2月歌舞伎座『道明寺』の苅屋姫、ほかをつとめた。

●『義経千本桜』小金吾討死
主馬小金吾武里

片岡《かたおか》當吉郎《とうきちろう》

初代｜松嶋屋

紋＝丸に追いかけ五枚銀杏

立役・女方。『河庄』の太鼓持や時代物の中間《ちゅうげん》、大柄を活かした花四天など、さまざまな役に真摯に取り組む。名題昇進披露の『厳島招檜扇』の越中前司盛俊では、正清の敵方の武士を不敵に演じた。上方歌舞伎会では『熊谷陣屋』の熊谷直実に挑戦。今後の成長が楽しみである。▼昭和59年生まれ。平成15年上方歌舞伎塾第三期修了。7月大阪松竹座『義経千本桜』小金吾討死の捕手ほかで初舞台。片岡我當に入門し、12月南座『華果西遊記』の蜘蛛四天で片岡當吉郎を名のる。令和元年7月大阪松竹座『厳島招檜扇』の越中前司盛俊で名題昇進。

●『厳島招檜扇』日招ぎの清盛
越中前司盛俊

片岡《かたおか》嶋之亟《しまのじょう》

二代目　桜㐂屋

紋＝五枚銀杏に山桜
伝統歌舞伎保存会会員

ベテラン女方。『盛綱陣屋』の腰元や『義経千本桜』渡海屋・大物浦の官女から『極付幡随長兵衛』のおよしのような下女まで、どんな役でも安心感がある。『封印切』の遣手など、人生の浮き沈みを知るような老女形《ふけおやま》もいい。語学堪能で、旧帝大に在籍していたインテリである。▼昭和25年生まれ。53年5月片岡孝夫（現・仁左衛門）に入門し、6月新橋演舞場『逆櫓』の船頭で片岡孝二郎を名のり初舞台。平成12年6月歌舞伎座『番町皿屋敷』の茶屋娘で片岡嶋之亟と改め名題昇進。▼日本俳優協会賞、関西・歌舞伎を愛する会奨励賞、眞山青果賞助演賞ほか。

◉『孤高勇士嬢景清』日向嶋女郎藤の戸

片岡《かたおか》仁三郎《にさぶろう》

初代　松嶋屋

紋＝丸に追いかけ五枚銀杏
伝統歌舞伎保存会会員

立役。涼しい眼差しにすらりとして姿が良く、『封印切』の太鼓持も『神明恵和合取組《かみのめぐみわごうのとりくみ》』の鳶の者もよく似合う。線の太さも持ち味で、『義経千本桜』渡海屋・大物浦の伊勢三郎や、『義賢最期』の長田太郎、『実盛物語』の矢走仁惣太などの端敵もぴったり。師匠の仁左衛門の舞踊の後見も勤めている。▼昭和39年生まれ。59年10月片岡孝夫（現・仁左衛門）に入門し、御園座『曽根崎心中』の参詣の男で片岡松三郎を名のり初舞台。平成20年11月歌舞伎座『盟《かみかけて》三《さん》五《ご》大切《たいせつ》』の判人長八実はごろつき五平で片岡仁三郎と改め名題昇進。▼国立劇場奨励賞。

◉『霊験亀山鉾』藤田下部伴介

片岡《かたおか》仁左衛門《にざえもん》

十五代目｜松嶋屋

紋＝七ツ割丸に二引
伝統歌舞伎保存会会員
人間国宝
日本芸術院会員
文化功労者

●『恋飛脚大和往来』封印切　亀屋忠兵衛

人気と実力を兼ね備え、歌舞伎界の立役の頂点に立っている一人。時代から世話、義太夫狂言や上方狂言から江戸狂言、新歌舞伎までそれぞれのジャンルで当たり役を持つ。平成30年から令和2年に至る舞台を見ても『盛綱陣屋』の盛綱、『実盛物語』の実盛では捌き役に相応しい颯爽とした役者ぶりと口跡が光り、『封印切』の忠兵衛では上方和事の艶やかさと可笑しみを見せ、『勧進帳』では智と勇を兼ね備えた弁慶を豪快に演じた。三大名作では『千本桜』の権太、知盛、『忠臣蔵』の由良之助に続いて、2年2月に父の追善狂言として父から受け継いだ『菅原』の菅丞相を品格を保って見事に演じた。どんな役でもその度に原典に当たり、新しい工夫を加えて演じてきた。後輩の模範になる名演技である。

▼昭和19年3月14日生まれ。十三代目片岡仁左衛門の三男。24年9月中座『夏祭浪花鑑《なつまつりなにわかがみ》』の市松で片岡孝夫の名で初舞台。平成10年1・2月歌舞伎座『吉田屋』の伊左衛門、『助六曲輪初花桜《すけろくくるわのはつざくら》』の助六ほかで十五代目片岡仁左衛門を襲名。

（水落）

●『勧進帳』武蔵坊弁慶

●『芦屋道満大内鑑』葛の葉　信田庄司

片岡《かたおか》松之助《まつのすけ》

四代目｜緑屋

紋＝分銅結び銀杏

伝統歌舞伎保存会会員

太々《ふてぶて》しい敵役から滑稽味の必要な人物、善良な村人まで、幅広い役柄で作品世界を膨らませる貴重なわき役だ。片岡仁左衛門一門のベテランの立役で、線の太さと情感の濃い演技が持ち味。古典を中心に各地での舞台を支えている。『封印切』の田舎大尽猪山、『義経千本桜』の猪熊大之進は何度も手掛けている持ち役。平成31年から令和元年も様々な役柄に取り組んだ。『実盛物語』の百姓九郎助は手に入った役であり、実直で気骨ある好人物を情味豊かに描いて見せた。『仮名手本忠臣蔵』七段目の鷺坂伴内での小者ぶりと可笑しみも印象に残る。三谷幸喜作・演出による新作『月光露針路日本《つきあかりめざすふるさと》』風雲児たちでは、死期の迫る水主《かこ》幾八で存在感を見せた。

▼昭和23年2月1日生まれ。40年5月十三代目片岡仁左衛門に入門し、大阪・朝日座で片岡松三郎を名のり初舞台。53年6月新橋演舞場『ひらかな盛衰記』の日吉丸又六で四代目片岡松之助を襲名し名題昇進。平成25年11月歌舞伎座『仮名手本忠臣蔵』三段目・七段目の鷺坂伴内で幹部昇進。

（坂東）

片岡《かたおか》松十郎《まつじゅうろう》

初代　松嶋屋

紋＝丸に追いかけ五枚銀杏

立役。角ばった輪郭に凛々しい眉。『義経千本桜』の四天王などの武士がよく似合う。逞しい体つきで、『双蝶々曲輪日記《ふたつちょうちょうくるわにっき》』の団子山を好演。上方歌舞伎会では『熊谷陣屋』の梶原を勤めた。「晴《そら》の会」では『肥後駒下駄』の縫之助と源次兵衛を演じた。▼昭和50年生まれ。平成11年3月上方歌舞伎塾第一期修了。同月大阪松竹座『忠臣蔵』十一段目の茅野和助ほかで石垣壮一郎の名で初舞台。12月片岡仁左衛門に入門し、南座『お祭り』の若い者で片岡松次郎を名のる。24年12月南座『忠臣蔵』六段目の猟師狸の角兵衛ほかで片岡松十郎と改め名題昇進。▼日本俳優協会賞奨励賞。

◉『竜馬がゆく』風雲篇　長州藩士三吉慎蔵

片岡《かたおか》孝志《たかし》

初代　松嶋屋

紋＝丸に追いかけ五枚銀杏

立役。痩身で背が高くスッキリした風貌。時代物では『義経千本桜』の郎党や『俊寛』の丹左衛門の供侍などを、世話物では『白浪五人男』の浜松屋の手代や『極付幡随長兵衛』の水野の中間などをそつなく勤めている。軽妙な味もあり、『神霊矢口渡』の船頭八助が印象的だった。▼昭和42年生まれ。63年国立劇場第九期歌舞伎俳優研修修了。4月歌舞伎座『忠臣蔵』の大名ほかで小柴俊哉の名で初舞台。平成元年3月片岡孝夫（現・仁左衛門）に入門し、片岡たか志を名のる。27年10月歌舞伎座『音羽嶽だんまり』の源氏の郎党樋爪九郎ほかで片岡孝志と改め名題昇進。

◉『鬼一法眼三略巻』菊畑　下部七助

片岡《かたおか》秀太郎《ひでたろう》

二代目｜松嶋屋

紋＝七ツ割丸に二引
伝統歌舞伎保存会会員
人間国宝

◉『近江源氏先陣館』盛綱陣屋　盛綱母微妙

令和元年に人間国宝になった。長年に亘って培った上方歌舞伎の女方の芸が評価されたのである。古典から新歌舞伎まで、どんな役でも役の求める味と色を表現する演技力を備えている。平成30年から令和2年にかけて『盛綱陣屋』の微妙《みみょう》、『輝虎配膳』の越路という時代物の老女の大役を風格十分に演じ分ける一方で、『封印切』のおえん、『吉田屋』のおきさ、『雁のたより』のお玉と上方狂言の花車方を面白く見せた。こうした役は今や専売で、自然に演じながら役の性根と狂言の色合いを表現していく。年輪の芸であろう。『千本桜』の小せんでは元遊女のすがれた色気としっかり者の女房の姿を義太夫狂言の味わいで描き出し、『寿曽我対面』の舞鶴では江戸狂言の大らかさ、『瞼の母』のおはまでは新歌舞伎らしい母の情愛と苦悩を表現した。

▼昭和16年9月13日生まれ。十三代目片岡仁左衛門の次男。21年10月南座『吉田屋』の禿《かむろ》で片岡彦人の名で初舞台。31年3月大阪歌舞伎座『河内山』の浪路で二代目片岡秀太郎を襲名。

（水落）

●『義経千本桜』すし屋　権太女房小せん

片岡《かたおか》千太郎《せんたろう》

初代｜松嶋屋

紋＝丸に追いかけ五枚銀杏

平成18年5月28日生まれ。27年7月大阪松竹座『絵《え》本合法衢《ほんがっぽうがつじ》』の倅里松で笠井稜太の名で初舞台。12月片岡秀太郎の部屋子となり、南座『土蜘』の太刀持音若で片岡千太郎を名のる。30年11月南座『雁のたより』の下剃の安、12月南座『弁天娘女男白浪』の丁稚長松、令和元年10月御園座『身替座禅』の侍女小枝、2年1月大阪松竹座『大津絵道成寺』の唐子、ほかをつとめた。

◉『雁のたより』下剃の安

片岡《かたおか》千壽《せんじゅ》

初代｜松嶋屋

紋＝丸に追いかけ五枚銀杏

女方。コロンとした丸顔に艶のある眼差し。『傾城反魂香』の腰元や『義経千本桜』の官女などの凛とした役も、廓の仲居や『勢獅子』の手古舞などの役も似合う。上方歌舞伎会では『熊谷陣屋』の相模に挑戦。「晴《そら》の会」では『肥後駒下駄』のお縫と刑部妻梅野を演じた。▼昭和56年生まれ。平成11年3月上方歌舞伎塾第一期修了。同月大阪松竹座『仮名手本忠臣蔵』十一段目の村松三太夫ほかで黒川裕介の名で初舞台。12月片岡秀太郎に入門し、南座で片岡千壽郎を名のる。24年12月南座『廓文章』の仲居およしで片岡千壽と改め名題昇進。▼日本俳優協会賞奨励賞。

◉『主天童子』葛城太夫

上村《かみむら》吉太朗《きちたろう》

初代｜美吉屋

紋＝折敷型世の字

平成13年2月26日生まれ。19年5月第三回「みよし会」『傾城阿波の鳴門』どんどろ大師の巡礼お鶴で上村吉太朗を名のり初舞台。21年12月南座顔見世『時平の七笑』の稚児松乃丸で片岡我當の部屋子となる。令和元年6月国立劇場『神霊矢口渡』の傾城うてな、8月・9月巡業『蜘蛛絲梓弦《くものいとあずさのゆみはり》』の坂田金時、10月御園座『身替座禅』の侍女千枝、ほかをつとめた。

◉『滑稽俄安宅新関』亀屋忠兵衛

上村《かみむら》折乃助《おりのすけ》

二代目｜美吉屋

紋＝折敷型世の字

小作りで可愛らしい顔立ちの若女形《わかおやま》。『湧昇水鯉滝』鯉つかみの腰元などを行儀良く勤める一方、『双《ふたつ》蝶々曲輪日記《ちょうちょうくるわにっき》』の仲居や『お伊勢帰り』の長屋の女房などの明るい役もよく似合う。上方歌舞伎会では『熊谷陣屋』の藤の方に挑戦。師匠の上村吉弥の舞踊の後見も勤める。▼昭和55年生まれ。平成13年上方歌舞伎塾第二期修了。5月大阪松竹座『怪談敷島《かいだんしきしま》譚《ものがたり》』の詰袖新造で竹村真吾の名で初舞台。12月上村吉弥に入門し、南座『ぢいさんばあさん』の腰元ほかで上村純弥を名のる。27年12月歌舞伎座『妹背山《いもせやま》婦女庭訓《おんなていきん》』三笠山御殿の官女茅の局で上村折乃助と改め名題昇進。

◉『一谷嫩軍記』熊谷陣屋
平経盛室藤の方

上村《かみむら》吉弥《きちや》

六代目｜美吉屋

紋＝折敷型世の字
伝統歌舞伎保存会会員

●『道成寺再鐘供養』老婆お清

怜悧な美貌。近年は老け役にも挑んでいるが、それがもったいなく思えるほど、あでやかな風情は変わらない。上方歌舞伎中心の活躍で、『封印切』のおえん、『河庄』のお庄、『吉田屋』のおきさで見せる花車方では上方の色街のにおいをたっぷりにじませる。平成30年南座の顔見世では、東西の幹部俳優が顔をそろえた座組で『寿曽我対面』の立女形《たておやま》の役どころ、大磯の虎を大輪の花のように演じた。令和元年12月国立劇場では三婆のひとつ『盛綱陣屋』の微《み》妙《みょう》を気骨と情をないまぜに演じ、深い感動を与えた。一方で、『引窓』のお幸のような庶民の老母役も継承している。兵庫県豊岡市の永楽館歌舞伎や徳島県鳴門市のシスティーナ歌舞伎でも活躍。ますます重宝されそうな女方である。

▼昭和30年4月27日生まれ。48年8月片岡我當に入門し、10月大阪新歌舞伎座『新吾十番勝負』の寛永寺の僧ほかで片岡千次郎を名のり初舞台。62年11月歌舞伎座で名題昇進。平成5年11月南座『草摺引』の舞鶴ほかで六代目上村吉弥を襲名。（亀岡）

●『金門五三桐』蕙生の前

河原崎《かわらさき》権十郎《ごんじゅうろう》

四代目｜山崎屋

紋＝八ツ花菱に二ッ巴、菱宝結び
伝統歌舞伎保存会会員

●『神明恵和合取組』め組の喧嘩　め組露月町亀右衛門

力強く明晰な声が魅力の立役。端敵や道化役なども多いが、出の短い役でも印象に残る。菊五郎劇団では今やベテランの域に入る存在だが、『髪結新三』で菊五郎の新三で演じる子分の勝奴などきびきびとした動き、活きの良さで若い役者に負けていない。その一方で最近では珍しく上方狂言『封印切』の治右衛門のような年功を積んだ役も演じている。新作でも『風の谷のナウシカ』の族長ジルなどで安定感を発揮。どんな役でも受け狙いをせず、本格に徹する行儀の良さは父・十七代目市村羽左衛門の厳しい薫陶の賜物である。

▼昭和29年2月6日生まれ。十七代目市村羽左衛門の三男。長兄に坂東楽善、次兄に市村萬次郎がいる。35年9月明治座『土蜘』の石神で坂東正邦の名で初お目見得。36年6月歌舞伎座の『口上』で坂東正之助を名のり初舞台。平成元年2月歌舞伎座『双蝶々《ふたつちょうちょう》曲輪日記《くるわにっき》』の放駒長吉ほかで名題昇進。15年5月歌舞伎座『極付幡随長兵衛』の水野十郎左衛門ほかで四代目河原崎権十郎を襲名。

（石山）

●『平成代名残絵巻』藤原基房

坂田《さかた》藤十郎《とうじゅうろう》

四代目　山城屋

紋＝五つ藤重ね星梅鉢
伝統歌舞伎保存会会員
人間国宝
日本芸術院会員
文化功労者
文化勲章

●『寿栄藤末廣』鶴亀　女帝

令和元年大晦日の誕生日で八十八歳を迎えた。平成31年1月には数え年の米寿記念として大阪松竹座で親子三代全員が勢揃い、『寿栄藤末廣』で稀代の名優の長寿を祝った。女帝に扮した藤十郎は輝くばかりの存在感で舞台を圧倒したのである。4月には歌舞伎座でも上演、藤十郎を尊敬してやまない市川猿之助と親戚筋の中村亀鶴の共演も実現した。近年では『新口村』の忠兵衛のはんなりした和事味、『金閣寺』の慶寿院尼の品格もこの人ならでは。変わらない瑞々しい美しさと芸容の大きさを併せ持ち、独自の歌舞伎のスタイルを打ち立ててきた。栄誉を極めてもなお、上方歌舞伎の深さを追求し続ける。

▼昭和6年12月31日生まれ。二代目中村鴈治郎の長男。16年10月大阪角座『嫗山姥《こもちやまんば》』の公時で二代目中村扇雀を名のり初舞台。平成2年11月歌舞伎座『吉田屋』の伊左衛門、『河庄』の治兵衛ほかで三代目中村鴈治郎を襲名。17年12月南座『夕霧名残の正月』の伊左衛門ほかで四代目坂田藤十郎を襲名。

（亀岡）

●『恋飛脚大和往来』新口村　亀屋忠兵衛

◉『月光露針路日本』風雲児たち　アグリッピーナ妹ヴィクトーリヤ

澤村《さわむら》宗之助《そうのすけ》

三代目　紀伊国屋

紋＝丸にいの字、笹りんどう
伝統歌舞伎保存会会員

おっとりとした風貌と細身の体。可憐な雰囲気が漂う女方である。子役として活躍した後に、故・九代目澤村宗十郎の部屋子となった。『人情噺文七元結』のお久などの世話物の娘役から時代物での腰元・姫君役まで様々な役柄をこなし、若衆などの立役を演じることもある。令和元年6月に歌舞伎座で上演された三谷幸喜脚本・演出の『月光露針路日本《つきあかりめざすふるさと》』風雲児たちではカラーコンタクトを入れて外国人の娘役に挑戦していた。持ち味はおっとりと品のいい芝居。口跡もよく、国立劇場の歌舞伎鑑賞教室では何度も解説を務めている。師匠のもとで約二十年研鑽を積んできた「江戸和事」の芸を後世に是非伝えてほしいものである。

▼昭和47年5月6日生まれ。53年6月新橋演舞場『逆櫓』の駒若丸で山本雅晴の名で初舞台。56年9月九代目澤村宗十郎の部屋子となり、歌舞伎座『伽羅先代萩《めいぼくせんだいはぎ》』の千松で二代目澤村宗丸を名のる。平成10年名題昇進。11年9月歌舞伎座『加賀鳶』のお朝で三代目澤村宗之助を襲名して幹部昇進。（田中）

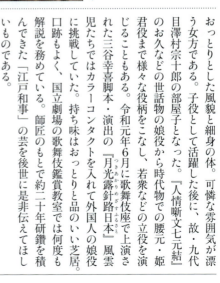

澤村《さわむら》宇十郎《うじゅうろう》

五代目｜紀伊国屋

紋＝丸にいの字
伝統歌舞伎保存会会員

立役。面長で鼻筋が通り、少し離れ目で穏やかな雰囲気がある。時代物では『対面』の大名や『菊畑』の下部《しもべ》など、世話物では『三人吉三』の町人や舞踊の『勢獅子』の鳶の者など芸域が広く、どんな役にも安定感がある。▼昭和40年生まれ。平成2年国立劇場第十期歌舞伎俳優研修修了。4月歌舞伎座『女暫』の仕丁で吉田明義の名で初舞台。11月九代目澤村宗十郎に入門し、3年1月国立劇場『鞍馬山のだんまり』の木葉天狗で澤村紀義を名のる。師の歿後、澤村田之助門下となる。20年10月歌舞伎座『奴道成寺』の所化ほかで澤村宇十郎を襲名し名題昇進。▼国立劇場特別賞。

◉『仮名手本忠臣蔵』十一段目　村松三太夫

澤村《さわむら》國久《くにひさ》

初代｜紀伊国屋

紋＝笹りんどう

女方。小柄で凛とした眼差しに哀愁のある風情。『伽羅先代萩《めいぼくせんだいはぎ》』の腰元や『恋飛脚大和往来』封印切の仲居など、どんな役も手堅い。『勢獅子』の手古舞姿も映えた。「中村七之助特別舞踊公演」の『隅田川千種濡事』のお作、『東海道四谷怪談』の伊右衛門母お熊など、アクセントとなる役で好演した。▼昭和38年生まれ。平成2年11月澤村藤十郎に入門。3年3月歌舞伎座『助六曲輪初花桜《すけろくくるわのはつざくら》』の地廻りの若い者ほかで澤村國久を名のり初舞台。22年2月歌舞伎座『籠釣瓶花街酔醒《かごつるべさとのえいざめ》』の七越付番頭新造梅ヶ枝で名題昇進。

◉『東海道四谷怪談』乳母おまき

澤村《さわむら》田之助《たのすけ》

六代目｜紀伊国屋

紋＝釻菊、波に千鳥
伝統歌舞伎保存会会員
人間国宝

●『伊勢音頭恋寝刃』油屋お鹿

このところ体調不良で舞台を休んでいるが、女方の人間国宝で江戸和事の芸を身につけている貴重な俳優である。子役時代に初代中村吉右衛門や六代目尾上菊五郎らの芸に接し、青年期以降は六代目中村歌右衛門、七代目尾上梅幸の指導を受けて女方の芸を身につけ、役のほどを心得た行儀の良い演技で舞台を支えてきた。襲名で演じた『矢口渡』のお舟をはじめ、昭和40年代には五代目中村富十郎、三代目市川猿之助（現・猿翁）、九代目澤村宗十郎と組み花形歌舞伎で活躍した。『千本桜』四の切の静、『天網島』のおさんなどではイキの詰んだ台詞術で役の性根を表現し、紀伊国屋系の和事にも当たり役が多い。国立劇場歌舞伎俳優養成の講師を長年務め後進を育成した功績も大きい。好角家としても知られる。

▼昭和7年8月4日生まれ。五代目澤村田之助（初代曙山）の長男。16年3月歌舞伎座『伽羅先代萩《めいぼくせんだいはぎ》』の鶴千代ほかで四代目澤村由次郎を名のり初舞台。39年4月歌舞伎座『神霊矢口渡』のお舟ほかで六代目澤村田之助を襲名。

（水落）

●『双蝶々曲輪日記』引窓　母お幸

澤村《さわむら》藤十郎《とうじゅうろう》

二代目｜紀伊国屋

紋＝笹りんどう、波に千鳥
伝統歌舞伎保存会会員

●『柳橋』芸者藤吉

『野崎村』のお染の美貌、『梅ごよみ』の芸者政次の艶っぽさなど若い頃の舞台が浮かぶ。昭和43年芸術選奨新人賞に輝いた『女形の歯』。三代目澤村田之助の壮絶な生きざまを描き、確かな芸を見せた。「こんぴら歌舞伎」のきっかけをつくったプロデューサー的手腕もある。第一回公演『再桜遇清水《さいかいざくらみそめのきよみず》』で吉右衛門を相手に演じた桜姫の不思議な色気も記憶に残る。病いに倒れて久しいが、懸命のリハビリが功を奏し、平成31年4月、「こんぴら歌舞伎」にサプライズで登場し、中村勘九郎、中村七之助との座談会に元気な姿を見せた。三十五周年を迎えた「関西・歌舞伎を愛する会」で感謝状を授与された。兄・澤村宗十郎亡きあと紀伊国屋の芸を伝える貴重な存在で知恵袋。愛弟子たちの活躍を喜んでいる。

▼昭和18年10月12日生まれ。八代目澤村宗十郎の次男。32年1月歌舞伎座『忠臣蔵』九段目の一力娘お久で澤村精四郎を名のり初舞台。51年9月歌舞伎座『白石噺』の信夫ほかで二代目澤村藤十郎を襲名。

（横溝）

●『本朝廿四孝』十種香　八重垣姫

澤村《さわむら》由次郎《よしじろう》

五代目｜紀伊国屋

紋＝釻菊、波に千鳥
伝統歌舞伎保存会会員

◉『市松小僧の女』武士大沢録之助

計算して演じたのか、どうなのか。手が来る、感嘆させる、面白いなと、ちょっぴり褒めたくなる。令和元年でなら、『め組の喧嘩』で鳶を相手に争う相撲取りの神路山花五郎、『封印切』で遊女梅川を呼び出す阿波の大尽、百両出すなら水をかけた罪を許すと脅す『市松小僧の女』の腕っぷしの至って弱い侍。この人が演じると、役目も馬耳東風、人生こんなもの、と諦観させる趣がある。長谷川伸の『一本刀土俵入』の老船頭、清大工を持ち役同然にしているが、物欲もなく、悔いるでもなく、若き日を回顧する老人の晩年が曰く言い難い趣で辺りを覆い、まるでこの人の舞台生活そのもののようだ。兄・田之助、いとこの宗十郎、藤十郎と、女方ぞろいの紀伊国屋の中で、二十歳を過ぎ、独り立役の道を選んだ。道なき道を歩む役者の、独立独歩の道程ではないか。

▼昭和21年8月8日生まれ。五代目澤村田之助（初代曙山）の三男。42年3月歌舞伎座『仮名手本忠臣蔵』の木村岡右衛門で五代目澤村由次郎を名のり初舞台。平成10年名題適任証取得。

（朝田）

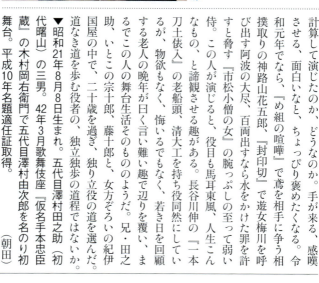

●『仮名手本忠臣蔵』七段目　斧九太夫

澤村《さわむら》國矢《くにや》

初代｜紀伊国屋

紋＝笹りんどう
伝統歌舞伎保存会会員

立役。眼力の鋭い二枚目。『俊寛』の丹左衛門の供侍の精悍さ、『鳥居前』の藤太の剽軽さ、『西郷と豚姫』の同心の手強さ、『瞼の母』の半次郎の甘さなど、多面的な魅力がある。南座の超歌舞伎『今昔饗宴千本桜《はなくらべせんぼんざくら》』ではリミテッドバージョンで佐藤四郎兵衛忠信に抜擢された。▼昭和53年生まれ。63年7月歌舞伎座『義経千本桜』奥庭の子狐で吉川文康の名で初舞台。平成7年3月澤村藤十郎に入門し、5月金丸座『吉田屋』の吉田屋若い者で澤村國矢を名のる。22年2月歌舞伎座『籠釣瓶花街酔醒《かごつるべさとのえいざめ》』の若い者千吉で名題昇進。▼日本俳優協会賞奨励賞。

◉『籠釣瓶花街酔醒』若い者千吉

實川《じつかわ》延郎《えんろう》

二代目｜河内屋

紋＝違井桁
伝統歌舞伎保存会会員

三代目實川延若に師事したベテラン立役。あごがしゃくれた顔立ちで、『寿曽我対面』の並び大名や『源平布引滝』義賢最期の高橋判官長常などの端敵がよく似合う。またその一方で『三人吉三巴白浪』の火の見櫓の番太時助のような世話物の年配のおやじに素朴で篤実な人柄が滲んで何ともいえない滋味がある。▼昭和17年生まれ。三代目實川延若に入門し、40年2月歌舞伎座『時雨の炬燵』の紙買で實川若蔵を名のり初舞台。54年4月歌舞伎座で實川延郎と改め名題昇進。▼国立劇場奨励賞、同特別賞、眞山青果賞助演賞ほか。

◉『双蝶々曲輪日記』引窓
南与兵衛後に南方十次兵衛

中村《なかむら》歌女之丞《かめのじょう》

三代目　成駒屋

紋＝祇園守
伝統歌舞伎保存会会員

●『伽羅先代萩』道益妻小槙

成駒屋一門のベテラン女方として実力を高く評価されている。六代目中村歌右衛門に入門し、一門の師匠番として五代目以来の芸を伝える三代目中村梅花の薫陶を受けた。武家の奥方や局、老母や乳母、芸者や茶屋女房まで時代、世話を問わず芸の引き出しが豊富なのが強みである。長年歌右衛門の芸を間近で見ていただけに、『傾城反魂香』の将監北の方や『番町皿屋敷』の後室真弓など位取りの高い役には存在感がある。国立劇場の歌舞伎俳優研修生出身から初の幹部昇進を果たし、後進への良き励みとなった。今後は一門の指南役として長年の経験、知識を若手に伝える役割も担ってほしい。

▼昭和30年11月13日生まれ。49年国立劇場第二期歌舞伎俳優研修修了。4月国立劇場で小林洋信の名で初舞台。50年5月六代目中村歌右衛門に入門し、中村駒次を名のる。58年11月歌舞伎座『鎌倉三代記』の讃岐の局ほかで三代目中村歌女之丞を襲名し名題昇進。平成26年4月歌舞伎座『鎌倉三代記』のおくる、『一條大蔵譚《いちじょうおおくらものがたり》』の鳴瀬で幹部昇進。（石山）

中村《なかむら》魁春《かいしゅん》

二代目｜加賀屋

紋＝梅八ツ藤
伝統歌舞伎保存会会員

●『二人夕霧』傾城買指南所　先の夕霧

昭和歌舞伎を支えた稀代の女方、六代目歌右衛門のもとで修業を重ね、ともに舞台に立った経験が、今の舞台を豊かなものにしている。平成31年1月『一條大蔵譚《いちじょうおおくらものがたり》』の常盤御前は品があり、2月『熊谷陣屋』の相模はわが子を亡くした母の哀しみと情愛にあふれ、ともに手堅い。4月『二人夕霧』の先の夕霧は儚げに美しく、令和元年6月『女車引』の千代は凛として頼もしい。7月『星合世十三團』のお柳実は典侍《すけ》の局は品格とスケールの大きさがあり、11月『髪結新三』の後家お常には大店《おおだな》のおかみの貫禄と品がある。『菊畑』の皆鶴姫には風格が漂う。古風な芸質は立女形《たておやま》としてますます貴重となるだろう。

▼昭和23年1月1日生まれ。六代目中村歌右衛門の養子となり、31年1月歌舞伎座『蜘蛛の拍子舞』の翫才で二代目加賀屋橋之助を名のり初舞台。42年4・5月歌舞伎座『絵本太功記』の初菊、『忠臣蔵』九段目の小浪ほかで五代目中村松江を襲名。平成14年4月歌舞伎座『将門』の滝夜叉姫、『本朝廿四孝《ほんちょうにじゅうしこう》』の八重垣姫で二代目中村魁春を襲名。（林）

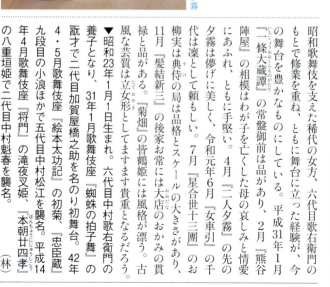

●『外郎売』大磯の虎

中村《なかむら》春花《しゅんか》

初代　加賀屋

紋＝梅八ツ藤

伝統歌舞伎保存会会員

女方としては長身で、しっとりした色気と上品な風情がある。『菊畑』の腰元や『御所五郎蔵』の仲居など、時代物・世話物を問わずどんな役にも古風な持ち味がいきる。『三人吉三巴白浪』ではすれっからしの夜鷹おはぜを大胆に演じ、新たな一面を見せた。▼昭和34年生まれ。61年国立劇場第八期歌舞伎俳優研修修了。4月国立劇場小劇場『六歌仙容彩《ろっかせんすがたのいろどり》』の大伴黒主の花四天で長谷川文男の名で初舞台。62年4月中村松江（現・魁春）に入門し、中村歌松を名のる。平成18年4月歌舞伎座『伊勢音頭恋寝刃《いせおんどこいのねたば》』の仲居葛野ほかで中村春花と改め名題昇進。▼眞山青果賞敢闘賞。

◉『紅葉狩』局田毎

中村《なかむら》春之助《はるのすけ》

初代　加賀屋

紋＝梅八ツ藤

女方。鼻筋が通り、凛とした眼差しが印象的。『菊畑』の腰元や『成田千本桜』の官女藤の局、『高時』の侍女や『市松小僧の女』の町娘およしなど、さまざまな役を行儀よく勤めている。夏の勉強会の『一《いち》條大蔵譚《じょうおおくらものがたり》』では、悪臣の夫を恥じて自害する忠義な妻鳴瀬に挑戦した。▼昭和53年生まれ。平成14年国立劇場第十六期歌舞伎俳優研修修了。6月国立劇場『俊寛』の船頭で有馬達郎の名で初舞台。9月中村魁春に入門し、歌舞伎座『籠釣瓶花街酔醒《かごつるべさとのえいざめ》』の振袖新造で中村春之助を名のる。28年1月歌舞伎座『直侍』の新造千代鶴ほかで名題昇進。

◉『雪暮夜入谷畦道』直侍　新造千代鶴

◉『松浦の太鼓』源吾妹お縫

中村《なかむら》米吉《よねきち》

五代目｜播磨屋

紋＝揚羽蝶

可憐な顔立ちで、生来の華を持った若手女方。古典作品への挑戦を続け、地力を蓄えようとする姿勢が好もしい。町娘からお姫様まで幅広く演じるが、令和の幕開けの年、『実盛物語』の御台葵御前で見せた品格、『寿曽我対面』の化粧坂少将のあでやかさなど、本公演での抜擢によく応えた。大きな飛躍を見せたのが、2年の新春浅草歌舞伎。『寺子屋』の戸浪、『絵本太功記』の初菊、『仮名手本忠臣蔵』祇園一力茶屋のお軽と、名作の悲劇的な大役を任され、体当たりの演技。中でもお軽は、一途な遊女の哀れさと色気がにじみ、一皮むけた印象だ。一方、元年6月に日本初開催されたG20大阪サミットでは、参加各国の首脳夫人らを前に新作舞踊を披露。東京五輪前に歌舞伎をアピールする重責も担った。

▼平成5年3月8日生まれ。中村歌六の長男。12年7月歌舞伎座『宇和島騒動』の武右衛門倅武之助で五代目中村米吉を襲名し初舞台。27年1月浅草公会堂『一條大蔵譚《いちじょうおおくらものがたり》』奥殿の常盤御前ほかで名題昇進。（飯塚）

●『三人吉三巴白浪』土左衛門伝吉

中村《なかむら》歌六《かろく》

五代目｜播磨屋

紋＝揚羽蝶、つるかたばみ、歌六梅
伝統歌舞伎保存会会員

出演しているだけで舞台に厚みが増す立役。令和元年9月は歌舞伎座での曽祖父・三世歌六百回忌追善狂言『沼津』で平作、『松浦の太鼓』で松浦鎮信を勤めた。平作は実直さがにじみ、生き別れた子である吉右衛門演じる十兵衛の前で、自ら死を選ぶまでの心の動きを細やかに見せ、松浦鎮信では赤穂浪士に肩入れするちょっとわがままだが好人物の大名を初役で明るく闊達に演じた。『熊谷陣屋』の弥陀六は当たり役と言え、弥平兵衛宗清という平家の勇将であった過去が、眼光の鋭さと演技の深さからはっきりと伝わる。世話物では『三人吉三巴白浪』の土左衛門伝吉が印象に残る。裏稼業を勤めた過去を持つ老人の譲らぬ気性が表現された。

▼昭和25年10月14日生まれ。二代目中村歌昇（四代目中村歌六）の長男。弟は又五郎、いとこに時蔵、錦之助、獅童がいる。30年9月歌舞伎座『夏祭浪花《なつまつりなにわ》鑑《かがみ》』の伜市松ほかで四代目中村米吉を名のり初舞台。48年名題昇進。56年6月歌舞伎座『一條大蔵譚《いちじょうおおくらものがたり》』の大蔵卿ほかで五代目中村歌六を襲名。（小玉）

●『松浦の太鼓』松浦鎮信

中村《なかむら》蝶八郎《ちょうはちろう》

初代　播磨屋

紋＝揚羽蝶

立役。身軽で、立廻りの捕手や『御存鈴ヶ森』の駕籠舁などで活躍した。『梶原平三誉石切』の足軽や『神明恵和合取組《かみのめぐみわごうのとりくみ》』の焚出しの手代など、どんな役でも舞台に自然と溶け込んでいた。名題昇進披露の『松浦の太鼓』の近習早瀬近吾では、気まぐれな主君を気遣う家臣を好演した。▼昭和44年生まれ。平成3年7月中村歌六に入門し、歌舞伎座『於染久松《おそめひさまつ》色読販《うきなのよみうり》』の参詣の男ほかで初舞台。4年7月歌舞伎座『伊達の十役』の陸尺《ろくしゃく》ほかで中村蝶八郎を名のる。26年9月名題適任証取得。令和元年9月歌舞伎座『松浦の太鼓』の近習早瀬近吾ほかで名題昇進。

◉『松浦の太鼓』近習早瀬近吾

中村《なかむら》勘之丞《かんのじょう》

三代目　中村屋

紋＝角切銀杏
伝統歌舞伎保存会会員

ベテラン立役。中村屋一門にとってわき役の要で欠かせない存在。長身でおおどかな風情があり、『傾城反魂香』土佐将監閑居の百姓や『封印切』のお大尽などがよく似合う。『寿曽我対面』では梶原平三景時を、『東海道四谷怪談』ではお岩の父・四谷左門を勤めた。▼昭和25年生まれ。47年国立劇場第一期歌舞伎俳優研修修了。4月国立劇場『一谷嫩軍記《いちのたにふたばぐんき》』の軍兵で向井史郎の名で初舞台。48年6月十七代目中村勘三郎に入門し、中村仲助を名のる。62年1月歌舞伎座で中村勘之丞を襲名し名題昇進。▼国立劇場奨励賞、同特別賞、日本俳優協会賞。

◉『東海道四谷怪談』四谷左門

中村《なかむら》勘太郎《かんたろう》

三代目｜中村屋

紋＝角切銀杏

平成23年2月22日生まれ。中村勘九郎の長男。祖父は十八代目中村勘三郎。29年2月歌舞伎座『門出二人桃太郎』の兄の桃太郎で三代目中村勘太郎を名のり初舞台。31年3月歌舞伎座『近江源氏先陣館』盛綱陣屋の高綱一子小四郎、令和元年8月歌舞伎座『伽羅先代萩《めいぼくせんだいはぎ》』の一子千松、2年1月歌舞伎座『鰯賣戀曳網』の禿《かむろ》蜻蛉（偶数日）をつとめた。

◉『近江源氏先陣館』盛綱陣屋 高綱一子小四郎

中村《なかむら》長三郎《ちょうざぶろう》

二代目｜中村屋

紋＝角切銀杏

平成25年5月22日生まれ。中村勘九郎の次男。祖父は十八代目中村勘三郎。29年2月歌舞伎座『門出二人桃太郎』の弟の桃太郎で二代目中村長三郎を名のり初舞台。令和元年8月歌舞伎座『伽羅先代萩《めいぼくせんだいはぎ》』の足利鶴千代、2年1月歌舞伎座『鰯賣戀曳網』の禿《かむろ》蜻蛉（奇数日）をつとめた。

◉『伽羅先代萩』足利鶴千代

中村《なかむら》勘九郎《かんくろう》

六代目｜中村屋

紋＝角切銀杏
伝統歌舞伎保存会会員

●『舞鶴五條橋』武蔵坊弁慶

歌舞伎界を支える若手の筆頭格として、エネルギッシュな舞台で見る者を圧倒する。平成31年から令和元年はＮＨＫの大河ドラマ『いだてん』で主演を勤め、お茶の間にもその魅力をアピール。例年に比べ、歌舞伎の舞台は11月の平成中村座など一部にとどまったが、２年は１月歌舞伎座『鰯賣戀曳網』、２月同『菅原伝授手習鑑《すがわらでんじゅてならいかがみ》』加茂堤などで魅力にあふれた演技を披露し、俳優として一回り大きくなった姿を印象づけた。誰からも愛される茶目っ気や並外れた運動神経、味のあるセリフ術などが亡父・勘三郎を彷彿とさせるが、同時にその立ち姿からはスマートな現代性が立ち上る。

▼昭和56年10月31日生まれ。十八代目中村勘三郎の長男。61年１月歌舞伎座『盛綱陣屋』の小三郎で波野雅行の名で初お目見得。62年１月歌舞伎座『門出二人桃太郎』の兄の桃太郎で二代目中村勘太郎を名のり初舞台。平成24年２月新橋演舞場『春興鏡獅子』の小姓弥生後に獅子の精ほかで六代目中村勘九郎を襲名。

（小菅）

●『義経千本桜』すし屋　いがみの権太

中村《なかむら》山左衛門《さんざえもん》

六代目｜中村屋

紋＝角切銀杏

伝統歌舞伎保存会会員

角ばった輪郭にざらついた声が印象的なベテラン立役。『寿曽我対面』の梶原平次景高のような端敵や小悪党がぴったり。『東海道四谷怪談』では秋山長兵衛に、『封印切』では肝入由兵衛に抜擢された。『芝浜革財布』の大家長兵衛のような老け役にもいい味が出てきた。▼昭和28年生まれ。49年国立劇場第二期歌舞伎俳優研修修了。4月国立劇場『妹背山』の捕手で新井泉の名で初舞台。9月十七代目中村勘三郎に入門し、中村仲一郎を名のる。平成16年12月歌舞伎座で中村山左衛門と改め名題昇進。▼国立劇場奨励賞、日本俳優協会賞ほか。

◉『御存鈴ヶ森』飛脚早助

中村《なかむら》小三郎《こさぶろう》

初代｜中村屋

紋＝角切銀杏

伝統歌舞伎保存会会員

立役。師匠は十七代目勘三郎。十八代目勘三郎はもちろん勘九郎、七之助にずっと寄り添ってきた〝乳母〟的存在。どんな役でも、分を守り、さりげない魅力を滲ませる。『東海道四谷怪談』では宅悦女房おいろを演じた。中村小山三亡き後、舞踊の後見として信頼されている。▼昭和24年生まれ。49年国立劇場第二期歌舞伎俳優研修修了。4月国立劇場『妹背山』の捕手で加藤廣文の名で初舞台。52年10月十七代目中村勘三郎に入門し、11月歌舞伎座『忠臣蔵』の大名ほかで中村仲二朗を名のる。平成20年4月歌舞伎座『浮かれ心中』の読売屋東六ほかで中村小三郎と改め名題昇進。

◉『浮かれ心中』読売屋東六

●『汐汲』海女苅藻

中村《なかむら》鶴松《つるまつ》

二代目｜中村屋

紋＝角切銀杏

一般家庭から歌舞伎の世界に入り、『佐倉義民伝』の宗吾長子・彦七、『野田版 鼠小僧』の孫さん太などで客席を沸かせた。芝居心と資質を買われ、十歳で十八代目中村勘三郎の部屋子に。中村屋の「三番目の息子」として間近でその薫陶を受け、娘方を中心に腰元や傾城、若衆などを修業中だ。平成31年から令和元年にかけては新春浅草歌舞伎で『義賢最期』の葵御前に挑戦。4月には金丸座で『すし屋』のお里、『高坏《たかつき》』の太郎冠者、『芝浜』の姪お君を任されたほか、6月歌舞伎座の新作『月光露針路日本《つきあかりめざすふるさと》』にも水主《かこ》藤蔵役で名を連ねた。「心で芝居せよ」という亡師の教えを守り、何を演じても誠実で真摯。大学と芝居を両立させた頑張り屋でもある。

▼平成7年3月15日生まれ。12年5月歌舞伎座『源氏物語』の竹麿で清水大希の名で初舞台。17年5月十八代目中村勘三郎の部屋子となり、歌舞伎座『菅《すが》原伝授手習鑑《わらでんじゅてならいかがみ》』車引の杉王丸で二代目中村鶴松を名のる。30年2月博多座『磯異人館』の松岡十太夫娘加代ほかで名題昇進。

（中村桂）

●『伽羅先代萩』乳人政岡

中村《なかむら》七之助《しちのすけ》

二代目｜中村屋

紋＝角切銀杏
伝統歌舞伎保存会会員

旬の花形から、芸も実もある真の役者へ。ここ数年の躍進は瞠目に値する。令和元年は、女方屈指の大役『伽羅先代萩《めいぼくせんだいはぎ》』の政岡、亡父・勘三郎にとっても特別の役だった『東海道四谷怪談』のお岩に初役で挑戦。堂々たる立女形《たておやま》ぶりを見せ、気力の充実を強く印象づけた。父の夢を継承した平成中村座では、『忠臣蔵』七段目おかる、『狐狸狐狸ばなし』おきわ、『封印切』の梅川などを好演。さらに新作『風の谷のナウシカ』では、ヒロイン・ナウシカ（尾上菊之助）と対峙する皇女クシャナに扮し、誇り高き姫の内なる孤独まで表現した。冴えた美貌は、『野田版桜の森の満開の下』夜長姫、『マハーバーラタ戦記』鶴妖朶《づるようだ》王女など、新作で格別な輝きを宿す。二枚目もよく、現代劇にもならではの味わいがある。

▼昭和58年5月18日生まれ。十八代目中村勘三郎の次男。61年9月歌舞伎座『檻《おり》』の祭りの子勘吉で波野隆行の名で初お目見得。62年1月歌舞伎座『門出二人桃太郎』の弟の桃太郎で二代目中村七之助を名のり初舞台。

（中村桂）

●『東海道四谷怪談』女房お岩

中村《なかむら》いてう《いちょう》

三代目｜中村屋

紋＝角切銀杏

立役。柄が小さく動きが機敏で、十八代目中村勘三郎の早替りではよく吹き替えを勤めていた。芝居心があり、『四谷怪談』の奥田庄三郎のような武士も、『女殺油地獄』の悪い友達の町人も的確に演じる。『神霊矢口渡』では下男六蔵に抜擢された。▼昭和56年生まれ。平成12年国立劇場第十五期歌舞伎俳優研修修了。4月国立劇場『夏祭浪花鑑《なつまつりなにわかがみ》』の祭の若い衆、捕手で原田大樹の名で初舞台。13年4月五代目中村勘九郎（十八代目中村勘三郎）に入門、歌舞伎座『頼朝の死』の町人ほかで中村いてうを名のる。27年4月平成中村座『魚屋宗五郎』の小奴三吉ほかで名題昇進。

◉『極付幡随長兵衛』坂田兵庫之介公平

中村《なかむら》鴈童《がんどう》

二代目｜成駒家

紋＝イ菱に抱き茗荷
伝統歌舞伎保存会会員

上方歌舞伎のベテラン立役。朴訥な雰囲気があり、『土屋主税』の中間《ちゅうげん》、『傾城反魂香』の百姓、『お伊勢帰り』の講中などにほんのりしたおかしみと滋味がある。『封印切』の阿波のお大尽はぴったりで持ち役である。▼昭和11年生まれ。29年大阪映画芸能学院卒。関西新劇場に入団し大手前会館で浜田進の名で初舞台。35年12月二代目中村鴈治郎に入門し、二代目中村鴈松を名のる。37年2月中村扇雀（現・坂田藤十郎）門下となり、中村扇二郎と改名。48年5月再び二代目鴈治郎門下となり中村鴈童と改名。52年10月歌舞伎座で名題昇進。▼国立劇場奨励賞、日本俳優協会賞功労賞ほか。

◉『漢人韓文手管始』唐人話
大名秋月右京之進

中村《なかむら》鴈乃助《がんのすけ》

二代目　成駒家

紋＝イ菱に雁金
伝統歌舞伎保存会会員

女方。坂田藤十郎一門のベテラン。時代物の『義経千本桜』渡海屋・大物浦の官女でも、世話物の『封印切』の仲居や町人でも堂に入った安定感がある。『元禄忠臣蔵』御浜御殿綱豊卿の江島に出世した女性の矜持がみえた。舞踊の後見としても信頼が厚い。▼昭和23年生まれ。49年国立劇場第二期歌舞伎俳優研修修了。4月国立劇場『妹背山婦女庭訓《いもせやまおんなていきん》』の藤原鎌足の家臣で竹沢論の名で初舞台。50年4月二代目中村鴈治郎に入門し、中村鴈乃助を名のる。平成2年11月歌舞伎座『鏡獅子』の局吉野で名題昇進。▼国立劇場特別賞、日本俳優協会賞ほか。

●『碁太平記白石噺』新吉原揚屋　大黒屋宮柴

中村《なかむら》扇乃丞《せんのじょう》

二代目　成駒家

紋＝イ菱の中に扇蝶
伝統歌舞伎保存会会員

ベテラン女方。小柄で垂れ目が印象的。『河庄』の仲居や『碁太平記白石噺』の遣手などをしっかり勤める。『元禄忠臣蔵』御浜御殿綱豊卿では意地悪な上臈浦尾を好演した。▼昭和37年生まれ。祖父は前進座の名わき役坂東調右衛門。47年12月新橋演舞場『魚屋宗五郎』の酒屋の丁稚で高瀬美樹の名で初舞台。55年12月歌舞伎座の前進座公演で坂東ひのきを名のる。59年3月中村扇雀（現・坂田藤十郎）に入門。60年6月国立劇場で中村扇乃丞と改名。平成7年1月大阪・中座『嫗山姥《こもちやまんば》』の腰元更科ほかで名題昇進。▼日本俳優協会賞、十三夜会奨励賞ほか。

●『闇梅百物語』奥女中杉浦

中村《なかむら》鴈治郎《がんじろう》

四代目｜成駒家

紋＝イ菱

伝統歌舞伎保存会会員

●『面かぶり』童子

幅広い芸域で東西の舞台をこなしている。平成31年から令和元年にかけても様々な役柄を演じてきた。まず成駒家の芸『心中天網島』河庄の治兵衛や『恋飛脚大和往来』封印切の忠兵衛、さらに復活物『三人夕霧』の藤屋伊左衛門と、和事の役柄を次々と演じてみせた。『双蝶々曲輪日記《ふたつちょうちょうくるわにっき》』角力場では、つっころばしの与五郎と一本気な放駒とを鮮やかに替わる面白さ。かと思うと、『神霊矢口渡』頓兵衛住家の強欲な渡し守頓兵衛で、手強い一面を見せつけた。さらに『祇園祭礼信仰記』金閣寺の松永大膳では時代物の妖しい悪の巨魁ぶりと、縦横に活躍。『釣女』の醜女は愛敬もたっぷり。『新皿屋舗月雨暈』での磯部主計之助の殿様らしい品格も忘れ難い。

▼昭和34年2月6日生まれ。坂田藤十郎の長男。42年11月歌舞伎座『紅梅曽我』の一萬丸で中村智太郎を名のり初舞台。平成2年名題適任証取得。7年1月中座『封印切』の亀屋忠兵衛ほかで五代目中村翫雀を襲名。27年1・2月大阪松竹座『吉田屋』の藤屋伊左衛門ほかで四代目中村鴈治郎を襲名。（宮辻）

●『心中天網島』河庄　紙屋治兵衛

◉『神霊矢口渡』頓兵衛住家　娘お舟

中村《なかむら》壱太郎《かずたろう》

初代｜成駒家

紋＝寒雀の中に壱
伝統歌舞伎保存会会員

みずみずしさと爽やかな色香を振りまく上方歌舞伎の新星。涼やかな台詞回しで耳を楽しませ、情感に富む演技や、確かな踊りの腕前で目を奪う。近年、大役に次々と臨んでいる注目の若手女方だ。平成31年から令和元年も大きな役に挑んでみせた。『金閣寺』の雪姫ではたおやかさと憂いを表現し、『河庄』の小春では沈痛な心理と上方の匂いを体現。『神霊矢口渡』のお舟、『土屋主税』のお園、『女殺油地獄』のお吉、『東海道四谷怪談』のお袖、『輝虎配膳』の唐衣など、多彩な女性たちの生き方を浮かび上がらせた。永楽館歌舞伎での『道成寺《どうじょうじ》再鐘《ごにちのかね》供養《くよう》』仙石権兵衛出世噺で白拍子花子実は清姫の霊にも挑戦。大きな期待に力演で応え続けている。

▼平成2年8月3日生まれ。中村鴈治郎の長男。祖父は坂田藤十郎。母は吾妻徳穂。3年11月南座『廓文章』の藤屋の手代壱太郎で林壱太郎の名で初お目見得。7年1月大阪・中座『嫗山姥《こもちやまんば》』の一子公時で初代中村壱太郎を名のり初舞台。24年12月南座『寿曽我対面』の喜瀬川亀鶴ほかで名題昇進。（坂東）

中村《なかむら》寿治郎《じゅうじろう》

初代｜成駒家

紋＝イ菱の中に寿
伝統歌舞伎保存会会員

◉『鳥辺山心中』半九郎若党八介

上方歌舞伎に欠かせない役者である。風情や台詞にこの人ならではの味わいがある。『心中天網島』河庄の太兵衛は、嫌味や面白さなど逸品である。平成31年から令和元年にかけては、まず巡業『恋飛脚大和往来』封印切で演じた肝入由兵衛を挙げたい。槌屋治右衛門に借金返済の催促に来る男。成駒家のやり方ではめったに出ない役だが、巧みに演じてみせた。『双蝶々《ふたつちょうちょう》曲輪《くるわ》日記《にっき》』角力場では、茶屋亭主金平を演じ、関取の濡髪をほめてひいきの与五郎から羽織などもらってしまうおかしみを行儀よく表現していた。一方、『新版歌祭文』座摩社のならず者勘六のやくざな感じも出せる。老練なわき役である。

▼昭和13年生まれ。二代目中村鴈治郎に入門し、27年8月大阪・歌舞伎座『夏祭《なつまつり》浪花《なにわ》鑑《かがみ》』の若い衆で中村鴈好を名のり初舞台。33年中村扇雀（現・坂田藤十郎）門下となる。46年12月南座『曽根崎心中』の町の衆金兵衛ほかで中村扇豊と改め名題昇進。平成7年1月中村寿治郎と改名。27年1月大阪松竹座『寿曽我対面』の梶原平三景時で幹部昇進。（宮辻）

中村《なかむら》亀鶴《きかく》

二代目　八幡屋

紋＝向い亀鶴菱
伝統歌舞伎保存会会員

●『弁天娘女男白浪』忠信利平

役者絵を思わせる古風な顔立ちで、二枚目から敵役、三枚目、老け役まで幅広い芸域を持つ。立役を中心にしながら、女方も巧みに演じる。口跡が良く、踊りも達者。人物造形のうまさに定評があり、『弁天娘女男白浪』の忠信利平や鳶頭清次ではすごみと江戸の空気をまとい、『心中天網島』の五貫屋善六では上方の町人の風情をにじませる。『菅原伝授手習《すがわらでんじゅてならい》鑑《かがみ》』寺子屋の春藤玄蕃、『神霊矢口渡』の六蔵、『雁のたより』の前野左司馬など多彩な敵役を引き受けて、東西の舞台で活躍する貴重な存在だ。

▼昭和47年6月18日生まれ。初代中村亀鶴の長男。祖父は四代目中村富十郎、祖母は初代中村鴈治郎の娘の中村芳子。51年12月南座『時雨の炬燵』の倅勘太郎で渡辺芳彦の名で初舞台。平成2年国立劇場第十期歌舞伎俳優研修修了。3年1月伯父・五代目中村富十郎門下となり、中村芳彦を名のる。5年4月富十郎の部屋子となる。13年11月歌舞伎座『戻駕色相肩』の禿《かむろ》で二代目中村亀鶴を襲名。21年11月坂田藤十郎一門となる。

（中村正）

●『金門五三桐』岸田民部

中村《なかむら》鴈成《がんせい》　初代　成駒家

紋＝イ菱に三ツ割花菱
伝統歌舞伎保存会会員

女方。鼻筋の通った垢ぬけた顔立ち。しなやかな姿態に上品な色気が漂う。『義経千本桜』渡海屋・大物浦の官女や『先代萩』の腰元、『河庄』の仲居など、どんな役も力まず勤めている。『金門五三桐』では茶屋女房お才。『研辰の討たれ』で珍しく立役の茶坊主珍斎を演じた。▼昭和44年生まれ。平成2年国立劇場第十期歌舞伎俳優研修修了。4月国立劇場小劇場『彦山権現誓助剱《ひこさんごんげんちかいのすけだち》』の忍びの者で千葉秀樹の名で初舞台。11月三代目中村鴈治郎（現・坂田藤十郎）に入門し、中村鴈成を名のる。16年1月大阪松竹座で名題昇進。▼国立劇場特別賞、日本俳優協会賞奨励賞。

◉『恋湊博多諷』毛剃
傾城薄雲

中村《なかむら》吉三郎《きちさぶろう》　初代　播磨屋

紋＝揚羽蝶
伝統歌舞伎保存会会員

立役。『石切梶原』の大庭方大名や『廓文章』の若い者、『天竺徳兵衛』の庄屋など、どんな役でも実直に勤めている。吉右衛門一門に欠かせないベテランわき役。『魚屋宗五郎』では父太兵衛に抜擢された。▼昭和24年生まれ。47年国立劇場第一期歌舞伎俳優研修修了。4月国立劇場『一谷嫩軍記《いちのたにふたばぐんき》』の軍兵で佐藤実の名で初舞台。48年6月八代目松本幸四郎に入門し、松本錦弥を名のる。53年4月中村吉右衛門門下となり、中村吉三と改名。56年10月歌舞伎座『寿曽我対面』の八幡三郎で中村吉三郎と改め名題昇進。▼国立劇場特別賞、同奨励賞、日本俳優協会賞ほか。

◉『籠釣瓶花街酔醒』
八ツ橋付幇間半中

◉『一谷嫩軍記』熊谷陣屋　梶原平次景高

中村《なかむら》吉之丞《きちのじょう》

三代目｜播磨屋

紋＝揚羽蝶
伝統歌舞伎保存会会員

松羽目物の『太刀盗人』の目代丁字左衛門などがぴったりとはまる、おっとりとした味わいを持つ立役。一般家庭に生まれて子役から芸歴をスタートさせ、吉右衛門のもとで研鑽を積んだ。師匠譲りの台詞の巧みさと間合いの良さが魅力だ。『梶原平三誉石切』の剣菱呑助ではおかしみを発揮し、『法界坊』の牛島大蔵では端敵らしい軽妙さを見せた。『極付幡随長兵衛』の舞台番新吉では江戸前を感じさせる切れの良さを示した。『熊谷陣屋』の梶原平次景高など時代物の重要な役を演じる機会も増えている。

▼昭和42年3月31日生まれ。53年7月歌舞伎座『加《か》賀見山再岩藤《がみやまごにちのいわふじ》』の丁稚で森島啓介の名で初舞台。56年4月中村吉右衛門の部屋子となり、歌舞伎座『元禄忠臣蔵』の吉千代ほかで中村吉男を名のる。平成6年4月歌舞伎座『勧進帳』の四天王ほかで中村吉之助と改め名題昇進。7年9月二代目中村吉之丞の芸養子となる。28年9月歌舞伎座『一條大蔵譚《いちじょうおおくらものがたり》』の八剣勘解由ほかで三代目中村吉之丞を襲名し幹部昇進。

（小玉）

●『絵本牛若丸』鬼一法眼

中村《なかむら》吉右衛門《きちえもん》

二代目　播磨屋

紋＝揚羽蝶、村山片喰
伝統歌舞伎保存会会員
人間国宝
日本芸術院会員
文化功労者

自在の台詞術で円熟の芸を見せる立役。初代を目標にたゆまぬ研鑽を続ける。常に役の真髄を的確にとらえ、当たり役は数多い。義太夫物の武将では、『絵本太功記』尼ヶ崎閑居の武智光秀で背負うものの重みを、『熊谷陣屋』の熊谷直実で武将の大きさと我が子を義のために犠牲にした悲しみを表現。世話物では『沼津』の十兵衛で、生き別れた父平作への情を繊細に描き出した。また『寺子屋』の松王丸では子への思いを活写し、『御存鈴ヶ森』の幡随院長兵衛では周囲を圧する大きさを示した。初代ゆかりの役への思いはことに深く、『日向嶋』の景清、『増補《ぞうほ》双級巴《ふたつどもえ》』などを通し上演している。

▼昭和19年5月22日生まれ。初代松本白鸚の次男。祖父・初代吉右衛門の養子となる。23年6月東京劇場『俎板長兵衛』の長松ほかで中村萬之助を名のり初舞台。41年10月帝国劇場『金閣寺』の此下東吉ほかで二代目中村吉右衛門を襲名。松貫四の名で『日向嶋景清』の脚本を執筆、『藤戸』の構成・演出を手がける。（小玉）

◉『菅原伝授手習鑑』寺子屋　舎人松王丸

中村《なかむら》吉五郎《きちごろう》

二代目　播磨屋

紋＝揚羽蝶
伝統歌舞伎保存会会員

ベテラン立役。いかつい面差しに炯々《けいけい》とした眼差し。太々《ふてぶて》しい不敵さがあり、『石切梶原』の大庭方大名や『御存鈴ヶ森』の雲助などがぴったり。『孤高勇《ここうのゆう》士嬢景清《しむすめかげきよ》』の郎党や『沼津』の旅人など、さまざまな役をいつも懸命に勤めている。▼昭和30年生まれ。53年6月東横劇場前進座公演で初舞台。54年3月前進座入座。56年4月退座し、6月中村吉右衛門に入門。10月歌舞伎座『加賀鳶』の町の者で中村吉次を名のる。平成10年9月歌舞伎座『三條城の清正』の庄林隼人で中村吉五郎を襲名し名題昇進。▼国立劇場特別賞、同優秀賞、三穂津さくら賞ほか。

◉『神明恵和合取組』め組の喧嘩　御嶽山辰造

中村《なかむら》吉兵衛《きちべえ》

播磨屋

紋＝揚羽蝶

立役。凛々しい眉とエラの張った輪郭に愛嬌がある。芝居心があり、時代物の武士や世話物の侠客などを真摯に勤めている。『狐と笛吹き』では楽人秋信を勤めた。夏の勉強会では『一條大蔵譚《いちじょうおおくらものがたり》』の大蔵卿に挑戦。師匠・吉右衛門の口跡をよく写した台詞回しで好演した。▼昭和48年生まれ。平成6年国立劇場第十二期歌舞伎俳優研修修了。4月歌舞伎座『鈴ヶ森』の雲助ほかで松榮忠志の名で初舞台。12月中村吉右衛門に入門し、南座『加賀鳶』の鳶の者ほかで中村吉六を名のる。27年9月歌舞伎座『伽羅先代《めいぼくせんだい》萩《はぎ》』の笹野才蔵ほかで中村吉兵衛と改め名題昇進。▼国立劇場特別賞、奨励賞。

◉『奥州安達原』袖萩祭文　腰元弥生

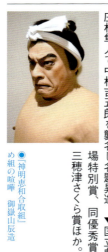

中村《なかむら》隼人《はやと》

初代 ｜ 萬屋

紋＝桐蝶

●『番町皿屋敷』青山播磨

甘く端正な顔立ち、すらりとした長身。容姿に加え、口跡にも恵まれた正統派の二枚目で、昨今の急成長ぶりには目覚ましいものがある。新春浅草歌舞伎に連続出演して『三人吉三』お嬢吉三、『鈴ヶ森』権八、『番町皿屋敷』青山播磨といった大役に挑戦。そこで磨いた実力を引っ提げ、スーパー歌舞伎Ⅱ『ワンピース』で好演、さらに平成30年には新作『NARUTO－ナルト－』で坂東巳之助とW主演を果たした。令和元年にはスーパー歌舞伎Ⅱ『新版 オグリ』で先輩・市川猿之助と交互主演を任されるなど、まさに破竹の勢いだ。持ち前のスター性を生かして映像でも活躍、同年のNHK・BS時代劇『大富豪同心』では主役を勤めた。歌舞伎鑑賞教室での的確、軽妙な解説も魅力的。新世代の旗手である。

▼平成5年11月30日生まれ。中村錦之助の長男。14年2月歌舞伎座『寺子屋』の松王丸一子小太郎で初代中村隼人を名のり初舞台。27年1月浅草公会堂『春調娘七種』の曽我十郎ほかで名題昇進。

（中村桂）

●『勧進帳』富樫左衛門

中村《なかむら》錦之助《きんのすけ》

二代目｜萬屋

紋＝桐蝶
伝統歌舞伎保存会会員

錦之助襲名から十三年目。「何事も品良く」。叔父・初代錦之助の教えを守り、芸域を広げて風格も増してきた。信二郎時代は故・富十郎の下で研鑽を積み、『鳴神』の鳴神上人、『毛抜』の粂寺弾正を演じている。その以前は、市川猿之助（現・猿翁）一座で敵役も経験。端正な顔立ち、気品ある風情で『十種香』の勝頼、『紅葉狩』の平維茂や『絵本太功記』の真柴久吉も良く似合う。『双蝶々曲輪日記《ふたつちょうちょうくるわにっき》』角力場の濡髪長五郎は貫目と華があった。令和元年では『寿曽我対面』の工藤祐経や『西郷と豚姫』の西郷吉之助、『勧進帳』の富樫、『風の谷のナウシカ』の軍司令官チャルカなどを自分の色を出して骨太に演じ、四歳上の兄・時蔵と萬屋一門を盛り立てている。

▼昭和34年9月29日生まれ。四代目中村時蔵の次男。兄は現・時蔵。いとこに歌六、又五郎、獅童。39年7月歌舞伎座『宮島だんまり』の梢ほかで中村信二郎を名のり初舞台。平成10年名題適任証取得。19年4月歌舞伎座『鬼一法眼三略巻』菊畑の虎蔵ほかで二代目中村錦之助を襲名。

（大島）

●『新版歌祭文』野崎村　油屋丁稚久松

中村《なかむら》芝翫《しかん》

八代目　成駒屋

紋＝祇園守、裏梅
伝統歌舞伎保存会会員

◉『再春菘種蒔』舌出三番叟　三番叟

芝翫の大名跡を四代目以来の立役として襲名、披露狂言『熊谷陣屋』の熊谷直実を芝翫型で復活後も意欲ほとばしる勢いで座頭俳優への道を歩む。品の良さは父親譲り、大柄で力感あふれるスケールの大きさ、NHK大河ドラマなどへの出演で知名度も十分。令和元年（平成31年）には4月御園座『南総里見八犬伝』、10月国立劇場『天竺徳兵衛《てんじくとくべえ》韓噺《いこくばなし》』で座頭としての成果も見せた。7月大阪松竹座では『上州土産百両首』のスリの正太郎。12月南座顔見世では『仮名手本忠臣蔵』七段目の寺岡平右衛門、『魚屋宗五郎』の宗五郎など大役で活躍。3月には「ホノルル歌舞伎」で息子たちと『連獅子』も踊った。

▼昭和40年8月31日生まれ。七代目中村芝翫の次男。45年5月国立劇場『柳影澤蛍火』の吉松君で中村幸二の名で初舞台。55年4月歌舞伎座『沓手鳥孤城落《ほととぎすこじょうのらく》月《げつ》』の裸武者石川銀八ほかで三代目中村橋之助を襲名。61年名題適任証取得。平成28年10・11月歌舞伎座『熊谷陣屋』の熊谷直実ほかで八代目中村芝翫を襲名。（森）

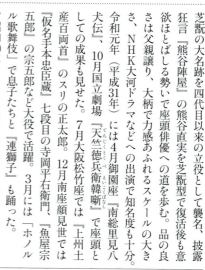

●『祇園祭礼信仰記』金閣寺　此下東吉実は真柴筑前守久吉

中村《なかむら》橋之助《はしのすけ》

四代目　成駒屋

紋＝祇園守、四ツ梅

●『小笠原諸礼忠孝』小笠原騒動　飛脚小平次

若手立役として抜群の安定感を誇り、古典作品ほど存在感を示すのは父・芝翫譲り。橋之助の名も四代目として馴染み、早くも大きさを感じさせる。父主演の『天竺徳兵衛』で若君・佐々木桂之介を品よく勤める一方、『魚屋宗五郎』の小奴三吉などもはまり役で、生き生きと演じた。舞踊でも着実な進歩を見せ、新春浅草歌舞伎の『花の蘭平』の奴蘭平では、緩急の効いた動きと足拍子で魅了。さらに『芝翫奴』と、成駒屋の芸に真摯に取り組む。また平成30年末には、ギリシャ悲劇を原作とした『オイディプスREXXX』にタイトルロールで主演。文語体に近い台詞も、歌舞伎で培った技術とスケール感が生き、現代劇でも新境地を見せた。

▼平成7年12月26日生まれ。中村芝翫の長男。祖父は七代目中村芝翫。12年9月歌舞伎座の『京鹿子娘道成寺』の所化と『菊晴勢若駒《きくびよりきおいのわかごま》』の春駒の童で初代中村国生を名のり初舞台。28年10・11月歌舞伎座『熊谷陣屋』の堤軍次ほかで四代目中村橋之助を襲名。29年9月名題適任証取得。（飯塚）

●『新版　オグリ』小栗四郎

中村《なかむら》福之助《ふくのすけ》

三代目｜成駒屋

紋＝祇園守

父の八代目中村芝翫襲名に合わせて名を改めたのを機に、舞台出演が増えてきた。『仮名手本忠臣蔵』七段目の大星力弥や、『弁天娘女男白浪』の宗之助、『祇園祭礼信仰記』金閣寺の鬼藤太など、古典で貴重な経験を積みながら力を蓄えている。その一方で、令和元年はスーパー歌舞伎Ⅱ『新版　オグリ』の小栗の仲間の一人で、蝦夷の一族の生き残りという過去を背負った小栗四郎に抜擢され、新作にも挑戦。野性味のある風貌に逆立った茶髪がよく似合い、骨太な人物像をつくり上げた。本水の立廻りではキレのある動きで大活躍。演技の幅を広げながらスケールの大きな立役を目指してほしい。

▼平成9年11月13日生まれ。中村芝翫の次男。祖父は七代目中村芝翫。12年9月歌舞伎座『京鹿子娘道成寺』の所化喜念坊と『菊晴勢若駒《きくびよりきおいのわかこま》』の春駒の童で初代中村宗生を名のり初舞台。28年10・11月歌舞伎座『一谷嫩軍記《いちのたにふたばぐんき》』熊谷陣屋の伊勢三郎ほかで三代目中村福之助を襲名。29年9月名題適任証取得。

（中村正）

中村《なかむら》歌之助《うたのすけ》

四代目｜成駒屋

紋＝祇園守

平成13年9月10日生まれ。中村芝翫の三男。祖父は七代目中村芝翫。16年9月歌舞伎座『菊薫縁羽衣《きくかおるゆかりのはごろも》』の宿星の童子、『男女《めおと》道成寺』の所化仙念坊で初代中村宜生を名のり初舞台。28年10・11月歌舞伎座『一谷嫩軍記《いちのたにふたばぐんき》』熊谷陣屋の駿河次郎ほかで四代目中村歌之助を襲名。31年1月歌舞伎座『勢獅子』の鳶の者正吉、令和元年12月歌舞伎座『本朝白雪姫譚話』の輝陽の皇子をつとめた。

◉『勢獅子』鳶の者正吉

中村《なかむら》橋吾《はしご》

初代｜成駒屋

紋＝四ツ梅

立役。恵まれた体躯で、大きな目が印象的。『対面』の八幡三郎、『番町皿屋敷』のならず者、『天竺徳兵衛』の蛇使いなどをいきいきと勤めた。夏の勉強会では『棒しばり』の太郎冠者と『与《よ》話情浮名横櫛《わなさけうきなのよこぐし》』の和泉屋多左衛門に挑戦。▼昭和54年生まれ。平成12年国立劇場第十五期歌舞伎俳優研修修了。4月国立劇場『夏祭浪花鑑《なつまつりなにわかがみ》』の捕手ほかで和田尚登の名で初舞台。13年4月中村橋之助（現・芝翫）に入門し、御園座『小笠原騒動』の捕手ほかで中村橋吾を名のる。25年7月大阪松竹座『杜若艶色紫《かきつばたいろもえどぞめ》』の判人勘八ほかで名題昇進。▼国立劇場奨励賞、日本俳優協会賞奨励賞。

◉『天竺徳兵衛韓噺』蛇使い段八

中村《なかむら》蝶紫《ちょうし》

初代｜萬屋

紋＝桐蝶

女方。しっとりした風情がある実力派。時代物の腰元や局、世話物の女房や仲居などを勤めている。オフシアター歌舞伎『女殺油地獄』の小栗八弥と兄太兵衛、南座超歌舞伎『今昔饗宴《はなくらべ》千本桜《せんぼんざくら》』の初音の前など、獅童の新たな挑戦に欠かせない戦力である。▼昭和44年生まれ。平成4年8月萬屋錦之介全国縦断公演で初舞台。5年2月中村歌昇（現・又五郎）に入門し、4月歌舞伎座『元禄忠臣蔵』大石最後の一日の細川家諸士で中村蝶紫を名のり歌舞伎の初舞台。14年1月中村獅童門下となる。19年12月歌舞伎座『ふるあめりかに袖はぬらさじ』の日本人遊女松島で名題昇進。

◉『一條大蔵譚』鳴瀬

中村《なかむら》富志郎《とみしろう》

初代｜日高屋

紋＝矢羽根八ツ矢車

立役。『寿曽我対面』の大名や『月光露針路日本《つきあかりめざすふるさと》』の漂流民など、どんな役でも手堅い。『蝙蝠の安さん』の夜番の親爺や『醍醐の花見』の寺僧で元気な姿を見せた。▼昭和23年生まれ。現代劇センター俳優養成所卒。51年国立劇場第三期歌舞伎俳優研修修了。4月国立劇場『金門五山桐』の侍ほかで本橋則雄の名で初舞台。52年8月五代目中村富十郎に入門し、中村富四郎を名のる。平成6年3月国立劇場『けいせい浜真砂』の侍小西弥九郎で中村富志郎と改名。11年12月南座『曽我綉侠御所染《そがもようたてしのごしょぞめ》』御所五郎蔵の鮫津五平次で名題昇進。▼国立劇場特別賞。

◉『妹背山婦女庭訓』三笠山御殿　官女桂の局

●『西郷と豚姫』仲居お玉

中村《なかむら》獅童《しどう》

二代目　萬屋

紋＝桐蝶
伝統歌舞伎保存会会員

映画『ピンポン』で圧倒的な存在感を見せ、その名を世間に知らしめて十八年。絵本『あらしのよるに』の歌舞伎舞台化を手始めに、バーチャルシンガー・初音ミクと共演する超歌舞伎、倉庫やライブハウスを使ったオフシアター歌舞伎と、独自の歩みを進めてきた。根っこにあるのは深い歌舞伎愛。新たな試みを展開する一方で、義太夫狂言を軸に荒事、舞踊、新作と、貪欲に挑戦を続ける。平成から令和にかけては『女殺油地獄』の与兵衛、『瞼の母』忠太郎、『封印切』忠兵衛などを好演。古風な顔立ちと長身の生きる『双蝶々曲輪日記《ふたつちょうちょうくるわにっき》』の濡髪、『金閣寺』の大膳も忘れ難い。市川海老蔵との名コンビぶりも相変わらずで、令和2年幕開けの新作『雪蛍恋乃滝』でも共演を果たした。エンジン全開である。

▼昭和47年9月14日生まれ。初代中村獅童の長男。祖父は三代目中村時蔵。いとこに歌六、時蔵、又五郎、錦之助がいる。56年6月歌舞伎座『妹背山婦女《いもせやまおんな》庭訓《ていきん》』御殿の豆腐買娘おひろで二代目中村獅童を名のり初舞台。平成10年名題適任証取得。（中村桂）

◉『女殺油地獄』河内屋与兵衛

中村《なかむら》雀右衛門《じゃくえもん》

五代目｜京屋

紋＝京屋結び、向い雀
伝統歌舞伎保存会会員

●『新版歌祭文』野崎村　油屋娘お染

歌舞伎界を代表する立女形《たておやま》として、吉右衛門一座を中心に出演が絶えることがない。令和元年も1月から12月までほぼ切れ目なく舞台に立ち、その華奢な姿からは想像もつかない鉄人ぶりを見せつけた。可憐な姫役から、武家の女房、いなせな芸者、生活感あふれるおかみさん役まで、演技の引き出しの多さは随一。細やかな心理描写に基づく確かな演技で舞台を引っ張る。2年も1月歌舞伎座『袖萩祭文』で芝翫を相手に難役の袖萩を情感たっぷりに演じ、2月同『文七元結』では長兵衛役の菊五郎を相手に、初役のお兼でぴったりと息の合った演技を披露した。そのTPOに応じた表現力はさすがの一言だ。

▼昭和30年11月20日生まれ。四代目中村雀右衛門の次男。36年2月歌舞伎座『一口剣《ひとふりけん》』の村の子明石で大谷広松を名のり初舞台。39年9月歌舞伎座『妹背《いもせ》山婦女庭訓《やまおんなていきん》』の御半下おひろで七代目中村芝雀を襲名。56年名題適任証取得。平成28年3月歌舞伎座『鎌倉三代記』の北条娘時姫ほかで五代目中村雀右衛門を襲名。（小菅）

●『文売り』文売りお京

中村《なかむら》京妙《きょうたえ》

初代　京屋

紋＝京屋結び・向い雀
伝統歌舞伎保存会会員

女方。小柄で垂れ目が可愛らしい。時代物の腰元でも世話物の下女でも、ここぞという舞台で頼りになる実力派。華があり、『勢獅子』の手古舞や『め組の喧嘩』の茶屋娘などはぴったり。夏の勉強会で師匠の四代目雀右衛門の当たり役『道行恋苧環』のお三輪を勤めた。▼昭和51年国立劇場第三期歌舞伎俳優研修修了。4月国立劇場『金門五山桐』の腰元ほかで田中伸二の名で初舞台。52年4月四代目中村雀右衛門に入門し、中村京妙を名のる。62年5月歌舞伎座『お祭佐七』の近所娘お種で名題昇進。▼歌舞伎座賞、国立劇場奨励賞、日本俳優協会賞、三穂津さくら賞ほか。

◉『道行恋苧環』杉酒屋娘お三輪

中村《なかむら》京蔵《きょうぞう》

初代　京屋

紋＝京屋結び
伝統歌舞伎保存会会員

女方。キリッとした目元が印象的。腰元や仲居などの女方だけでなく、立役もできる。現代劇『オイディプス』のテレイシアスに凄みがあった。文化庁文化交流使では解説とデモンストレーション演技を披露。自主公演では道成寺物二曲に挑み、「九團次・廣松の会」では構成を手がけるなど本公演以外でも大活躍だった。▼昭和57年国立劇場第六期歌舞伎俳優研修修了。9月四代目中村雀右衛門に入門し、中村京蔵を名のる。平成6年4月歌舞伎座『鳥辺山心中』の仲居お雪で名題昇進。▼文化庁芸術祭舞踊部門新人賞、歌舞伎座賞、国立劇場奨励賞、日本俳優協会賞。

◉『名月八幡祭』松本女房おつた

中村《なかむら》虎之介《とらのすけ》

初代

成駒家

紋＝寒雀に虎、蝶花菱

●『高坏』高足売

近年舞台数も飛躍的に増えた若手花形。平成30年11月平成中村座『江戸みやげ 狐狸狐狸ばなし』の雇人又市は、弾むようなセリフ回しと軽快な身のこなしで喜劇への適性を遺憾なく発揮した。立役が主だが、平成31年3月国立劇場『御浜御殿綱豊卿』の中臈お喜世、4月金丸座『すし屋』の若葉の内侍と、清廉な女方も印象深い。令和元年6月国立劇場歌舞伎鑑賞教室では解説を担当、軽快な洋楽に乗って渋谷の若者然としたファッションで舞台に登場し、中高生の喝采を浴びた。スター性も十分。いとこの壱太郎と共に成駒家、ひいては上方歌舞伎の次代を担う自覚も芽生えてきたようで、父・扇雀のような兼ねる役者としてさらなる成長が期待される。

▼平成10年1月8日生まれ。中村扇雀の長男。祖父は坂田藤十郎。13年11月歌舞伎座『良弁杉由来《ろうべんすぎのゆらい》』の一子光丸で林虎之介の名で初お目見得。16年1月大阪松竹座『壽靭猿』の小猿で大阪初お目見得。18年1月歌舞伎座『伽羅先代萩《めいぼくせんだいはぎ》』の千松で中村虎之介を名のり初舞台。29年9月名題適任証取得。（森重）

中村《なかむら》扇雀《せんじゃく》

三代目｜成駒家

紋＝寒雀の中に扇、蝶花菱
伝統歌舞伎保存会会員

●『保名』安倍保名

扇雀を襲名して二十五年。近年は立役が増えてきたが、大阪松竹座の令和2年寿初春大歌舞伎で父・坂田藤十郎休演に伴い『酒屋』の美濃屋三勝を代役、初役の半七女房お園との女方二役を早替わりで演じ本領を発揮した。柔らかくはんなりした風姿と演技は上方役者ならではの味わい。コクーン歌舞伎や平成中村座で役の幅も広げた。令和元年（平成31年）は3月国立小劇場『元禄忠臣蔵』の徳川綱豊、8月歌舞伎座『伽羅先代萩《めいぼくせんだいはぎ》』の栄御前も初役だった。鴈治郎家ゆかりの『土屋主税』の土屋主税を1月大阪松竹座で、4月こんぴら歌舞伎で『傾城反魂香』の浮世又平と兼ねる役者への意欲も。11月は池袋の新劇場こけら落とし公演のイノベーションオペラ『ストゥーパ～新卒塔婆小町～』に深草少将で出演した。▼昭和35年12月19日生まれ。坂田藤十郎の次男。兄は中村鴈治郎。42年11月歌舞伎座『紅梅曽我』の箱王丸で中村浩太郎を名のり初舞台。平成7年1月大阪・中座『本朝廿四孝《ほんちょうにじゅうしこう》』の八重垣姫ほかで三代目中村扇雀を襲名。（森）

●『土屋主税』土屋主税

中村《なかむら》祥馬《しょうま》

初代｜成駒家

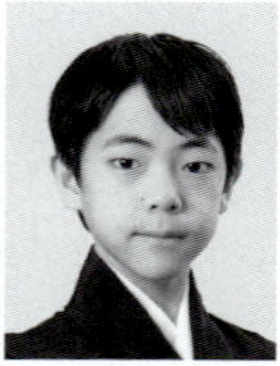

紋＝蝶花菱

平成14年9月7日生まれ。21年12月南座『天満宮菜種御供』時平の七笑の手習いの童で吉岡翔馬の名で初舞台。28年1月中村扇雀の部屋子となり、大阪松竹座『芝浜革財布』の酒屋小僧、『枕獅子』の禿《かむろ》ゆかりで中村祥馬を名のる。31年4月金丸座『芝浜革財布』の酒屋小僧、令和元年7月大阪松竹座『厳島招檜扇』日招ぎの清盛の官女紅梅の局、ほかをつとめた。

◉『金門五三桐』禿実は堅田の小雀

中村《なかむら》かなめ

初代｜成駒家

紋＝寒雀に扇

立役・女方。つぶらな目に小ぶりの唇。『すし屋』の梶原の臣、『野晒悟助《のざらしごすけ》』の提婆の子分、『上州土産百両首』の勘次の手下などの立役とともに、『闇梅百物語』の腰元など女方まで幅広く勤める。『御浜御殿』の番人小谷甚内が印象的だった。扇雀の後見として信頼も厚い。▼昭和51年生まれ。平成12年国立劇場第十五期歌舞伎俳優研修修了。4月国立劇場『夏祭浪花鑑《なつまつりなにわかがみ》』の捕手ほかで能美雅一の名で初舞台。13年4月中村扇雀に入門し、御園座『小笠原騒動』の供侍ほかで中村扇一朗を名のる。27年4月歌舞伎座『廓文章』の太鼓持四郎八ほかで中村かなめと改め名題昇進。

◉『女暫』木曽太郎公綱

中村《なかむら》鷹之資《たかのすけ》

初代｜天王寺屋

紋＝鷹の羽八ツ矢車、杏葉桜

平成11年4月11日生まれ。五代目中村富十郎の長男。13年4月歌舞伎座『石橋』の文珠菩薩で初代中村大を名のり初舞台。17年11月歌舞伎座『鞍馬山誉鷹《くらまやまほまれのわかたか》』の源牛若丸で初代中村鷹之資を披露。30年12月南座『三社祭』の悪玉、4月歌舞伎座『黒塚』の山伏讃岐坊、令和元年8月同『東海道中膝栗毛』の森の石松、9月同『菅原《すがわら》伝授手習鑑《でんじゅてならいかがみ》』寺子屋の涎くり与太郎、ほかをつとめた。

◉『三社祭』悪玉

中村《なかむら》東三郎《とうざぶろう》

初代｜加賀屋

紋＝梅八ツ藤

立役。個性的な風貌で独特の雰囲気がある。『一條《いちじょう》大蔵譚《おおくらものがたり》』の仕丁や『幡随長兵衛』の町人、『勢獅子』の鳶の者、『天竺徳兵衛』の奴など、さまざまな役を真摯に勤めている。腰元などの女方もこなす。実力があり意欲的なので、今後もさらなる精進を期待したい。▼昭和41年生まれ。平成2年3月国立劇場第十期歌舞伎俳優研修修了。4月歌舞伎座『女暫』の仕丁ほかで富山新也の名で初舞台。11月中村東蔵に入門し、歌舞伎座『一谷嫩軍記《いちのたにふたばぐんき》』の軍兵ほかで中村東志二郎を名のる。28年1月歌舞伎座『義経千本桜』鳥居前の亀井六郎ほかで中村東三郎と改め名題昇進。▼眞山青果賞敢闘賞ほか。

◉『増補双級巴』二子の三蔵

◉『暗闇の丑松』四郎兵衛女房お今

中村《なかむら》東蔵《とうぞう》

六代目｜加賀屋

紋＝梅八ツ藤
伝統歌舞伎保存会会員
人間国宝

人間には男、女、役者がいるとは某劇作家の言だが、この優は立役も女方もし、梨園の外の世界も経験している。子役時代の新国劇や映画の話題は今も傾聴に値する。そんな優が大学で学んだあと、女方の名優で、立役の芝居も熟知した六代目中村歌右衛門の芸養子になった。近代医学者の実父は芸能を愛した人で、幼い頃から、芸とは何か、本当に知る難しさを学び、その厳しさに耐え、身体で理解したようだ。令和元年の芝居もその延長。『廓文章』の廓の主人喜左衛門、『松浦の太鼓』の俳諧の宗匠宝井其角、『暗闇の丑松』の親分の女房お今でも、役の心、役割、相手役との距離を考え抜いた舞台だった。八十の大台を超えて、初役を喜ぶ気の若さも身上だ。

▼昭和13年1月21日生まれ。幼時から舞台や映画で活躍。36年六代目中村歌右衛門の芸養子となり9月歌舞伎座『加賀見山旧錦絵《かがみやまこきょうのにしきえ》』の谷沢主水ほかで三代目中村玉太郎を名のり歌舞伎の初舞台。42年4・5月歌舞伎座『根元草摺引』の五郎ほかで六代目中村東蔵を襲名。

（朝田）

●『寿式三番叟』翁

中村《なかむら》時蔵《ときぞう》

五代目｜萬屋

紋＝桐蝶、つるかたばみ
伝統歌舞伎保存会会員

◉『新版歌祭文』野崎村　久作娘お光

いまや当代を代表する正統派の立女形《たておやま》だ。『鏡山』の尾上や『裏表先代萩』の政岡など片はずしの役をはじめ『本朝廿四孝《ほんちょうにじゅうしこう》』の八重垣姫など、格調と品格が凛として身に備わっているのが貴重だ。近年は尾上菊五郎という伴侶を得て、市井の女房や芸者など江戸世話物へも役の幅を広げ、令和元年（平成31年）も2月歌舞伎座『暗闇の丑松』の女房お米、5月團菊祭『め組の喧嘩』の女房お仲、10月『お祭佐七』の芸者小糸などで菊五郎の相手役を勤めた。4月歌舞伎座『新版歌祭文』での久作娘お光で哀愁こもる娘心を披露したほか、博多座『金閣寺』の狩野之介、7月大阪松竹座『葛の葉』での葛の葉姫など女方、二枚目立役と多彩な役々を演じた。

▼昭和30年4月26日生まれ。四代目中村時蔵の長男。弟は中村錦之助。いとこに歌六、又五郎、獅童がいる。35年4月歌舞伎座『妹背山婦女庭訓《いもせやまおんなていきん》』のおひなで三代目中村梅枝を名のり初舞台。56年6月歌舞伎座『妹背山』のお三輪ほかで五代目中村時蔵を襲名し名題昇進。（森）

●『鶴寿千歳』女御後に雌鶴

中村《なかむら》梅枝《ばいし》

四代目｜萬屋

紋＝桐蝶
伝統歌舞伎保存会会員

●『壇浦兜軍記』阿古屋　遊君阿古屋

細面の気品のある優美な舞台姿が、歌舞伎らしい古風な風情を醸す若手女方。近年、古典の大役に次々と挑んで目覚ましい成長を見せている。中でも坂東玉三郎直伝の『壇浦兜軍記』の阿古屋には二年続けて取り組んで、次代を担う女方としての期待に応える意欲と覚悟を示した。初役で挑んだ『積恋雪関《つもるこいゆきのせきの》扉《と》』の小町姫と墨染は、愁いのある持ち味が生き、情熱を内に秘めて大きな成果を上げた。『三人吉三巴白浪』のお嬢吉三も初役ながら、中性的なあやうい魅力を発散。『神霊矢口渡』のお舟は一途な恋心が胸を打った。『寿曽我対面』の十郎など柔らかみのある立役も品があり、さらなる飛躍が期待される。

▼昭和62年11月22日生まれ。中村時蔵の長男。平成3年6月歌舞伎座『人情裏長屋』の沖石一子鶴之助で小川義晴の名で初お目見得。6年6月歌舞伎座〈四代目中村時蔵三十三回忌追善〉の『幡随長兵衛』の倅長松と『道行旅路の嫁入』の旅の若者で四代目中村梅枝を襲名し初舞台。24年12月新橋演舞場『籠《かご》釣瓶《つるべ》』の兵庫屋九重ほかで名題昇進。　（中村正）

中村《なかむら》萬太郎《まんたろう》

初代　萬屋

紋＝桐蝶
伝統歌舞伎保存会会員

●『寿曽我対面』曽我五郎時致

中村時蔵の次男。父や兄・梅枝が女方なのに対して、一人立役の道に進んだ。最近は一年を通してほぼ毎月歌舞伎の舞台に立ち、さまざまな役を勤めている。口跡と切れの良さが身上。『関の扉』の宗貞や『葛の葉』の保名などに品格を感じさせる一方、歌舞伎座の團菊祭で兄の十郎とともに『寿曽我対面』の五郎を勤めて荒事にも挑んだ。子供の頃からの落語好きが影響しているのか、最近の若手には珍しく世話物を得意としており、『め組の喧嘩』『江戸育お祭佐七』『暗闇の丑松』の鳶の者や職人などで江戸っ子らしい威勢と気っ風の良さを見せている。少年を思わせる初々しさは変わらない魅力だが、三十を超えて飛躍が期待される。芝居を深く掘り下げ、当たり役を切り拓いてほしい。

▼平成元年5月12日生まれ。中村時蔵の次男。6年6月歌舞伎座〈四代目中村時蔵三十三回忌追善〉の『道行旅路の嫁入』の旅の若者で初代中村萬太郎を名のり初舞台。24年12月新橋演舞場『御摂勧進帳《ごひいきかんじんちょう》』の山城四郎義就ほかで名題昇進。

（石山）

中村《なかむら》梅玉《ばいぎょく》

四代目｜高砂屋

紋＝祇園銀杏、祇園守
伝統歌舞伎保存会会員
日本芸術院会員

◉『NARUTO－ナルト－』うちはマダラ

国立劇場の一ヶ月を受け持った『名高大岡越前裁』では切れ者というより知恵者としての大岡ぶりがこの人らしかった。『菊畑』の智恵内も今やこの人を以て最適任と見られるし、『星合世十三團』なる超特急版『千本桜』で「川連法眼館」の幕が開きこの人の義経が板付きで座っていた見事さというものはなかった。時に脇に回って『名月八幡祭』で藤岡慶十郎、『め組の喧嘩』で焚出し喜三郎といった役をつとめる時の梅玉の風格の程の良さは、当節の歌舞伎の珍味というべきだろう。つまりは大人の味である。莟玉という養子も出来、後顧の憂いを絶ったこれから、一層の冴えを見せてくれるに違いない。

▼昭和21年8月2日生まれ。六代目中村歌右衛門の養子となり、31年1月歌舞伎座『蜘蛛の拍子舞』の福才で二代目加賀屋福之助を名のり初舞台。42年4・5月歌舞伎座『絵本太功記』の十次郎と『吉野川』の久我之助ほかで八代目中村福助を襲名。平成4年4月歌舞伎座『金閣寺』の此下東吉と『伊勢音頭』の福岡貢で四代目中村梅玉を襲名。（上村）

●『鬼一法眼三略巻』菊畑　奴智恵内実は吉岡鬼三太

◉『鬼一法眼三略巻』菊畑　奴虎蔵実は源牛若丸

中村《なかむら》莟玉《かんぎょく》

初代

高砂屋

紋＝祇園銀杏

中村梅玉の部屋子から正式に養子となり、梅丸を莟玉と改名。令和元年11月歌舞伎座『菊畑』の虎蔵は、前髪姿。若衆の雰囲気を漂わせ、柔らかい風情で披露に相応しい舞台だった。『義賢最期』の待宵姫、『加茂堤』の苅屋姫など赤姫がよく似合う。梅玉の教え通り品位を保ち行儀が良い。『西郷と豚姫』の舞妓、『戻駕』の禿《かむろ》より、『乗合船』の子守は可愛らしく、『NARUTO』のくの一春野サクラの美少女ぶり。『釣女』の上臈は大人っぽく『文七元結』のお久は健気さを出した。女方一筋ではなく『鈴ヶ森』の白井権八、『め組の喧嘩』のおもちゃの文次、『仲国』の仲章と兼ねる役者の道を進むらしい。竹のように真っ直ぐな成長ぶりが頼もしい。

▼平成8年9月12日生まれ。17年1月国立劇場『御ひいき勧進帳』の富樫の小姓で森正琢磨の名で初舞台。18年4月中村梅玉の部屋子となり、歌舞伎座『沓手鳥孤城落月《ほととぎすこじょうのらくげつ》』の小姓神矢新吾ほかで中村梅丸を名のる。令和元年11月梅玉の養子となり、歌舞伎座『菊畑』の虎蔵で初代中村莟玉と改名。（横溝）

中村《なかむら》梅蔵《うめぞう》

初代｜高砂屋

紋＝祇園銀杏
伝統歌舞伎保存会会員

立役。恰幅がよく、福々とした丸顔。『菅原伝授手《すがわらでんじゅて》習鑑《ならいかがみ》』の仕丁や百姓、『菊畑』の下部《しもべ》などを勤めている。『NARUTO』の水戸門ホムラや『双蝶々』の郷左衛門など、線の太い役もしっかり演じた。梅玉一門の勉強会「高砂会」では『式三番叟』の翁として存在感を見せた。▼昭和39年生まれ。57年国立劇場第六期歌舞伎俳優研修修了。7月国立劇場で初舞台。11月中村吉右衛門に入門し、中村秀弥を名のる。59年1月中村福助（現・梅玉）門下となり、中村福次を名のる。平成4年4月中村梅蔵と改名。18年4月歌舞伎座『伊勢音頭』の客治郎助ほかで名題昇進。▼国立劇場奨励賞。

◉『仮名手本忠臣蔵』十一段目　高師直

中村《なかむら》梅乃《うめの》

初代｜高砂屋

紋＝祇園銀杏

女方。上品で落ち着いた佇まい。武家女房や芸者、茶店女など、どんな役でも弁えた芝居で安定感がある実力派。『沼津』の身重な旅人女房ののどかな風情、『菊畑』の腰元白菊の凛とした申し次が印象的だった。「高砂会」では『保名』で舞踊の実力を示した。▼昭和55年生まれ。平成10年国立劇場第十四期歌舞伎俳優研修修了。5月歌舞伎座『野晒悟助《のざらしごすけ》』の提婆子分ほかで近藤太郎の名で初舞台。11年1月中村梅玉に入門し、歌舞伎座『河内山』の近習で中村梅之を名のる。25年10月歌舞伎座『義経千本桜』渡海屋・大物浦の漁師女房実は官女菊の局ほかで中村梅乃と改め名題昇進。

◉『瞼の母』芸者三吉

中村《なかむら》福助《ふくすけ》

九代目　成駒屋

紋＝祇園守、裏梅
伝統歌舞伎保存会会員

●『菅原伝授手習鑑』寺子屋　御台所園生の前

長く病気療養していたが、平成30年9月、約五年ぶりに舞台復帰。31年1月には弟・芝翫と共演し、9月歌舞伎座『寺子屋』では園生の前を演じた。令和2年1月歌舞伎座『醍醐の花見』でも芝翫と共演。徐々に舞台の数を増やしつつある。まだまだ先の長い役者人生。焦らずじっくり「復帰ロード」を歩んでほしい。若い頃から美貌で知られ、『本朝廿四孝《ほんちょうにじゅうしこう》』の八重垣姫のような赤姫や『妹背山』のお三輪のような娘役に定評があった。大叔父・六代目中村歌右衛門から手ほどきを受けた『籠釣瓶』の八ツ橋も印象に残る。『狐狸狐狸ばなし』や『野田版　研辰の討たれ』などでみせるコメディーセンスも秀逸。完全復活すれば、歌舞伎座の立女形《たておやま》になるべき存在だ。

▼昭和35年10月29日生まれ。七代目中村芝翫の長男。42年4・5月歌舞伎座『野崎村』の庄屋伜栄三ほかで五代目中村児太郎を名のり初舞台。56年名題適任証取得。平成4年4月歌舞伎座『金閣寺』の雪姫と『娘道成寺』の白拍子花子で九代目中村福助を襲名。

（田中）

●『平成代名残絵巻』常盤御前

中村《なかむら》児太郎《こたろう》

六代目 ｜ 成駒屋

紋＝児太郎雀、祇園守

●『鳴神』雲の絶間姫

真摯な取り組みで抜擢に応え、上昇気流に乗っている。象徴的だったのが平成30年12月、坂東玉三郎の胸を借りて初演した『壇浦兜軍記』の難役・阿古屋だ。果敢な挑戦が実り、一年後に再演。確かな成長を舞台に刻印した。令和にかけては、家の芸『金閣寺』の雪姫を始め、『助六』白玉、『鳴神』雲の絶間姫、『俊寛』千鳥、『寺子屋』戸浪といった重い役どころに挑み、ひと役毎に役者ぶりを上げている。最近は市川海老蔵と一座する機会も多く、周囲の期待の大きさがうかがえる。父・中村福助の青年時代を彷彿させる美貌と恵まれた声質、名門・成駒屋の直系にふさわしい品ある佇まい。内に秘めた情熱が零れ落ちる瞬間の色気もたまらない。

▼平成5年12月23日生まれ。中村福助の長男。祖父は七代目中村芝翫。11年11月歌舞伎座『壺坂霊験記』の観世音で中村優太の名で初お目見得。12年9月歌舞伎座『京鹿子娘道成寺』の所化と『菊晴《きくびより》勢若駒《きおいのわかごま》』の春駒の童で六代目中村児太郎を襲名し初舞台。29年9月名題適任証取得。

（中村桂）

●『吉例寿曽我』鴫立澤対面　局宇佐美

中村《なかむら》梅花《ばいか》

四代目｜京扇屋

紋＝裏梅
伝統歌舞伎保存会会員

七代目芝翫の元で修業を積んだ女方。師匠譲りの基本に忠実な芸で時代物から世話物までの老け役や女房役を演じている。令和2年1月の新春浅草歌舞伎では、義太夫物の名作『絵本太功記』尼ヶ崎閑居の皐月を勤め、主君を害した息子の武智光秀をいさめる老母の気丈さを見せた。新歌舞伎の『暗闇の丑松』の杉屋遣手おくのでは、客の正体を見抜くようなしたたかさと嫌味さを出し、『高時』の安達三郎母渚には、武家の後室らしい毅然さが感じられた。また、『名月八幡祭』の魚惣女房お竹では面倒見の良い江戸前の世話女房の気風を示した。歌舞伎愛好者による調布市民歌舞伎の指導も続けている。

▼昭和25年9月25日生まれ。49年国立劇場第二期歌舞伎俳優研修修了。4月国立劇場『妹《いも》背《せ》山《やま》婦女《おんな》庭《てい》訓《きん》』の腰元ほかで山崎隆の名で初舞台。50年4月七代目中村芝翫に入門し、中村芝喜松を名のる。平成3年4月歌舞伎座『野崎村』の下女およしほかで名題昇進。28年10月歌舞伎座『女暫』の局唐糸ほかで四代目中村梅花を襲名し幹部昇進。（小玉）

中村《なかむら》又五郎《またごろう》

三代目｜播磨屋

紋＝揚羽蝶、つるかたばみ
伝統歌舞伎保存会会員

◉『お江戸みやげ』おゆう

又五郎を襲名した頃は、『石切梶原』が出れば俣野がはまり役だったが今では大庭、また昨今は『嬢景清《むすめかげきよ》』の肝煎左治太夫や『松浦の太鼓』の源吾など、大人の風格や味が求められる役が似合うようになった。『お江戸みやげ』ではおゆうで芯の一人を勤め、『新版歌祭文』で普段は出ない「座摩社」が出れば油屋手代小助といった役が回ってくる。腕利き、と見込まれたわけだ。吉右衛門と一座する時は『河内山』なら高木小左衛門、『袖萩祭文』なら宗任、『七段目』なら平右衛門を任せられる。これは吉右衛門のこの上ない信頼の証で、勲章と考えるべきだろう。

▼昭和31年4月26日生まれ。二代目中村歌昇（四代目中村歌六）の次男。兄は歌六、いとこに時蔵、錦之助、獅童がいる。39年7月歌舞伎座『偲草姿錦繪』の『忠臣蔵』八段目の奴ほかで中村光輝を名のり初舞台。56年6月歌舞伎座『船弁慶』の静御前・知盛の霊ほかで三代目中村歌昇を襲名。平成23年9月新橋演舞場『菅原伝授手習鑑《すがわらでんじゅてならいかがみ》』寺子屋の武部源蔵ほかで三代目中村又五郎を襲名。（上村）

●『松浦の太鼓』大高源吾

中村《なかむら》歌昇《かしょう》

四代目｜播磨屋

紋＝揚羽蝶
伝統歌舞伎保存会会員

◉『闇梅百物語』傘一本足

弟・種之助と毎夏続けている「双蝶会」で演じた『関の扉』の関兵衛には目を瞠《みは》った。本興行でも『嬢景清《むすめかげきよ》』の三保谷、『戻駕』の浪花の次郎作、『曽我対面』の朝比奈など線の太い大時代な役で見せた洒脱な味わいは、本格の稽古を積み上げてこそ得られたもので若手花形の域を超えるものだったし、『石切梶原』の俣野は父・又五郎の傑作を彷彿させた。一方『御浜御殿』の富森、『西郷と豚姫』の中村半次郎など新歌舞伎でもヒットを放ち、『幡随長兵衛』の出尻清兵衛では播磨屋の血筋らしい芝居巧者ぶりを見せるなど、見る間に階梯を駆け上がり、相撲に例えるならすでに立派な幕内力士の趣きだ。▼平成元年5月6日生まれ。中村又五郎の長男。6年6月歌舞伎座〈四代目中村時蔵三十三回忌追善〉の『道行旅路の嫁入』の旅の若者で四代目中村種太郎の名で初舞台。23年9月新橋演舞場『舌出三番叟』の千歳ほかで四代目中村歌昇を襲名。27年1月浅草公会堂『一條大蔵譚《いちじょうおおくらものがたり》』の一條大蔵長成ほかで名題昇進。（上村）

中村《なかむら》種之助《たねのすけ》

初代｜播磨屋

紋＝揚羽蝶

●『番町皿屋敷』腰元お菊

きりりとした素顔に、可愛らしさも兼ね備え、立役も女方もこなせる花形俳優だ。中でも舞踊は、父・中村又五郎譲りの切れのいい動きで、ひときわ目を引く。平成31年の新春浅草歌舞伎では、四役出演の大奮闘を見せ、『番町皿屋敷』で非業の死を遂げる腰元お菊を哀れに演じた後、『乗合船恵方萬歳』の才造亀吉で、常磐津に乗った軽快な踊りを華やかに見せた。最近は線の太さも備わり、『極付番随長兵衛』の坂田公平は、力強さに愛嬌も加わった好演。話題の新作歌舞伎への出演も続き、三谷幸喜作・演出『月光露針路日本《つきあかりめざすふるさと》』での船の炊事役、水主《かこ》与惣松に続き、『風の谷のナウシカ』では狂言回し役の道化をコミカルに演じ、観客を宮崎駿の名作世界に一気に誘った。また兄・歌昇との勉強会「双蝶会」でも、地道に大役に挑んでいる。

▼平成5年2月22日生まれ。中村又五郎の次男。11年2月歌舞伎座『盛綱陣屋』の小三郎で初代中村種之助を名のり初舞台。27年1月浅草公会堂『猩々』の猩々ほかで名題昇進。

（飯塚）

中村《なかむら》蝶十郎《ちょうじゅうろう》

初代｜播磨屋

紋＝揚羽蝶
伝統歌舞伎保存会会員

立役。四角い輪郭に大きな口、鋭い眼差しが印象的。時代物の郎党や百姓、世話物の町人や奴などを熱心に勤めている。『石切梶原』の大庭方大名のような端敵がぴったりだが、『御浜御殿綱豊卿』の九太夫に飄々とした趣があり魅力的だった。▼昭和31年生まれ。49年6月国立劇場『心中天網島』の遊客で高橋裕孝の名で初舞台。松本幸四郎（現・白鸚）に入門し、松本高弥を名のる。56年6月中村歌昇（現・又五郎）門下となり、57年4月中村蝶十郎を名のる。平成10年9月歌舞伎座『二條城の清正』の宿直の武士ほかで名題昇進。▼歌舞伎座奨励賞、日本俳優協会賞ほか。

◉『仮名手本忠臣蔵』七段目
鷺坂伴内

中村《なかむら》芝《しの》のぶ《ぶ》

初代｜成駒屋

紋＝裏梅
伝統歌舞伎保存会会員

女方。若々しく可憐な美貌に艶のある声。時代物の腰元、世話物の長屋女房や芸妓などをしっかり勤めた。市川笑野と「梅笑會」を開くなど、舞踊の研鑽も怠らない。『風の谷のナウシカ』では、傷ついたナウシカの心を惑わせる庭の主を幻想的に演じた。▼昭和42年生まれ。63年国立劇場第九期歌舞伎俳優研修修了。4月歌舞伎座『忠臣蔵』の本蔵家来ほかで久保清二の名で初舞台。9月七代目中村芝翫に入門し、中村芝のぶを名のる。平成12年4月歌舞伎座『鰯賣戀曳網』の傾城乱菊、『鏡獅子』の局吉野で名題昇進。▼日本俳優協会賞、関西・歌舞伎を愛する会奨励賞ほか。

◉『風の谷のナウシカ』庭の主

中村《なかむら》玉太郎《たまたろう》

五代目｜加賀屋

紋＝梅八ツ藤

平成12年10月22日生まれ。中村松江の長男。祖父は中村東蔵。18年4月歌舞伎座〈六世中村歌右衛門五年祭〉『関八州繋馬《かんはっしゅうつなぎうま》』の里の子梅松で五代目中村玉太郎を名のり初舞台。31年4月御園座『南総里見八犬伝』の犬江親兵衛仁、令和元年7月国立劇場『菅《すが》原《わら》伝《でん》授《じゅ》手習鑑《てならいかがみ》』車引の舎人杉王丸（交互出演）、10・11月新橋演舞場『新版 オグリ』の小栗六郎、ほかをつとめた。

◉『菅原伝授手習鑑』車引　舎人杉王丸

中村《なかむら》又之助《またのすけ》

二代目｜播磨屋

紋＝揚羽蝶

伝統歌舞伎保存会会員

立役。面長で大きな三白眼に厚い唇。口跡がよく太くて通る声が強み。『石切梶原』の大庭方大名などの端敵や『極付幡随長兵衛』の子分などがぴったり。『風の谷のナウシカ』では主のクシャナのためなら死をも恐れぬトルメキア軍士官を好演した。▼昭和38年生まれ。61年3月国立劇場第八期歌舞伎俳優研修修了。4月国立劇場小劇場『義経千本桜』の郎党で萩原清の名で初舞台。62年1月二代目中村又五郎に入門し、中村又之助を名のる。平成11年6月歌舞伎座『夏祭浪花鑑《なつまつりなにわかがみ》』の町人で名題昇進。23年9月現・又五郎一門となる。▼日本俳優協会賞奨励賞、眞山青果賞敢闘賞ほか。

◉『滝の白糸』弁護人

中村《なかむら》松江《まつえ》

六代目｜加賀屋

紋＝梅八ツ藤
伝統歌舞伎保存会会員

●『菅原伝授手習鑑』車引　左大臣藤原時平

驚いたのが、令和元年7月国立劇場歌舞伎鑑賞教室『車引』の藤原時平。元来のおっとりとした芸風からは意外な配役に思えたが、牛車から姿を現した時の異形ぶりは現代風に言えば「ラスボス」そのもので、新たな扉が開いた瞬間だった。父・東蔵もそうだが、この人の持ち味は何げない立ち姿、座り姿から自然とにじみ出る品と風情にある。平成31年・令和元年に勤めた『寿式三番叟』『寿曽我対面』といった古風な演目でも、舞台にいるだけで安心感が生まれた。自ら積極的に前に出るタイプではないだろうが、時平のような大役を任されるチャンスも、今後ますます増えてくるはずだ。

▼昭和41年3月8日生まれ。中村東蔵の長男。51年4月歌舞伎座『鏡獅子』の胡蝶で中村勝行の名で初お目見得。11月歌舞伎座『伽羅先代萩《めいぼくせんだいはぎ》』の鶴千代で四代目中村玉太郎を名のり初舞台。平成10年名題適任証取得。18年4月歌舞伎座『関八州繋馬《かんはっしゅうつなぎうま》』の源頼平と『伊勢音頭恋寝刃《いせおんどこいのねたば》』の今田万次郎で六代目中村松江を襲名。

（森重）

●『寿式三番叟』千歳

坂東《ばんどう》亀蔵《かめぞう》

三代目｜音羽屋

紋＝鶴の丸
伝統歌舞伎保存会会員

●『南総里見八犬伝』犬村角太郎後に犬村大角礼儀

切れ長の涼しげな目元とよく通る声が印象的な花形役者。踊りもうまく、きびきびとした動きで江戸前のすっきりとした風情を醸し出す。祖父・十七代目市村羽左衛門、父・坂東楽善に学んだ折り目正しい演技が身上で、三年前の襲名を機に役の幅が広がっている。令和元年は『菅原《すがわら》伝授《でんじゅ》手習鑑《てならいかがみ》』車引の梅王丸に初挑戦し、荒事の力感と勢いを表現。『研辰の討たれ』では、逃げ回る父の敵の辰次を追い詰める武家の兄弟を兄・坂東彦三郎と大まじめに演じて客席を沸かせた。『三人吉三巴白浪』の堂守源次坊のとぼけたようなおかしみ。『たぬき』の狭山三五郎の色気。『神霊矢口渡』の新田良峯の柔らかみ。蓄えてきた力を着実に舞台成果につなげている。

▼昭和53年9月16日生まれ。坂東楽善の次男。59年6月歌舞伎座『夏祭《なつまつり》浪花《なにわ》鑑《かがみ》』の団七伜市松で坂東正敏の名で初お目見得。平成元年2月歌舞伎座『め組の喧嘩』の伜又八で坂東亀寿と改名。29年5月『石切梶原』の俣野五郎ほかで三代目坂東亀蔵を襲名。

（中村正）

●『神明恵和合取組』め組の喧嘩　め組宇田川町長次郎

坂東《ばんどう》秀調《しゅうちょう》

五代目｜大和屋

紋＝花かつみ
伝統歌舞伎保存会会員

●『市松小僧の女』嶋屋重右衛門後妻お吉

確かな芝居をする。確かな、とは自分で納得することだ。令和元年も、持ち役『髪結新三』の車力善八がそうだった。姪が世話になる店に恩を感じる忠義な小心者に飄々とした味があった。娘の恋のために奔走する『野晒悟助』の土器売詫助も、貧しいが気概のあるオヤジの匂いが漂った。女方も受け持つ。池波正太郎作の『市松小僧の女』の嶋屋の女房お吉も、後妻の色気をにじませ、そつがなかった。居所を知り、出すぎず、行儀を心得て上品に、立役も女方もこなす腕がある。台詞の言い回しも年功を積んでコクが出てきた。かく言えば褒めすぎのようだが、本当にそう思う。いろんな役で見たい人だ。人生百年、舞台も百歳まで、まだまだ頑張ってほしい。

▼昭和23年3月24日生まれ。十代目市川高麗蔵の長男。いとこは十代目坂東三津五郎。30年4月歌舞伎座『新・平家物語』の乙若ほかで二代目坂東慶三を名のり初舞台。50年名題昇進。62年9月歌舞伎座『菅原《すがわら》伝授《でんじゅ》手習鑑《てならいかがみ》』車引の桜丸ほかで五代目坂東秀調を襲名。　（朝田）

●『酔菩提悟道野晒』野晒悟助　土器売詫助

坂東《ばんどう》竹三郎《たけさぶろう》

五代目｜音羽屋

紋＝鶴の丸、八重かたばみ
伝統歌舞伎保存会会員

◉『月光露針路日本』風雲児たち　ソフィア・イワーノヴナ

深い情と濃厚な義太夫狂言の匂い。この人が出てくると舞台の色がひと刷毛濃くなる。上方歌舞伎になくてはならないベテランである。平成30年には南座の顔見世で、当たり役のひとつ『義経千本桜』すし屋の老母お米を演じ、息子を盲愛する母の哀れが観客の胸を打った。義太夫狂言の母親役の深い情はこの人ならではだ。また、上方歌舞伎の花車方にも本領を発揮、色街独特の女の色香が漂う。一方で、新作歌舞伎にも意欲的で、スーパー歌舞伎Ⅱ『ワンピース』の女医ベラドンナ、三谷かぶき『月光露《つきあかり》針路日本《めざすふるさと》』ではロシア人女性ソフィアなどで場内をおおいに沸かせた。

▼昭和7年8月4日生まれ。24年5月尾上菊次郎の弟子となり、大阪・中座『盛綱陣屋』の腰元で尾上笹太郎を名のり初舞台。34年三代目坂東薪車と改名し名題昇進。42年3月菊次郎の名前養子となり、朝日座『吉野川』の久我之助ほかで五代目坂東竹三郎を襲名。53年上方舞の東山村流の二世家元となり山村太鶴を名のる。（亀岡）

●『弥栄芝居賑』道頓堀芝居前　芝居茶屋音羽屋女将お竹

坂東《ばんどう》竹之助《たけのすけ》

三代目｜音羽屋

紋＝鶴の丸

師匠・坂東竹三郎の教えを仰ぎながら、『一條大蔵《いちじょうおおくら》譚《ものがたり》』の腰元や『上州土産百両首』の女中、『市松小僧の女』の町娘など、さまざまな役を真摯に勤めている。勉強熱心で、平成30年に自主公演「竹之助の会」を初めて主宰した。今後の成長が楽しみな存在である。▼昭和61年生まれ。平成15年上方歌舞伎塾第三期修了。7月大阪松竹座『義経千本桜』の捕手ほかで柴原永太朗の名で初舞台。10月坂東竹三郎に入門。12月南座『華果西遊記』の蜘蛛四天で坂東竹朗を名のる。27年2月大阪松竹座『嫗山姥《こもちやまんば》』の腰元越路ほかで坂東竹之助と改め名題昇進。

◉『船場繪暦歌しぐれ』御高祖頭巾の女おぬい

坂東《ばんどう》守若《もりわか》

二代目｜大和屋

紋＝熨斗の丸
伝統歌舞伎保存会会員

女方。十四代目守田勘弥の薫陶を受けたベテラン。『道明寺』の腰元や『助六』の揚巻付新造、『お祭佐七』の茶屋女など、どんな役でも古風で慎ましい雰囲気がある。『本朝白雪姫譚話』の腰元若菜は、坂東玉三郎演じるお姫様《ひいさま》に甲斐甲斐しく仕える姿がこの人の人生と重なった。▼昭和20年生まれ。44年10月十四代目守田勘弥に入門し、坂東守若を名のる。12月国立劇場『元禄忠臣蔵』最後の大評定の若侍で初舞台。師の歿後、50年坂東玉三郎門下となる。平成10年6月歌舞伎座『祇園祭礼信仰記』金閣寺の腰元で名題昇進。▼歌舞伎座賞、国立劇場優秀賞ほか。

◉『天守物語』侍女萩

坂東《ばんどう》玉雪《たまゆき》

初代｜大和屋

紋＝熨斗の丸
伝統歌舞伎保存会会員

立役。かつては立廻りの名手で、今も動きにキレがある。『鳥居前』の四天王や『名月八幡祭』の幇間、舞踊では『太刀盗人』の従者など、どんな役でも手堅く勤めている。『三人吉三』では研師与九兵衛。師匠の玉三郎の後見としても信頼されている。▼昭和42年生まれ。59年国立劇場第七期歌舞伎俳優研修修了。4月明治座で藤田明広の名で初舞台。9月坂東玉三郎に入門し、12月歌舞伎座新派特別公演『女人哀詞』の丁稚ほかで坂東玉雪を名のる。平成19年10月歌舞伎座『怪談牡丹燈籠』の手代定吉と『奴道成寺』の所化で名題昇進。▼国立劇場特別賞ほか。

◉『人情噺文七元結』女郎吉野

坂東《ばんどう》功一《こういち》

初代｜大和屋

紋＝熨斗の丸

立役。背が高く端正な二枚目。玉三郎の膝下で修業し、品行方正な雰囲気があるため、『俊寛』の丹左衛門の供侍や『壇浦兜軍記』阿古屋の榛沢六郎などの武士がよく似合う。舞踊では『奴道成寺』ほか道成寺物の所化などを勤め、玉三郎の後見としても信頼が厚い。▼昭和43年生まれ。平成4年1月南座『ふるあめりかに袖はぬらさじ』の町人の客留吉で田辺晃一の名で初舞台。6年坂東玉三郎に入門し、12月坂東功一を名のる。7年4月御園座『白浪五人男』の捕手で歌舞伎の初舞台。19年10月歌舞伎座『奴道成寺』の所化ほかで名題昇進。▼歌舞伎座賞。

◉『与話情浮名横櫛』切られ与三郎

坂東《ばんどう》玉三郎《たまさぶろう》

五代目｜大和屋

紋＝花かつみ、のし菱
伝統歌舞伎保存会会員
人間国宝
文化功労者

◉『二人静』静御前の霊

二年続いた中村梅枝、中村児太郎とのトリプルキャストで「阿古屋」は平成から令和へと引き継がれた。若手を指導するだけでなく、自らも手本として舞台に出演するスタイルは、近年の舞台で定着している。舞台出演はもちろんだが、歌舞伎の舞台で演出を手掛けることも多くなっている。そのなかで、歌舞伎座での初世尾上辰之助三十三回忌追善『名月八幡祭』の美代吉で、片岡仁左衛門の船頭三次との共演が実現したことは僥倖であった。秀麗な佇まいはいまだに衰えを知らず、安定とか老成という言葉は、この人には無縁である。令和元年には『新版 雪之丞変化』『本朝白雪姫譚話』という二つの新作を上演した。古典も含め、試行錯誤を続けながら、二十一世紀の歌舞伎の在り方を問い続けている。玉三郎の伝説はまだまだ終わっていない。

▼昭和32年12月東横ホール『寺子屋』の小太郎で坂東喜の字を名のり初舞台。39年6月十四代目守田勘弥の養子となり、歌舞伎座『心中刃《やいば》は氷の朔日《ついたち》』のおたまほかで五代目坂東玉三郎を襲名。（石山）

●『壇浦兜軍記』阿古屋　遊君阿古屋

坂東《ばんどう》彦三郎《ひこさぶろう》

九代目｜音羽屋

紋＝鶴の丸、八重かたばみ
伝統歌舞伎保存会会員

●『壇浦兜軍記』阿古屋　秩父庄司重忠

九代目坂東彦三郎襲名披露狂言『石切梶原』で演じた梶原平三の役者ぶりから、主役を張れる実力を示した。祖父・十七代目市村羽左衛門、父・坂東楽善そっくりの表情と口跡の良さ。それも『御所五郎蔵』の星影土右衛門では低い声での渡り台詞が敵役の凄味を出し、『暗闇の丑松』の料理人伝公では声高で威勢の良さを示すというように、役柄による使い分けが巧みである。『阿古屋』の秩父庄司重忠は当たり役。舞台中央に堂々と座し、捌き役にふさわしく端正で威厳もある。坂東玉三郎の阿古屋と対峙してもびくともしない存在感が凄い。『太刀盗人』のすっぱの九郎兵衛の面白さ、『お染の七役』の山家屋清兵衛の思慮深さ。大輪の花を咲かせる時がきた。

▼昭和51年6月29日生まれ。坂東楽善の長男。56年12月国立劇場『寺子屋』の寺子で坂東輝郷の名で初お目見得。57年5月歌舞伎座『淀君情史』の亀丸で五代目坂東亀三郎を名のり初舞台。平成29年5月歌舞伎座『石切梶原』の梶原平三ほかで九代目坂東彦三郎を襲名。

（横溝）

●『太刀盗人』すっぱの九郎兵衛

坂東《ばんどう》亀三郎《かめさぶろう》

六代目｜音羽屋

紋＝鶴の丸、八重かたばみ

平成25年2月5日生まれ。坂東彦三郎の長男。祖父は坂東楽善。29年5月歌舞伎座『壽曽我対面』の鬼王家臣亀丸で六代目坂東亀三郎を名のり初舞台。31年2月歌舞伎座『義経千本桜』すし屋の六代君、令和元年5月歌舞伎座『神明恵和合取組《かみのめぐみわごうのとりくみ》』め組の喧嘩の辰五郎倅又八、9月「研の會」『弁天娘女男白浪』の丁稚長松、10月歌舞伎座『江戸育お祭佐七』の踊りのお軽、ほかをつとめた。

◉『江戸育お祭佐七』踊りのお軽

坂東《ばんどう》玉朗《たまお》

二代目｜大和屋

紋＝熨斗の丸

女方。小柄で清楚な雰囲気があり、『伽羅先代萩《めいぼくせんだいはぎ》』など時代物の腰元や官女、『め組の喧嘩』など世話物の芸者や町娘、『春興鏡獅子』の局吉野などを行儀よく勤めている。『三人吉三巴白浪』の夜鷹おふでは借銭をめぐる〝三人夜鷹〟のかけあいを面白く見せた。▼昭和52年生まれ。平成10年国立劇場第十四期歌舞伎俳優研修修了。5月歌舞伎座『野晒悟助《のざらしごすけ》』の町人の女ほかで上條岳仲の名で初舞台。10月坂東玉三郎に入門。11年3月歌舞伎座『ひらかな盛衰記』の軍兵ほかで坂東玉朗を名のる。26年12月歌舞伎座『雷神不動北山櫻《なるかみふどうきたやまざくら》』の腰元小磯ほかで名題昇進。

◉『滝の白糸』寅吉の弟子撫子

坂東《ばんどう》巳之助《みのすけ》

二代目｜大和屋

紋＝三ツ大
伝統歌舞伎保存会会員

●『江戸育お祭佐七』鳶柳吉

ここ数年、新作歌舞伎での活躍が目立つが、古典でも勤めた役それぞれに鮮烈な印象を残している。それが毎年顕著に現れているのが正月の新春浅草歌舞伎で、令和2年『七段目』の平右衛門にもさまざまな発見があった。役の性根を的確につかむことと人物造型の深さは父・三津五郎譲りと言えるかもしれないが、巳之助の場合は型や様式に疑問を持たず、与えられたレールに乗って育ってきたのとは異なる葛藤が垣間見える。粗削りで決して器用とは言えないが、それが将来どう大成していくのか楽しみである。『三人吉三』の十三郎から『先代萩』の男之助まで、若衆から荒事と芸域は広い。坂東流家元として舞踊でも着実に成果を挙げている。

▼平成元年9月16日生まれ。十代目坂東三津五郎の長男。3年9月歌舞伎座『傀儡師《かいらいし》』の唐子で守田光寿の名で初お目見得。7年11月歌舞伎座『蘭平物狂《らんぺいものぐるい》』の繁蔵と『壽靭猿』の小猿で二代目坂東巳之助を襲名し初舞台。25年1月新橋演舞場『菅原伝授手習鑑《すがわらでんじゅてならいかがみ》』車引の舎人杉王丸で名題昇進。

（石山）

坂東《ばんどう》彌十郎《やじゅうろう》

初代｜大和屋

紋＝三ツ大、かつみ
伝統歌舞伎保存会会員

●『闇梅百物語』狸

183㎝と大柄だが、芸も大らかで安定感がある。老け役から敵役、三枚目まで幅広い役柄を着実に演じる守備範囲の広さで、毎月のように舞台に立つ。平成31年1月『土屋主税』の其角に始まり、3月『傾城反魂香』の土佐光信は最高位の絵師の品格があり、令和元年6月『月光露針路日本《つきあかりめざすふるさと》』の水主《かこ》九右衛門は異国でも和装を貫く一徹さに、帰国の夢半ばで息絶える姿が切ない。『封印切』は三度目の治右衛門、7月『渡海屋・大物浦』の武蔵坊弁慶はほら貝を吹く姿に哀惜の思いが色濃い。8月『闇梅百物語』は狸に挑み、わがままだが憎めない狸だった。10月『天竺徳兵衛韓噺《てんじくとくべえいこくばなし》』の吉岡宗観は大願成就を前に切腹する男の悲哀があり、11月平成中村座『神霊矢口渡』の渡し守頓兵衛は金に執着する男の嫌らしさが強烈。役に自分の色を加える技巧派でもある。
▼昭和31年5月10日生まれ。往年の銀幕の大スターだった初代坂東好太郎の三男。48年5月歌舞伎座『奴道成寺』の所化観念坊で坂東彌十郎を名のり初舞台。53年名題昇進。（林）

●『名高大岡越前裁』山内伊賀亮

坂東《ばんどう》新悟《しんご》

初代　大和屋

紋＝三ツ大
伝統歌舞伎保存会会員

●『新版　オグリ』照手姫

次代を担う若手女方の一人として、頭角を現してきた。新春浅草歌舞伎という研鑽の場で、『義賢最期』の小万、『寿曽我対面』の大磯の虎などの大役で腕を鍛え、存在感を増しつつ、儚げな個性に磨きをかけている。平成31年から令和元年で特筆すべきは、スーパー歌舞伎Ⅱ『新版　オグリ』の照手姫。幾多の苦難に遭いながらも、小栗判官を一途に思い、健気に生きる女性像を淑やかに表現した。チャップリンの名作映画『街の灯』を題材にした『蝙蝠の安さん』でも、草花売りの娘お花というヒロインで、明るくも寂しげな持ち味を発揮。三谷かぶき『月光露《つきあかり》針路日本《めざすふるさと》』風雲児たちで、日本の格言や諺を話すロシア女性マリアンナで笑いを誘ったのも記憶に残る。『すし屋』の若葉の内侍、『車引』の桜丸など、古典味も備わってきた頼もしい存在だ。

▼平成2年12月5日生まれ。坂東彌十郎の長男。7年7月歌舞伎座『景清』の敦盛嫡子保童丸で初代坂東新悟を名のり初舞台。24年12月南座『佐々木高綱』の高綱娘薄衣ほかで名題昇進。

（坂東）

坂東《ばんどう》玉之助《たまのすけ》　四代目｜大和屋

紋＝三ツ大
伝統歌舞伎保存会会員

ベテラン女方。品があり、綺麗でよく通る声。せりふも格調がある。目が大きく古風な美しさがあるので、時代物の腰元でも世話物の芸者や仲居でも、さりげない存在感がある。『松竹梅湯島掛額』の友達娘おかつ、『弥次喜多』の旅一座の女などをまだまだ元気に勤めた。▼昭和4年生まれ。25年東京劇場で坂東大和を名のり初舞台。29年1月大阪・歌舞伎座『橋弁慶』の従者ほかで坂東玉之助を襲名。49年十四代目守田勘弥門下となり、坂東守を名のる。平成5年1月九代目坂東三津五郎門下となり、玉之助に戻る。▼文化庁長官表彰、歌舞伎座賞、日本俳優協会賞功労賞。

◉『名月八幡祭』町女房おます

松本《まつもと》高麗五郎《こまごろう》　三代目｜高麗屋

紋＝四ツ花菱
伝統歌舞伎保存会会員

ベテラン立役。いかつい面構えで、『勧進帳』の番卒や『極付幡随長兵衛』の保昌武者之助など無骨な役が似合うが、『一條大蔵譚《いちじょうおおくらものがたり》』の茶亭与市などにも味がある。現・白鸚主演『ＡＭＡＤＥＵＳ』の「影」は初演以来の持ち役。▼昭和14年生まれ。35年八代目松本幸四郎（初代白鸚）に入門し、4月歌舞伎座『盛綱陣屋』の武士で松本錦一を名のり初舞台。46年12月帝国劇場『忠臣蔵』七段目の千崎弥五郎で松本幸太郎と改め名題昇進。平成26年11月歌舞伎座で三代目松本高麗五郎を名のる。▼国立劇場奨励賞、同優秀賞、日本俳優協会賞、眞山青果賞奮闘賞、同助演賞ほか。

◉『加賀鳶』番頭佐五兵衛

坂東《ばんどう》楽善《らくぜん》

初代｜音羽屋

紋＝鶴の丸、八重かたばみ
伝統歌舞伎保存会会員

●『御存鈴ヶ森』雲助北海の熊六

歌舞伎は変わってはいけない。そんな思いが伝わる芝居ぶりだ。手を抜かずに演じ、客席の隅々まで届く声を出す。令和元年12月『盛綱陣屋』の北條時政は持ち役で、権力者の老獪さがにじんでいた。『御存鈴ヶ森』の雲助北海の熊六でも、『江戸育お祭佐七』の祭りの世話役太兵衛でも、演じる役に〝らしさ〟の工夫があった。父の世代、祖父の時の歌舞伎の伝統を守り、敬意を払う。その心が厳然とあるから、『壇浦兜軍記』で重忠を演じた長男（彦三郎）、岩永の次男（亀蔵）を激励するため、京都南座まで行く労も厭わないのだ。

▼昭和18年3月31日生まれ。十七代目市村羽左衛門の長男。弟は市村萬次郎、河原崎権十郎。25年6月新橋演舞場で四代目坂東亀三郎を名のり初舞台。40年5月歌舞伎座で八代目坂東薪水を襲名。47年5月歌舞伎座で二代目坂東亀蔵を襲名。55年2月歌舞伎座『実盛物語』の実盛ほかで八代目坂東彦三郎を襲名。平成29年5月歌舞伎座『石切梶原』の大庭三郎ほかで初代坂東楽善を名のる。

（朝田）

●『姫路城音菊礎石』桃井修理太夫

松本《まつもと》錦吾《きんご》

三代目｜高麗屋

紋＝四ツ花菱
伝統歌舞伎保存会会員

●『勧進帳』常陸坊海尊

松本白鸚の一門の立役で、老け役から敵役まで幅広く勤める。白鸚が『勧進帳』の弁慶を演じる際には常陸坊海尊、同じく『河内山』の河内山を演じる際には北村大膳に配役されることが多く、それが舞台に安定感を与えている。ことさらに大仰にすることなく、役割をしっかりと果たす舞台ぶりが心地よい。常陸坊では義経主従の中にあっての年長者の厚み、大膳では河内山に翻弄されるおかしみを見せる。『極付幡随長兵衛』の旗本坂田金左衛門では高禄の武士のプライドの高さと手もなく長兵衛にやり込められる情けなさを表現した。『盟三五大切《かみかけてさんごたいせつ》』の富森助右衛門では忠義一筋のきまじめさを感じさせた。

▼昭和17年4月12日生まれ。二代目松本錦吾の長男。24年2月大阪・歌舞伎座『吉田屋』の禿《かむろ》で松本忠を名のり初舞台。28年八代目松本幸四郎（初代白鸚）の内弟子となり松本錦彌を名のる。40年2月東京宝塚劇場『鬼の少将夜長話』の家従・弘之ほかで三代目松本錦吾を襲名し、名題昇進。63年幹部昇進。

（小玉）

●『菅原伝授手習鑑』車引　藤原時平公

松本《まつもと》幸四郎《こうしろう》

十代目｜高麗屋

紋＝浮線蝶、四ツ花菱
伝統歌舞伎保存会会員

◉『雷船頭』船頭

大名跡がすっかり身に付いただけでなく、三代に亘って弁慶役者のイメージが強かった幸四郎像を一新した。『勧進帳』の弁慶、『先代萩』の仁木、『幡随長兵衛』といった家の芸を継承する一方、『廓文章』の伊左衛門、『雁のたより』の金之助、『九十九《つづら》折《おり》』の清七といった上方狂言をこなし、三谷幸喜の新作『月光《つきあかり》露針路《めざす》日本《ふるさと》』での主役の大黒屋光太夫など幅広い役を演じている。令和元年に演じた『寺子屋』の源蔵では叔父・吉右衛門と堂々と亘り合い演技に厚みが出た。本領の二枚目にはじまり敵役、立役、荒事から女方まで自在に演じ分ける腕は非凡で踊りも上手い。令和歌舞伎を担うスターである。

▼昭和48年1月8日生まれ。松本白鸚の長男。54年3月歌舞伎座『侠客春雨傘』で三代目松本金太郎を名のり初舞台。56年10・11月歌舞伎座『忠臣蔵』七段目の大星力弥ほかで七代目市川染五郎を襲名。平成6年4月名題昇進。30年1・2月歌舞伎座『勧進帳』の武蔵坊弁慶ほかで十代目松本幸四郎を襲名。

（水落）

◉『極付幡随長兵衛』幡随院長兵衛

市川《いちかわ》染五郎《そめごろう》

八代目｜高麗屋

紋＝三ツ銀杏、四ツ花菱

平成17年3月27日生まれ。松本幸四郎の長男。祖父は松本白鸚。19年6月歌舞伎座『俠客春雨傘』の高麗屋齋吉で藤間齋の名で初お目見得。21年6月歌舞伎座『門出祝寿連獅子』の童後に孫獅子の精で四代目松本金太郎を名のり初舞台。30年1・2月歌舞伎座『勧進帳』の源義経ほかで八代目市川染五郎を襲名。令和元年6月歌舞伎座『月光露《つきあかり》針路日本《めざすふるさと》』風雲児たちの水主《かこ》磯吉、ほかをつとめた。

◉『連獅子』狂言師左近後に仔獅子の精

松本《まつもと》幸雀《こうじゃく》

二代目｜高麗屋

紋＝四ツ花菱
伝統歌舞伎保存会会員

女方。二代目中村又五郎に師事したベテラン。『盛綱陣屋』の腰元や『籠釣瓶』の遺手、『女殺油地獄』の茶屋女房や『廓文章』の仲居など、時代物から世話物まで、若い役から老け役まで芸域が広い。巡業で『引窓』の母お幸に抜擢された。▼昭和47年国立劇場第一期歌舞伎俳優研修修了。4月国立劇場『一谷嫩軍記《いちのたにふたばぐんき》』の軍兵ほかで佐藤亜の名で初舞台。48年6月二代目中村又五郎に入門し、中村又志郎を名のる。59年8月東京宝塚劇場で二代目中村紫若を襲名し名題昇進。平成23年6月松本幸四郎（現・白鸚）門下となり松本幸雀を名のる。▼国立劇場奨励賞、日本俳優協会賞ほか。

◉『助六由縁江戸桜』傾城八重衣

松本《まつもと》幸右衛門《こうえもん》

二代目｜高麗屋

紋＝四ツ花菱
伝統歌舞伎保存会会員

立役。面長で眼光鋭く、精悍な顔つき。『一條大蔵《いちじょうおおくら》譚《ものがたり》』の仕丁や『天竺徳兵衛』の右源太、『お土砂』の番太、『封印切』の太鼓持など、どんな役でも堅実な舞台ぶり。巡業の『加茂堤』では半道敵の三善清行に抜擢された。▼昭和42年生まれ。63年国立劇場第九期歌舞伎俳優研修修了。4月歌舞伎座『忠臣蔵』の大名ほかで小島孝夫の名で初舞台。12月松本幸四郎（現・白鸚）に入門し、松本錦弥を名のる。平成12年6月歌舞伎座『縮屋新助』の山鹿毛平馬ほかで名題昇進。30年1月歌舞伎座で松本幸右衛門と改名。▼歌舞伎座賞、国立劇場奨励賞、日本俳優協会賞奨励賞ほか。

◉『女鳴神』
松永の臣刑部大九郎

松本《まつもと》幸蔵《こうぞう》

二代目｜高麗屋

紋＝四ツ花菱
伝統歌舞伎保存会会員

立役。エラの張った輪郭につぶらな目。素朴な雰囲気で、廓の若い者や町人などがぴったりだが、侠客や鳶などもうまい。伝統歌舞伎保存会の研修発表会では『傾城反魂香』の土佐将監に挑戦した。▼昭和43年生まれ。平成2年国立劇場第十期歌舞伎俳優研修修了。4月歌舞伎座『籠釣瓶花街酔醒《かごつるべさとのえいざめ》』の廓の若い者で小島隆の名で初舞台。3年5月松本幸四郎（現・白鸚）に入門し、歌舞伎座『私本太平記』の兵士で松本錦一を名のる。20年2月歌舞伎座『仮名手本忠臣蔵』祇園一力茶屋の太鼓持ちで名題昇進。30年1月歌舞伎座で松本幸蔵と改名。▼日本俳優協会賞奨励賞、国立劇場奨励賞。

◉『野田版 研辰の討たれ』
職人三木松

松本《まつもと》白鸚《はくおう》

二代目｜高麗屋

紋＝浮線蝶、四ツ花菱
伝統歌舞伎保存会会員
日本芸術院会員
文化功労者

●『傾城反魂香』浮世又平後に土佐又平光起

古典歌舞伎からミュージカルまで多くの当たり役を持つ立役。『勧進帳』の弁慶を千回以上、ミュージカル『ラ・マンチャの男』のセルバンテスとドン・キホーテを千三百回以上演じている。『白浪五人男』の日本駄右衛門で圧倒的な貫禄を示し、新作歌舞伎『月光露針路日本《つきあかりめざすふるさと》』では穏やかな船親司三五郎とロシア貴族のポチョムキンという正反対ともいえる二役を演じ分けた。『魚屋宗五郎』など音羽屋系の演目にも挑戦。気力は衰えを知らず、白鸚襲名後も様々な試みを続けている。『一條大蔵譚《いちじょうおおくらものがたり》』の大蔵卿と『傾城反魂香』の又平を久々に演じ、また令和2年正月には『五斗三番叟』の五斗兵衛を初役で勤めた。

▼昭和17年8月19日生まれ。初代松本白鸚の長男。21年5月東京劇場『助六』の外郎売倅で二代目松本金太郎を名のり初舞台。24年9月東京劇場『勧進帳』の太刀持ほかで六代目市川染五郎を襲名。56年10・11月歌舞伎座『勧進帳』の弁慶ほかで九代目松本幸四郎を襲名。平成30年1・2月歌舞伎座『寺子屋』の松王丸ほかで二代目松本白鸚を襲名。（小玉）

●『一條大蔵譚』一條大蔵長成

名題下

市川《いちかわ》郁治郎《いくじろう》

立役。市川段四郎一門。昭和51年生。劇団四季を経て、平成24年2月市川亀治郎（現・猿之助）に入門。6月新橋演舞場『ヤマトタケル』の熊襲の民衆の男で市川郁治郎を名のり初舞台。

市川《いちかわ》右左次《うさじ》

立役。鼻筋が通り、鋭い眼差しが印象的。澤瀉屋一門にいた頃から『義経千本桜』の軍兵など、立廻りでは欠かせない存在だった。師匠・右團次の信頼も厚く、『鳴神』などでは後見も勤める。▼市川右團次一門。昭和48年生。平成7年4月新橋演舞場『ヤマトタケル』の舎人ほかで歌舞伎の初舞台。10年7月市川右近（現・右團次）に入門。11年2月市川喜之助を名のる。29年1月新橋演舞場『錣引』の力者ほかで市川右左次と改名。令和元年10月名題適任証取得。

市川《いちかわ》卯瀧《うたき》

女方・立役。市川門之助一門。平成11年生。31年国立劇場第二十三期歌舞伎俳優研修修了。4月門之助に入門し、歌舞伎座『二人夕霧』の藤屋の手代ほかで市川卯瀧を名のり初舞台。

市川《いちかわ》右田六《うたろく》

立役。市川右團次一門。平成5年生。25年国立劇場第二十期歌舞伎俳優研修修了。4月市川右近（現・右團次）に入門し、金丸座『京人形』の大工で市川喜美介を名のり初舞台。29年1月市川右田六と改名。

市川《いちかわ》笑子《えみこ》

女方。市川猿翁一門。昭和43年生。平成2年国立劇場第十期歌舞伎俳優研修修了。4月歌舞伎座『籠釣瓶《かごつるべ》花街酔醒《さとのえいざめ》』の振袖新造ほかで初舞台。10月歌舞伎座『金幣猿島郡《きんのざいさるしまだいり》』の茶摘娘ほかで市川笑子を名のる。

市川《いちかわ》笑羽《えみは》

女方。市川段四郎一門。昭和45年生。平成2年国立劇場第十期歌舞伎俳優研修修了。市川猿之助(現・猿翁)に入門し、10月市川笑羽を名のる。20年に一門を離れ、23年6月段四郎に入門し再び笑羽を名のる。

市川《いちかわ》喜太郎《きたろう》

女方。市川猿翁一門。平成10年4月新橋演舞場『オグリ』の民衆の女で初舞台。12年7月市川猿之助（現・猿翁）に入門し、歌舞伎座『宇和島騒動』の陸尺《ろくしゃく》で市川喜太郎を名のる。

市川《いちかわ》喜楽《きらく》

立役・女方。市川段四郎一門。平成4年生。25年国立劇場第二十期歌舞伎俳優研修修了。4月入門し、金丸座『銘作左小刀』京人形の大工で市川喜楽を名のり初舞台。29年1月市川猿之助門下となる。

市川《いちかわ》九一朗《くいちろう》

立役・女方。市川九團次一門。平成13年生。令和2年1月九團次に入門し、新橋演舞場『祇園祭礼信仰記』金閣寺の松永家臣ほかで初舞台。

市川《いちかわ》猿《さる》

立役・女方。市川段四郎一門。平成18年生。24年6月博多座『毛谷村』の弥三松で初舞台。28年2月市川猿之助に入門し、3月大阪松竹座『ワンピース』のトニートニー・チョッパーで市川猿を名のる。

市川《いちかわ》澤五郎《さわごろう》

立役。市川段四郎一門。昭和32年生。57年国立劇場第六期歌舞伎俳優研修修了。10月市川猿之助（現・猿翁）に入門し、市川笑太郎を名のる。平成15年7月段四郎門下となり、市川澤五郎を名のる。

市川《いちかわ》澤路《さわじ》

女方。市川段四郎一門。昭和46年生。平成4年劇団前進座に入座し、国立劇場で初舞台。20年2月前進座を退座。10月市川亀治郎（現・猿之助）に入門。11月歌舞伎座『廓文章』吉田屋の仲居で市川澤路を名のる。

市川《いちかわ》笑猿《しょうえん》

女方。市川段四郎一門。平成9年生。29年国立劇場第二十二期歌舞伎俳優研修修了。4月市川猿之助に入門し、5月大阪松竹座『金幣猿島郡《きんのざいさるしまだいり》』の茶摘女おみち実は将門腰元忍ほかで市川笑猿を名のり初舞台。

市川《いちかわ》翔三《しょうぞう》

女方。市川猿翁一門。平成12年生。29年7月市川笑三郎に入門し、市川翔三を名のる。30年1月新橋演舞場『天竺徳兵衛韓噺《てんじくとくべえいこくばなし》』の近習、『日本むかし話』の村人と町人で初舞台。

市川《いちかわ》翔乃亮《しょうのすけ》

女方。市川猿翁一門。平成8年生。29年国立劇場第二十二期歌舞伎俳優研修修了。4月市川笑三郎に入門し、市川翔乃亮を名のる。5月大阪松竹座『怪談乳房榎』の花見客の女ほかで初舞台。

市川《いちかわ》升平《しょうへい》

立役。市川海老蔵一門。昭和38年生。63年国立劇場第九期歌舞伎俳優研修修了。4月歌舞伎座『忠臣蔵』の大名ほかで初舞台。12月歌舞伎座『若き日の信長』の鎧武者ほかで市川升平を名のる。

市川《いちかわ》新次《しんじ》

立役。市川海老蔵一門。昭和64年生。平成22年国立劇場第十九期歌舞伎俳優研修修了。4月十二代目市川團十郎に入門し、歌舞伎座で市川新次を名のり初舞台。11月『国性爺合戦』で国立劇場特別賞。

市川《いちかわ》新八《しんぱち》

立役。市川海老蔵一門。平成元年生。27年国立劇場第二十一期歌舞伎俳優研修修了。4月海老蔵に入門。5月歌舞伎座『天一坊』の唐櫃の侍ほかで市川新八を名のり初舞台。

市川《いちかわ》瀧昇《たきしょう》

立役・女方。市川門之助一門。平成7年生。27年国立劇場第二十一期歌舞伎俳優研修修了。4月門之助に入門し、中日劇場『新・八犬伝』の捕手ほかで市川瀧昇を名のり初舞台。

市川《いちかわ》瀧二朗《たきじろう》

立役。市川門之助一門。昭和47年6月七代目門之助に入門。10月歌舞伎座『盛綱陣屋』の盛綱家臣ほかで市川瀧二朗を名のり初舞台。57年3月『南総里見八犬伝』芳流閣の捕手で国立劇場特別賞。

市川《いちかわ》段一郎《だんいちろう》

立役。市川段四郎一門。平成10年国立劇場第十四期歌舞伎俳優研修修了。5月歌舞伎座『野晒悟助《のざらしごすけ》』の町人ほかで初舞台。11年7月段四郎に入門し、9月大阪松竹座『新・三国志』で市川段一郎を名のる。

市川《いちかわ》裕喜《ひろき》

立役。市川猿翁一門。昭和43年生。62年9月南座『ヤマトタケル』の熊《くま》襲《そ》の民衆の男ほかで初舞台。平成9年7月歌舞伎座『夏祭浪花鑑《なつまつりなにわかがみ》』の祭の若い者ほかで市川裕喜を名のる。

市川《いちかわ》福五郎《ふくごろう》

立役。市川海老蔵一門。平成12年生。31年国立劇場第二十三期歌舞伎俳優研修修了。4月海老蔵に入門し、5月歌舞伎座『め組の喧嘩』の角力で市川福五郎を名のり初舞台。

市川《いちかわ》升吉《ますきち》

女方。市川海老蔵一門。昭和52年生。平成11年8月十二代目市川團十郎に入門。10月御園座『曽根崎心中』の参詣人で初舞台。11月国立劇場で市川升吉を名のる。

市川《いちかわ》三四助《みよすけ》

女方。市川猿翁一門。平成12年生。27年4月猿翁に入門。10月新橋演舞場『ワンピース』の侍女ほかで市川三四助を名のり初舞台。

市川《いちかわ》米十郎《よねじゅうろう》

立役。市川海老蔵一門。平成13年生。29年7月海老蔵に入門、8月中日劇場『座頭市』の町人で市川米十郎を名のり初舞台。

市川《いちかわ》龍蔵《りゅうぞう》

立役。市川猿翁一門。昭和55年12月尾上笹太郎を名のり初舞台。平成4年3月南座『オグリ』の小栗の郎党ほかで市川龍蔵と改名。5年7月歌舞伎座奮闘賞。

岩井《いわい》義太郎《よしたろう》

立役。十代目岩井半四郎一門。昭和24年生。44年6月明治座『花の生涯』の井伊家供侍で初舞台。62年10月半四郎に入門し、岩井義太郎を名のる。

大谷《おおたに》桂太郎《けいたろう》

立役・女方。大谷桂三一門。昭和57年生。平成19年国立劇場第十八期歌舞伎俳優研修修了。4月歌舞伎座『双蝶々曲輪日記《ふたつちょうちょうくるわにっき》』角力場の見物人で初舞台。5月大谷桂太郎を名のる。

尾上《おのえ》音三郎《おとさぶろう》

女方。尾上菊五郎一門。昭和48年生。平成8年12月菊五郎、尾上菊之助に入門。9年2月NHKホール〈古典芸能鑑賞会〉『切られ与三』の見染めの場の貝拾いで尾上音三郎を名のり初舞台。国立劇場特別賞。

尾上《おのえ》音吉《おときち》

立役。師匠・菊五郎に身近く仕えて信頼が厚く、菊五郎劇団の土台を固めるベテラン。『め組の喧嘩』の木戸番や『野晒悟助《のざらしごすけ》』の職人など、江戸の世話物では市井の人として自然に息づいている。長年、馬の脚や動物のぬいぐるみなどの仕事も地道に勤めてきた。『土蜘』の蜘蛛の糸をつくる特技をもつ。▼尾上菊五郎一門。昭和28年生。42年6月歌舞伎座で初舞台。49年2月尾上音吉を名のる。平成12年3月名題適任証取得。▼平成12年国立劇場特別賞、13年日本俳優協会賞功労賞ほか。伝統歌舞伎保存会会員。

尾上《おのえ》音二郎《おとじろう》

立役。尾上菊五郎一門。昭和51年生。平成12年11月尾上菊之助に入門し、歌舞伎座『ひらかな盛衰記』逆櫓《さかろ》の船頭で尾上音二郎を名のり初舞台。27年〜29・31年の1月国立劇場特別賞。

尾上《おのえ》音蔵《おとぞう》

立役。尾上菊五郎一門。昭和62年生。平成25年国立劇場第二十期歌舞伎俳優研修修了。4月菊五郎に入門し、歌舞伎座『弁天娘女男白浪』の捕手で尾上音蔵を名のり初舞台。26〜31年の1月国立劇場特別賞。

尾上《おのえ》音幸《おとゆき》

立役。尾上菊五郎一門。平成11年生。29年国立劇場第二十二期歌舞伎俳優研修修了。4月尾上菊之助に入門し、尾上音幸を名のる。5月歌舞伎座『石切梶原』の大庭方供侍で初舞台。31年1月国立劇場特別賞。

尾上《おのえ》松悟《しょうご》

立役。尾上松緑一門。平成2年生。25年国立劇場第二十期歌舞伎俳優研修修了。4月松緑に入門し、歌舞伎座『弁天娘女男白浪』の捕手ほかで尾上松悟を名のり初舞台。26～29・31年の1月国立劇場特別賞。

尾上《おのえ》松三《しょうぞう》

立役。尾上松緑一門。平成10年生。19年4月歌舞伎座『魚屋宗五郎』の小姓で吉村海の名で初舞台。27年10月松緑に入門、28年5月歌舞伎座『馬盥』の近習で尾上松三を名のる。31年国立劇場特別賞。

尾上《おのえ》隆松《たかまつ》

立役・女方。尾上松也一門。昭和58年生。平成16年国立劇場第十七期歌舞伎俳優研修修了。4月歌舞伎座で初舞台。9月六代目尾上松助に入門し、御園座で尾上隆松を名のる。26年1月国立劇場特別賞。

尾上《おのえ》貴緑《たかろく》

立役・女方。尾上松緑一門。平成13年生。31年国立劇場第二十三期歌舞伎俳優研修修了。4月松緑に入門し、御園座『南総里見八犬伝』の捕手と花四天で尾上貴緑を名のり初舞台。

尾上《おのえ》まつ虫《まつむし》

立役・女方。尾上松也一門。平成10年生。29年国立劇場第二十二期歌舞伎俳優研修修了。4月松也に入門し、尾上まつ虫を名のる。5月歌舞伎座『梶原平三誉石切』の大庭方供侍で初舞台。

尾上《おのえ》松五郎《まつごろう》

立役。背が高く痩身で、菊五郎劇団の立廻りの名手として活躍してきた。『双蝶々曲輪日記《ふたつちょうちょうくるわにっき》』角力場の濡髪の弟子の團子山を演じた。芸熱心な実力派で、踊りも良い。松也の自主公演で『二人袴』の住吉左衛門を勤めた。現在休演中だが一日も早い復帰が待たれる。▼尾上松也一門。昭和46年生。平成8年国立劇場第十三期歌舞伎俳優研修修了。5月歌舞伎座『め組の喧嘩』の見物客ほかで初舞台。11月六代目尾上松助に入門し、南座で尾上松五郎を名のる。26年9月名題適任証取得。▼平成26年1月『三千両初春駒曳《さんぜんりょうはるのこまひき》』の立廻りで国立劇場特別賞。

尾上《おのえ》緑三郎《ろくさぶろう》

名題下の長老格。小柄で身も軽く、女方も立役もいける。亡父が小芝居の座頭で、昭和20年に役者になり、小芝居や旅まわりで修業。小芝居の衰退後は父ともども二代目尾上松緑門下となった。『魚屋宗五郎』の磯部屋敷の足軽など、さりげない役にも滋味がある。蜘蛛の糸を作る技術をもち、古い伝承を知る生き字引としても貴重な存在。▼尾上松緑一門。昭和8年生。30年10月二代目尾上松緑に入門。歌舞伎座で尾上緑三郎を名のり初舞台。50年4月名題適任証取得。▼昭和47年5月国立劇場奨励賞、平成21年日本俳優協会賞功労賞ほか。伝統歌舞伎保存会会員。

片岡《かたおか》愛一朗《あいいちろう》

女方。片岡愛之助一門。平成11年上方歌舞伎塾第一期修了。3月大阪松竹座で初舞台。12月南座で坂東竹雪を名のる。22年6月愛之助門下となり、7月片岡愛一郎を名のる。29年5月愛一朗と改名。

片岡《かたおか》愛治郎《あいじろう》

立役。片岡愛之助一門。平成9年生。29年国立劇場第二十二期歌舞伎俳優研修修了。4月愛之助に入門し、5月明治座『月形半平太』の長州藩士ほかで片岡愛治郎を名のり初舞台。

片岡《かたおか》市也《いちや》

女方。片岡市蔵一門。平成8年生。31年4月市蔵に入門し、歌舞伎座『新版歌祭文』の通行人（男）で片岡市也を名のり初舞台。

片岡《かたおか》燕治郎《えんじろう》

立役。六代目片岡芦燕一門。平成元年11月新橋演舞場『仮名手本忠臣蔵』の大名ほかで田口敬治郎を名のり初舞台。17年9月大阪松竹座『夢の仲蔵千本桜』の捕手ほかで片岡燕治郎を名のる。

片岡《かたおか》千蔵《せんぞう》

立役。片岡秀太郎一門。昭和46年生。平成4年3月十三代目片岡仁左衛門に入門。4月歌舞伎座『双蝶々曲輪日記《ふたつちょうちょうくるわにっき》』の見物人で片岡千蔵を名のり初舞台。師の歿後、秀太郎門下となる。7年1月国立劇場特別賞。

片岡《かたおか》孝法《たかのり》

立役。片岡仁左衛門一門。昭和54年11月七代目嵐徳三郎に入門し、大阪・中座『二蓋笠柳生実記《にかいがさやぎゅうじっき》』の町人で嵐徳丸を名のる。平成13年12月片岡孝太郎門下となり、南座で片岡孝法と改名。

片岡《かたおか》當次郎《とうじろう》

立役。片岡我當一門。昭和25年生。56年3月十三代目片岡仁左衛門に入門し、片岡松弥を名のり初舞台。師の歿後、我當門下となり、平成9年3月大阪松竹座『盛綱陣屋』の軍兵ほかで片岡當次郎と改名。

片岡《かたおか》當史弥《としや》

女方。片岡我當一門。昭和49年生。平成13年上方歌舞伎塾第二期修了。5月大阪松竹座『怪談敷島譚《かいだんしきしまものがたり》』の振袖新造で初舞台。12月我當に入門し、南座『助六桜の二重帯』の新造で片岡當史弥を名のる。

片岡《かたおか》比奈三《ひなぞう》

女方。片岡我當一門。昭和25年生。松竹芸能研究生を経て十代目嵐雛助に入門。44年2月嵐雛三を名のり初舞台。師の歿後、我當門下となり片岡比奈三と改名。平成5年4月眞山青果賞敢闘賞。

片岡《かたおか》松四朗《まつしろう》

立役・女方。片岡仁左衛門一門。昭和53年生。平成15年上方歌舞伎塾第三期修了。7月大阪松竹座『義経千本桜』小金吾討死の捕手ほかで初舞台。12月南座『華果西遊記《かかさいゆうき》』蜘蛛四天で片岡松四朗を名のる。

片岡《かたおか》松太朗《まつたろう》

立役。片岡仁左衛門一門。昭和55年生。平成15年4月劇団前進座に入座、8月初舞台。20年3月前進座を退座。6月仁左衛門に入門し、歌舞伎座『義経千本桜』すし屋の軍兵で片岡松太朗を名のる。

片岡《かたおか》佑次郎《ゆうじろう》

立役・女方。片岡我當一門。昭和49年生。平成11年上方歌舞伎塾第一期修了。3月大阪松竹座『忠臣蔵』十一段目の奥田貞右衛門ほかで初舞台。12月南座『浪華の春雨』の捕手で片岡佑次郎を名のる。

片岡《かたおか》りき彌《りきや》

女方。涼やかな美貌で『一條大蔵譚《いちじょうおおくらものがたり》』の腰元や『厳島招檜扇』の官女などが似合う。また『封印切』の仲居などは、廓勤めの女性のどこか割り切った性質をよく醸し出している。上方歌舞伎会では『堀川』の遊女お俊、「晴《そら》の会」では『肥後駒下駄』の松枝など、師匠・秀太郎の膝下で腕を磨いている。▼片岡秀太郎一門。昭和57年生。平成11年上方歌舞伎塾第一期修了。3月大阪松竹座『仮名手本忠臣蔵』十一段目の間瀬九太夫ほかで初舞台。12月秀太郎に入門し、南座『浪華の春雨』の小女で片岡りき彌を名のる。令和元年10月名題適任証取得。

澤村《さわむら》伊助《いすけ》

女方。澤村藤十郎一門。劇団四季、俳優座の研修修了後、平成10年5月澤村藤十郎、五代目澤村鐵之助に入門。7月歌舞伎座『義経千本桜』すし屋の鮨買いの町人で歌舞伎の初舞台。

澤村《さわむら》紀世助《きよすけ》

立役。九代目澤村宗十郎一門。昭和28年生。松竹新喜劇を経て50年3月南座で歌舞伎の初舞台。51年3月澤村紀世助を名のる。55年1月『戻《もどり》橋背御摂《ばしせなにごひいき》』の蜘蛛四天で国立劇場奨励賞ほか。伝統歌舞伎保存会会員。

澤村《さわむら》光紀《みつき》

立役。澤村田之助一門。昭和39年生。平成2年国立劇場第十期歌舞伎俳優研修修了。4月歌舞伎座『沓手鳥《ほととぎす》孤城落月《こじょうのらくげつ》』の関東方武士ほかで初舞台。3年2月歌舞伎座『忠臣蔵』の大名ほかで澤村光紀を名のる。

澤村《さわむら》由蔵《よしぞう》

女方。澤村田之助一門。昭和39年生。平成4年国立劇場第十一期歌舞伎俳優研修修了。4月国立劇場『盟《かみかけて》三五大切《さんごたいせつ》』の高野家腰元で初舞台。5年12月『野晒悟助《のざらしごすけ》』の立廻りで国立劇場特別賞。

中村《なかむら》梅秋《うめあき》

立役・女方。中村梅玉一門。昭和54年生。平成16年国立劇場第十七期歌舞伎俳優研修修了。4月歌舞伎座『白浪五人男』の捕手ほかで初舞台。9月中村梅秋を名のる。25年日本俳優協会賞奨励賞。

中村《なかむら》梅寿《うめとし》

立役。中村梅玉一門。平成6年生。27年国立劇場第二十一期歌舞伎俳優研修修了。4月梅玉に入門し、歌舞伎座『河庄』の町人ほかで中村梅寿を名のり初舞台。

中村《なかむら》翫延《かんえん》

立役。中村芝翫一門。平成8年生。31年国立劇場第二十三期歌舞伎俳優研修修了。4月芝翫に入門し、御園座『南総里見八犬伝』の捕手と花四天で中村翫延を名のり初舞台。

中村《なかむら》翫哉《かんさい》

立役。中村鴈治郎一門。昭和22年生。43年10月国立劇場で初舞台。44年二代目坂東吉弥に入門。一時一門を離れ平成11年吉弥門下に戻り坂東好十郎を名のる。師の歿後、中村翫雀（現・鴈治郎）門下となる。

中村《なかむら》翫政《かんせい》

立役。幼少から大阪で歌舞伎に親しみ、鴈治郎に入門。小回りが利き、『鯉つかみ』の百足の足や『義経千本桜』の丹蔵にかかる武者など立廻りでも活躍。上方歌舞伎会で『熊谷陣屋』の義経に、「晴《そら》の会」で『肥後駒下駄』の松田新蔵に挑戦。『寿栄藤末廣』など、師匠の舞踊の後見も勤める。▼中村鴈治郎一門。昭和63年生。平成18年10月中村翫雀（現・鴈治郎）に入門。11月国立劇場『元禄忠臣蔵』の揚屋の男で中村翫政を名のり初舞台。29年9月名題適任証取得。

中村《なかむら》翫蔵《かんぞう》

立役。七代目中村芝翫一門。昭和37年生。平成4年9月芝翫に入門し、歌舞伎座『一本刀土俵入』の土地の男で初舞台。5年1月歌舞伎座『一條大蔵譚《いちじょうおおくらものがたり》』の仕丁、『鳴神』の所化ほかで中村翫蔵を名のる。

中村《なかむら》鴈大《がんだい》

立役・女方。坂田藤十郎一門。昭和47年生。平成13年上方歌舞伎塾第二期修了。5月大阪松竹座『怪談《かいだん》敷島譚《しきしまものがたり》』の若い者で初舞台。12月南座『助六桜の二重帯』の揚巻付若い者で中村鴈大を名のる。

中村《なかむら》翫之《かんの》

女方。中村鴈治郎一門。昭和48年生。平成6年6月中村智太郎（現・鴈治郎）に入門。8月歌舞伎座『俊寛』の船頭で初舞台。7年1月大阪・中座『曽根崎心中』の参詣の男で中村翫之を名のる。

中村《なかむら》鴈洋《がんよう》

立役・女方。坂田藤十郎一門。平成6年国立劇場第十二期歌舞伎俳優研修修了。4月歌舞伎座『双蝶々曲《ふたつちょうちょうくる》輪日記《わにっき》』角力場の見物客ほかで初舞台。11月歌舞伎座『盛綱陣屋』の軍兵ほかで中村鴈洋を名のる。

中村《なかむら》吉二郎《きちじろう》

立役。くりくり眼の若々しい顔立ち。『熊谷陣屋』の近習や『極付幡随長兵衛』の中次ぎの侍、『鈴ヶ森』の雲助、廓の若い者などさまざまな役を真面目に勤めている。勉強会では『引窓』の濡髪や『一條大《いちじょうおお》蔵譚《くらものがたり》』の大蔵卿など、師匠の吉右衛門の当たり役にも挑戦。今後の成長が期待される。▼中村吉右衛門一門。昭和48年生。平成10年国立劇場第十四期歌舞伎俳優研修修了。5月歌舞伎座で初舞台。11年1月吉右衛門に入門し、歌舞伎座『梶原平三誉石切』の梶原供侍で中村吉二郎を名のる。令和元年10月名題適任証取得。

中村《なかむら》京純《きょうすみ》

立役。中村雀右衛門一門。昭和60年生。平成19年国立劇場第十八期歌舞伎俳優研修修了。4月中村芝雀（現・雀右衛門）に入門し、歌舞伎座『頼朝の死』の町人で中村京純を名のり初舞台。29年3月国立劇場奨励賞。

中村《なかむら》京由《きょうゆき》

女方。中村雀右衛門一門。昭和59年生。平成19年国立劇場第十八期歌舞伎俳優研修修了。4月中村芝雀（現・雀右衛門）に入門し、歌舞伎座『頼朝の死』の町人の女で中村京由を名のり初舞台。

中村《なかむら》獅一《しいち》

立役。中村獅童一門。昭和56年生。平成13年1月浅草公会堂『一條大蔵《いちじょうおおくら》譚《ものがたり》』の仕丁で初舞台。4月獅童に入門し、御園座『小笠原騒動』の供侍ほかで中村獅一を名のる。

中村《なかむら》芝喜松《しきまつ》

立役。中村福助一門。平成8年生。29年国立劇場第二十二期歌舞伎俳優研修修了。4月中村梅花に入門し、中村芝喜松を名のる。5月大阪松竹座『怪談乳房榎』の花見客の男ほかで初舞台。

中村《なかむら》芝歌蔵《しかぞう》

立役。面長の役者顔で、芝翫一門でも目をひく存在。『廓文章』の若い者や『一條大蔵譚《いちじょうおおくらものがたり》』の仕丁、『野《の》晒《ざらし》悟《ご》助《すけ》』の職人など、幅広い役をこなす。長身を活かして『め組の喧嘩』などの駕籠舁も勤める。『舌出三番叟』などの舞踊では師匠の後見として信頼も厚い。▼中村芝翫一門。昭和46年生。平成8年国立劇場第十三期歌舞伎俳優研修修了。4月歌舞伎座『井伊大老』の警固の侍ほかで初舞台。10月歌舞伎座『伽羅先代萩《めいぼくせんだいはぎ》』の諸士で中村橋弥を名のる。29年9月名題適任証取得。30年4月金丸座『鳥居前』の駿河次郎ほかで中村芝歌蔵と改名。

中村《なかむら》芝晶《ししょう》

立役。中村芝翫一門。昭和59年生。平成30年4月芝翫に入門し、中村芝晶を名のる。同月金丸座『義経千本桜』鳥居前の軍兵で初舞台。

中村《なかむら》扇十郎《せんじゅうろう》

立役・女方。中村扇雀一門。昭和57年生。平成27年6月扇雀に入門。12月南座『心中天網島』河庄の町人男で中村扇十郎を名のり初舞台。

中村《なかむら》竹蝶《たけちょう》

女方。中村時蔵一門。昭和50年生。平成12年国立劇場第十五期歌舞伎俳優研修修了。4月国立劇場『夏祭《なつまつり》浪花鑑《なにわかがみ》』の捕手ほかで初舞台。13年4月時蔵に入門し、中村竹蝶を名のる。20年12月国立劇場奨励賞。

中村《なかむら》蝶一郎《ちょういちろう》

立役。中村錦之助一門。昭和39年生。三宅裕司主宰のS・E・T研究生を経て、平成8年10月歌舞伎座『伽羅先代萩《めいぼくせんだいはぎ》』の諸士で中村信之を名のり歌舞伎の初舞台。19年4月歌舞伎座で中村蝶一郎と改名。

中村《なかむら》蝶三郎《ちょうざぶろう》

立役。中村又五郎一門。昭和52年生。平成14年1月中村歌昇(現・又五郎)に入門し、9月歌舞伎座『怪異談《かいだん》牡丹燈籠《ぼたんどうろう》』の山賊で中村蝶三郎を名のり初舞台。25年12月国立劇場特別賞。

中村《なかむら》富二朗《とみじろう》

立役。五代目中村富十郎一門。昭和35年生。55年国立劇場第五期歌舞伎俳優研修修了。4月国立劇場小劇場『絵本合法衢《えほんがっぽうがつじ》』の旅の者で初舞台。56年4月中村富次郎を名のる。61年12月富二朗と改名。

中村《なかむら》東志也《としや》

立役。丸顔につぶらな目。時代物の武士などを神妙に勤める一方、大らかな印象で廓の太鼓持などの気のいい役も似合う。肉付きはいいが身のこなしは機敏で、『天竺徳兵衛《てんじくとくべえ》韓《いこく》噺《ばなし》』の花四天や駕籠舁、馬の脚なども きっちり勤める。楽屋頭取としての信頼も厚い。▼中村東蔵一門。昭和41年生。63年国立劇場第九期歌舞伎俳優研修修了。4月歌舞伎座『忠臣蔵』の本蔵の中間《ちゅうげん》ほかで初舞台。64年1月東蔵に入門し、歌舞伎座『ぢいさんばあさん』の陸尺で中村東志也を名のる。平成19年5月名題適任証取得。▼平成19年7月国立劇場特別賞。

中村《なかむら》富彦《とみひこ》

立役。五代目中村富十郎一門。昭和49年生。平成14年国立劇場第十六期歌舞伎俳優研修修了。11月歌舞伎座『松浦の太鼓』の足軽で中村浩昭を名のる。15年1月国立劇場『双蝶々』の若い者で中村富彦と改名。

中村《なかむら》仲侍《なかじ》

立役。中村屋一門。平成6年生。29年国立劇場第二十二期歌舞伎俳優研修修了。4月中村勘九郎に入門し、TBS赤坂ACTシアター『夢幻《ゆめまぼろしか》恋双紙《こいぞうし》』の男衆と長屋の男で中村仲侍を名のり初舞台。

中村《なかむら》仲四郎《なかしろう》

女方。中村屋一門。昭和51年生。平成14年国立劇場第十六期歌舞伎俳優研修修了。6月国立劇場『俊寛』の船頭で初舞台。10月歌舞伎座『忠臣蔵』の諸士ほかで中村仲四郎を名のる。

中村《なかむら》仲助《なかすけ》

立役。中村屋一門。平成3年生。25年国立劇場第二十期歌舞伎俳優研修修了。4月中村勘九郎に入門し、5月明治座『将軍江戸を去る』の彰義隊士ほかで中村仲助を名のり初舞台。

中村《なかむら》仲之助《なかのすけ》

女方。中村屋一門。平成8年国立劇場第十三期歌舞伎俳優研修修了。4月歌舞伎座『井伊大老』の警固の侍ほかで初舞台。12月中村仲之助を名のる。

中村《なかむら》仲弥《なかや》

女方。中村屋一門。昭和62年生。平成25年国立劇場第二十期歌舞伎俳優研修修了。4月中村七之助に入門し、5月明治座『与話情浮名横櫛《よわなさけうきなのよこぐし》』の貝ひろう浜娘ほかで中村仲弥を名のり初舞台。

中村《なかむら》橋三郎《はしさぶろう》

立役・女方。中村芝翫一門。平成6年生。24年4月中村橋之助（現・芝翫）に入門。11月巡業『御所桜堀川夜討』弁慶上使の腰元で中村橋三郎を名のり初舞台。

中村《なかむら》橋光《はしみつ》

立役。中村芝翫一門。平成5年生。27年国立劇場第二十一期歌舞伎俳優研修修了。4月中村橋之助（現・芝翫）に入門し、平成中村座『角力場』の見物衆ほかで中村橋光を名のり初舞台。

中村《なかむら》春希《はるき》

女方。中村魁春一門。平成4年生。22年国立劇場第十九期歌舞伎俳優研修修了。4月魁春に入門し、歌舞伎座『助六由縁江戸桜《すけろくゆかりのえどざくら》』の三浦屋新造で中村春希を名のり初舞台。

中村《なかむら》 光《ひかる》

立役・女方。中村鴈治郎一門。平成元年生。27年国立劇場第二十一期歌舞伎俳優研修修了。4月鴈治郎に入門し、歌舞伎座『河庄』の町人（男）で初舞台。12月南座『河庄』の町人男で中村光を名のる。

中村《なかむら》福緒《ふくお》

女方。細い目が印象的で、しっとりした風情のある若《わか》女形《おやま》。成駒屋育ちの行儀の良さで、『伽羅先代萩《めいぼくせんだいはぎ》』の腰元や遊女など本領の女方はもちろん、『阿古屋』の近習などの立役もこなす。『西郷と豚姫』の舞妓梅香は可愛らしさがあった。児太郎の後見も勤めている。▼中村福助一門。昭和59年生。平成16年国立劇場第十七期歌舞伎俳優研修修了。4月歌舞伎座『白浪五人男』の捕手ほかで初舞台。9月歌舞伎座『恋女房染分手綱』の腰元で中村福緒を名のる。29年9月名題適任証取得。

中村《なかむら》福太郎《ふくたろう》

立役。中村福助一門。昭和49年生。平成9年8月福助に入門し、中村福太郎を名のる。12月国立劇場『蜘蛛の拍子舞』の軍兵で初舞台。19年7月国立劇場特別賞。

中村《なかむら》又紫朗《またしろう》

立役。中村又五郎一門。平成7年生。29年国立劇場第二十二期歌舞伎俳優研修修了。4月又五郎に入門し、中村又紫朗を名のる。6・7月公文協中央コース『三笠山御殿』の花四天で初舞台。

中村《なかむら》好蝶《よしちょう》

女方。中村時蔵一門。平成8年生。29年国立劇場第二十二期歌舞伎俳優研修修了。4月時蔵に入門し、歌舞伎座『伊勢音頭恋寝刃《いせおんどこいのねたば》』の仲居で中村好蝶を名のり初舞台。

坂東《ばんどう》羽之助《うのすけ》

立役。坂東楽善一門。昭和11年生。33年10月歌舞伎座『盛綱陣屋』の軍兵ほかで坂東羽之助を名のり初舞台。49年9月『高時』の天狗で国立劇場特別賞ほか。平成27年日本俳優協会賞功労賞。

坂東《ばんどう》橘之助《きつのすけ》

女方。市村萬次郎一門。平成3年生。平成28年11月萬次郎に入門し、坂東橘之助を名のる。29年1月国立劇場『しらぬい譚《ものがたり》』の仲居ほかで初舞台。29・31年の1月国立劇場特別賞。

坂東《ばんどう》橘治《きつはる》

立役・女方。市村萬次郎一門。昭和58年生。平成28年11月萬次郎に入門し、坂東橘治を名のる。29年1月国立劇場『しらぬい譚《ものがたり》』の若い者ほかで初舞台。29・31年の1月国立劇場特別賞。

坂東《ばんどう》やゑ亮《やえすけ》

立役。坂東楽善一門。平成５年生。21年３月坂東彦三郎（現・楽善）に入門。22年１月国立劇場『旭輝黄《あさひにかがやく》金鯱《きんのしゃちほこ》』の花四天で坂東やゑ亮を名のり初舞台。26年〜29・31年の１月国立劇場特別賞。

坂東《ばんどう》八重之《やえゆき》

立役。坂東楽善一門。昭和50年生。平成10年４月市村萬次郎に入門し、５月歌舞伎座で坂東翔次を名のり初舞台。23年11月坂東彦三郎（現・楽善）門下となり、坂東八重之を名のる。国立劇場特別賞。

坂東《ばんどう》八重蔵《やえぞう》

立役。十七代目市村羽左衛門の薫陶を受けた。小柄で温和な風貌で、百姓や町人、手代など、地味だがさりげない存在感を見せる。楽屋頭取の仕事が増え、舞台に立つ機会は多くないが、歌舞伎座『神明恵《かみのめぐみ》和合取組《わごうのとりくみ》』の時廻り杢蔵では江戸の世話物の世界に溶け込み、菊五郎劇団で培った実力を見せた。▼坂東楽善一門。昭和24年生。47年国立劇場第一期歌舞伎俳優研修修了。４月国立劇場『一谷嫩軍記《いちのたにふたばぐんき》』の軍兵で初舞台。48年６月十七代目市村羽左衛門に入門し、坂東八重蔵を名のる。平成15年11月名題適任証取得。▼国立劇場特別賞ほか。伝統歌舞伎保存会会員。

坂東《ばんどう》やゑ六《やえろく》

女方。坂東楽善一門。平成７年生。25年国立劇場第二十期歌舞伎俳優研修修了。４月坂東彦三郎（現・楽善）に入門し、５月歌舞伎座『石切梶原』の供侍で坂東やゑ六を名のり初舞台。国立劇場特別賞。

坂東《ばんどう》彌光《やこう》

立役・女方。坂東彌十郎一門。平成13年生。31年国立劇場第二十三期歌舞伎俳優研修修了。４月彌十郎に入門し、『二人夕霧』の藤屋の手代ほかで坂東彌光を名のり初舞台。

坂東《ばんどう》彌七《やしち》

立役。坂東彌十郎一門。昭和38年生。64年1月彌十郎に入門し、歌舞伎座『毛抜』の奴で坂東彌七を名のり初舞台。

坂東《ばんどう》家之助《やのすけ》

立役・女方。市村家橘一門。平成9年生。31年国立劇場第二十三期歌舞伎俳優研修修了。4月家橘に入門し、『二人夕霧』の藤屋の手代ほかで坂東家之助を名のり初舞台。

坂東《ばんどう》八大《やひろ》

立役。眼光鋭く凛々しい容貌。立廻りとトンボの名手で、『義賢最期』の軍兵や『鈴ヶ森』の駕籠舁などで菊五郎劇団を中心に立廻りで欠かせない存在。『風の谷のナウシカ』では衷心と気概溢れる兵士を好演。師匠の十代目三津五郎から、その子息・巳之助の舞踊の後見を勤める。▼十代目坂東三津五郎一門。昭和49年生。平成8年国立劇場第十三期歌舞伎俳優研修修了。4月歌舞伎座『河内山』の近習ほかで初舞台。10月坂東八十助（十代目三津五郎）に入門し、坂東八大を名のる。24年10月名題適任証取得。

坂東《ばんどう》彌風《やふう》

立役。坂東彌十郎一門。昭和55年生。平成19年国立劇場第十八期歌舞伎俳優研修修了。4月彌十郎に入門し、歌舞伎座『頼朝の死』の町人の男で坂東彌風を名のり初舞台。

坂東《ばんどう》彌紋《やもん》

立役。坂東彌十郎一門。平成3年生。22年国立劇場第十九期歌舞伎俳優研修修了。4月彌十郎に入門し、新橋演舞場『四谷怪談忠臣蔵』の参詣人の男で坂東彌紋を名のり初舞台。

松本《まつもと》幸一郎《こういちろう》

松本幸四郎一門。平成22年生。令和元年12月幸四郎に入門し、国立劇場『近江源氏先陣館』盛綱陣屋の高綱倅小四郎高重で初舞台、国立劇場特別賞。

松本《まつもと》幸次郎《こうじろう》

立役。松本幸四郎一門。平成10年生。30年8月幸四郎に入門し、歌舞伎座『花魁草』の町の男ほかで松本幸次郎を名のり初舞台。

松本《まつもと》幸之助《こうのすけ》

女方。松本幸四郎一門。昭和60年生。平成30年8月幸四郎に入門し、歌舞伎座『東海道中膝栗毛』の旅人で松本幸之助を名のり初舞台。

山崎《やまざき》咲十郎《さくじゅうろう》

立役。タレ目で柔らかい雰囲気があり、太鼓持や世話物の町人などが似合う。菊五郎劇団の立廻りの要で、『土蜘』の軍兵、捕手などはもちろん立師としても活躍。伝統歌舞伎保存会の研修発表会で『すし屋』のいがみの権太を勤めた。▼河原崎権十郎一門。昭和50年生。平成3年十七代目市村羽左衛門に入門し、4年1月歌舞伎座『石切梶原』の大庭の供侍ほかで坂東橘咲を名のり初舞台。師の歿後、その三男の四代目権十郎門下となり、16年1月山崎咲十郎と改名。19年5月名題適任証取得。▼日本俳優協会賞奨励賞、国立劇場特別賞ほか。伝統歌舞伎保存会会員。

三

歌舞伎音楽演奏家名鑑
文芸スタッフ名鑑
振付家名鑑

▼歌舞伎音楽演奏家名鑑には、歌舞伎座・国立劇場・新橋演舞場などの歌舞伎公演で長唄、鳴物、竹本、清元、常磐津、三曲の立唄や立三味線、立鼓、立笛、立浄瑠璃を勤めた演奏家と、伝統歌舞伎保存会所属の演奏家を掲載した。

▼文芸スタッフ名鑑には、歌舞伎座・国立劇場・新橋演舞場などで脚本、補綴、演出などを担当した現役の文芸スタッフと、伝統歌舞伎保存会所属の狂言作者を掲載した。

▼振付家に関しては、歌舞伎座・国立劇場・新橋演舞場などでタイトルに名を表記された振付家を記載した。

今藤《いまふじ》尚之《ひさゆき》　初代

長唄・唄方
伝統長唄保存会会員

昭和12年神戸生まれ。今藤長尚に入門、35年今藤尚之を許される。三世今藤長十郎、今藤綾子に師事。歌舞伎の初舞台は42年南座『勧進帳』の立唄。以後、先代雀右衛門、先代芝翫、仁左衛門、幸四郎、猿之助などの舞踊の立唄。荻江露喬で荻江節も勤める。「くるまざ奏舞」同人。リサイタル「尚之の会」主宰。大阪芸術大学邦楽科長唄講師を三十年間勤めた。平成25年東燃ゼネラル音楽賞。

杵屋《きねや》勝四郎《かつしろう》　六代目

長唄・唄方

出囃子の立唄を勤める。昭和34年生まれ。父・杵屋和四蔵、東音宮田哲男、杵屋勝国に師事。歌舞伎の初舞台は54年7月歌舞伎座『慙《はじ》紅葉《もみじ》汗《あせの》顔《かお》見勢《みせ》』。55年杵勝会に加入し、杵屋崇光を名のる。平成19年六代目杵屋勝四郎を襲名。9年度文化庁芸術祭新人賞。24年日本文化藝術財団創造する伝統賞。25年度文化庁芸術祭音楽部門大賞。28年松尾芸能賞優秀賞。30年文化庁芸術選奨文部大臣賞。

杵屋《きねや》勝之弥《かつのぶや》　初代

長唄・唄方

昭和24年大阪生まれ。45年3月杵屋勝寿緒に入門、同年11月初舞台。47年4月、杵屋勝之弥の名を許される。また荻江寿友に師事し62年荻江寿高の名を許される。歌舞伎の初舞台は54年6月大阪新歌舞伎座『黒塚』の出囃子。平成15年1月大阪松竹座『春調娘七種』で初めて立唄を、16年11月歌舞伎座『河内山』で初めて黒御簾の独吟を勤める。7年「杵屋勝之弥リサイタル」で大阪舞台芸術奨励賞。

杵屋《きねや》長四郎《ちょうしろう》

五代目

長唄・唄方
伝統歌舞伎保存会会員

昭和21年生まれ。父・杵屋六助、三代目今藤長十郎、今藤綾子に師事。43年今藤六史の名を許される。歌舞伎の初舞台は43年12月帝国劇場『娘道成寺』。60年菊五郎劇団音楽部に入り12月南座『鳴神』で初めて黒御簾の独吟と舞台師を勤める。平成4年11月巡業で出囃子の立唄を勤める。14年1月音楽部幹部に昇進。15年10月五代目杵屋長四郎を襲名。国立劇場歌舞伎音楽（長唄）研修講師。

杵屋《きねや》東成《とうせい》

二代目

長唄・唄方
伝統長唄保存会会員

歌舞伎では出囃子の立唄を勤める。昭和24年生まれ。幼時より父・初代杵屋勝禄に師事。歌舞伎の初舞台は42年朝日座『勧進帳』。43年杵勝会に入り杵屋禄三の名を許される。51年5月南座『高坏《たかつき》』で初めて立唄を、57年訪米歌舞伎『鳴神』で初めて黒御簾の独吟を勤める。62年度咲くやこの花賞。平成21年二代目東成を襲名。24年大阪市市民表彰（文化功労）。31年松尾芸能賞優秀賞。

杵屋《きねや》直吉《なおきち》

初代

長唄・唄方

歌舞伎では、出囃子の立唄を勤める。昭和31年生まれ。父・十五代宗家杵屋喜三郎、祖父・十四世杵屋六左衛門に師事。44年杵屋直吉を名のる。歌舞伎の初舞台は44年4月歌舞伎座『連獅子』。平成7年1月松竹百年記念『鏡獅子』で初めて立唄を勤める。9年度ビクター財団賞。11年松尾芸能賞新人賞。

鳥羽屋《とばや》三右衛門《さんえもん》｜三代目

長唄・唄方
伝統歌舞伎保存会会員

鳥羽屋三右衛門社中の部長。昭和38年生まれ。祖母・杵屋栄和香、祖父・芳村五郎治、父・鳥羽屋里長に師事。歌舞伎の初舞台は54年6月新橋演舞場『勧進帳』の出囃子。61年二代目鳥羽屋文五郎を襲名。62年4月国立劇場花形若手歌舞伎『曽根崎心中』で初めて黒御簾の独吟を勤める。平成2年1月浅草歌舞伎『高坏《たかつき》』で初めて立唄を勤める。25年9月新橋演舞場で三代目鳥羽屋三右衛門を襲名。

鳥羽屋《とばや》里長《りちょう》｜七代目

長唄・唄方
伝統歌舞伎保存会
伝統長唄保存会
会員

鳥羽屋三右衛門社中の顧問。昭和11年生まれ。父・芳村五郎治から旧・吉右衛門劇団の邦楽部長を引き継ぐ。38年歌舞伎の初舞台。41年12月南座『廓文章』で初めて黒御簾の独吟を勤める。43年8月新橋演舞場『京鹿子娘道成寺』で初めて立唄を勤める。49年6月七代目鳥羽屋里長を襲名。54年度芸術祭優秀賞。平成14年重要無形文化財保持者（人間国宝）。18年旭日小綬章。29年日本芸術院賞。

日吉《ひよし》小間蔵《こまぞう》｜初代

長唄・唄方

昭和30年生まれ。東京藝術大学音楽学部邦楽科卒業。53年10月より日吉小都蔵に師事、後に人間国宝初代日吉小三八に師事。54年4月日吉小間蔵の名を許される。歌舞伎の初舞台は、59年3月歌舞伎座『棒しばり』。63年12月歌舞伎座『於染久松色読販《おそめひさまつうきなのよみうり》』で黒御簾の独吟を勤めたのをきっかけに坂東玉三郎の地方を勤める。平成18年より市川海老蔵の出囃子の立唄を勤めている。

芳村《よしむら》伊十郎《いじゅうろう》 八代目

長唄・唄方
伝統歌舞伎保存会
伝統長唄保存会
会員

昭和19年生まれ。38年三代目杵屋栄蔵に入門。41年1月歌舞伎座『根元草摺引《こんげんくさずりびき》』で初舞台。45年五代目芳村金五郎を襲名。46年10月地方公演の『娘道成寺』で初めて立唄を勤める。47年1月国立劇場『三人吉三』で初めて黒御簾の独吟を勤める。54年5月十一代目芳村伊三郎を襲名、家元となる。63年1月伊三郎のまま八代目芳村伊十郎を襲名。平成11年6月五代目杵屋栄蔵を継承。

杵屋《きねや》栄津三郎《えつさぶろう》 初代

長唄・三味線方
伝統歌舞伎保存会
会員

鳥羽屋三右衛門社中の立三味線。昭和26年生まれ。48年4月芳村伊知次郎の名を許される。初舞台は48年6月歌舞伎座『種蒔三番叟』『まかしょ』。11月二代目杵屋栄三郎に師事し杵屋栄津三郎と改名。61年4月歌舞伎南米公演『太刀盗人』で初めて立三味線を勤める。62年6月歌舞伎座『恋湊博多諷《こいみなとはかたのひとふし》』より舞台師として黒御簾の三味線を勤める。

杵屋《きねや》勝国《かつくに》 初代

長唄・三味線方
伝統長唄保存会
会員

出囃子の立三味線。昭和20年生まれ。34年七代目杵屋勝三郎に師事。34年杵勝会に加入し杵屋勝国を名のる。41年東京藝術大学音楽学部邦楽科卒。55年1月浅草公会堂『鷺娘』『供奴』で初めて歌舞伎の出囃子の立三味線。作曲も多数。60年2月松竹社長賞。平成21年松尾芸能賞優秀賞。26年度文化庁長官表彰。30年JXTG音楽賞。令和元年重要無形文化財保持者(人間国宝)。2年恩賜賞・日本芸術院賞。

杵屋《きねや》勝松《かつまつ》｜五代目

長唄・三味線方

昭和37年生まれ。49年4月二代目杵屋勝招に入門。その後、七代目杵屋勝三郎、杵屋勝国にも師事。54年3月「勝栄会」の長唄おさらい会で杵屋勝招也を名のり初舞台。歌舞伎の初舞台は59年6月歌舞伎座『京鹿子娘道成寺』の出囃子。平成17年五代目杵屋勝松を襲名。同年6月南座坂東玉三郎舞踊公演『雨の五郎』（中村獅童）の立三味線を勤める。25年より市川海老蔵の出囃子の立三味線を勤める。

杵屋《きねや》勝禄《かつろく》｜二代目

長唄・三味線方
伝統長唄保存会会員

歌舞伎では三代目市川猿之助（現・猿翁）の立三味線。昭和24年生まれ。父は初代杵屋勝禄。唄方の杵屋東成は双子の兄。父に師事。歌舞伎の初舞台は42年3月大阪・朝日座『勧進帳』。43年杵勝会に入り杵屋禄宣を名のる。53年11月中座『連獅子』で初めて立三味線。62年度咲くやこの花賞。平成21年二代目杵屋勝禄を襲名。24年大阪市市民表彰（文化功労）。31年松尾芸能賞優秀賞。

杵屋《きねや》五七郎《ごしちろう》｜初代

長唄・三味線方
伝統歌舞伎保存会会員

昭和33年生まれ。三代目杵屋五三郎、杵屋正邦などに師事。55年10月杵屋五七郎を名のる。歌舞伎の初舞台は56年4月明治座『千成瓢《せんなりひさご》猿顔見勢《ましらのかおみせ》』の出囃子。61年鳥羽屋里長社中（現・三右衛門社中）に入り歌舞伎専従となる。62年12月歌舞伎座『神霊矢口渡』で初めて舞台師を勤める。平成6年10月御園座『松寿操り三番叟』で初めて歌舞伎の出囃子の立三味線を勤める。

杵屋《きねや》浄貢《じょうぐ》　初代

長唄・三味線方
伝統歌舞伎保存会
伝統長唄保存会
会員

菊五郎劇団音楽部顧問。昭和12年生まれ。31年七代目杵屋巳太郎を襲名。歌舞伎の初舞台は40年2月東宝劇場『鬼の少将夜長話』。46年1月菊五郎劇団音楽部に入部。平成元年部長就任。24年12月杵屋浄貢と改名。27年11月音楽部顧問就任。5年度芸術祭優秀賞。11年伝統文化ポーラ賞。19年重要無形文化財保持者（人間国宝）。20年度日本芸術院賞。21年旭日小綬章。長唄杵巳流七代目家元。

杵屋《きねや》巳太郎《みたろう》　八代目

長唄・三味線方
伝統歌舞伎保存会
会員

菊五郎劇団音楽部部長。昭和41年生まれ。57年七代目巳太郎に入門。59年二代目杵屋巳吉の名を許される。10月菊五郎劇団音楽部に入部。平成6年9月公文協巡業『廓三番叟』で初めて出囃子の立三味線を勤める。14年1月音楽部幹部に昇進。24年12月八代目杵屋巳太郎を襲名。27年11月音楽部部長に就任。20年1月国立劇場特別賞。21年10月伝統文化ポーラ賞奨励賞。国立劇場歌舞伎音楽（長唄）研修講師。

稀音家《きねや》祐介《ゆうすけ》　初代

長唄・三味線方

昭和32年生まれ。38年稀音家六節治に入門。稀音家六多郎、八代目稀音家三郎助、初代日吉小三八にも師事。40年「稀杏会」で初舞台。51年3月稀音家祐介を名のる。歌舞伎の初舞台は55年1月歌舞伎座『奴道成寺』の出囃子。同年東京藝術大学卒業。61年7月歌舞伎座「子供かぶき教室」市川亀治郎（現・猿之助）の『奴道成寺』で初めて立三味線。平成14年以来、猿之助の出囃子の立三味線。

柏《かしわ》伊千之亟《いちのじょう》　二代目

長唄・唄方
伝統歌舞伎保存会会員

菊五郎劇団音楽部の唄方。昭和23年生まれ。父は柏伊三次郎。稀音家義丸、松島庄三郎に師事。46年劇団音楽部に入り柏伊千郎を名のる。歌舞伎の初舞台は同年5月歌舞伎座『土蜘』。平成11年1月二代目柏伊千之亟を襲名。同月歌舞伎座『楼門《さんもん》五三桐《ごさんのきり》』南禅寺山門の場で初めて足掛大薩摩を勤める。同月浅草公会堂『鳴神』の立唄を勤める。

柏庄六《かしわしょうろく》　二代目

長唄・唄方
伝統歌舞伎保存会会員

昭和33年生まれ。六歳の時、新宿伊勢丹ホール「岩戸会」で初舞台。45年柏庄富士に三味線を師事。55年水木庄六を名のり、59年2月二代目柏庄六を襲名。歌舞伎の初舞台は61年11月歌舞伎座『二人椀久』。平成7年8月から鳥羽屋里長社中（現・三右衛門社中）に所属。

鳥羽屋《とばや》長孝《ちょうこう》　初代

長唄・唄方
伝統歌舞伎保存会会員

鳥羽屋三右衛門社中の唄方。昭和39年生まれ。56年1月父・初代杵屋弥之志郎に入門。58年杵屋弥七郎の芸名を許される。歌舞伎の初舞台は59年5月中日劇場『奴道成寺』、『連獅子』の出囃子。平成6年1月鳥羽屋里長社中（現・三右衛門社中）に入り、10年より鳥羽屋里長に師事。12年4月鳥羽屋長孝を名のる。20年1月新橋演舞場『雷神《なるかみ》不動《ふどう》北山櫻《きたやまざくら》』で初めて大薩摩の立唄を勤める。

鳥羽屋《とばや》長秀《ちょうしゅう》 初代

長唄・唄方
伝統歌舞伎保存会会員

鳥羽屋三右衛門社中。昭和35年生まれ。57年6月東音味見亭に師事。60年東京藝術大学音楽学部長唄三味線専攻修了。歌舞伎の初舞台は63年7月歌舞伎座『加賀見山再岩《かがみやまごにちのいわ》藤《ふじ》』。平成6年鳥羽屋里長に師事。7年8月鳥羽屋長秀を名のる。18年3月パルコ劇場『決闘!高田馬場』、26年1月歌舞伎座『東慶寺花だより』のテーマ曲、令和元年6月歌舞伎座『月光露針路日本《つきあかりめざすふるさと》』の長唄を作曲。

鳥羽屋《とばや》里一郎《りいちろう》 初代

長唄・唄方
伝統歌舞伎保存会会員

昭和23年生まれ。51年鳥羽屋里長に入門。二代目芳村五郎治、杵屋栄和香、鳥羽屋里夕に師事。初舞台は53年9月の地方公演で、小倉市民会館にて『鷺娘』の出囃子の唄方を勤める。54年1月鳥羽屋里一郎の名を許される。62年4月国立劇場小劇場『曽根崎心中』で初めて黒御簾の独吟を勤める。

牧《まき》小一朗《こいちろう》 初代

長唄・唄方
伝統歌舞伎保存会会員

昭和27年生まれ。40年杵屋栄津雄に入門、43年牧小十郎にも師事。50年牧小一朗を名のる。歌舞伎の初舞台は同年11月文化庁移動芸術祭・松竹歌舞伎巡業『英執着獅子』。その後、前進座での活動を経て平成4年7月歌舞伎座『処女《むすめ》翫《ごのみ》浮《うき》名《なの》横櫛《よこぐし》』に鳥羽屋里長社中（現・三右衛門社中）として出演。9年7月から同社中に所属。

松島《まつしま》庄四郎《しょうしろう》 三代目

長唄・唄方
伝統歌舞伎保存会会員

鳥羽屋三右衛門社中の唄方。昭和21年生まれ。47年家元・松島庄十郎より松島庄吾の芸名を許され、49年6月歌舞伎座『茶壺』にて初舞台。その年より芝居に出勤。その後芳村五郎治、鳥羽屋里長に指導を受ける。57年10月新橋演舞場『封印切』で初めて黒御簾の独吟を勤める。平成11年松島庄吾改め三世松島庄四郎を襲名。

松島《まつしま》藤次郎《とうじろう》 二代目

長唄・唄方
伝統歌舞伎保存会会員

昭和22年生まれ。父は四代目松島庄九郎。祖父・三代目松島庄九郎は市村座の立唄を勤める。松島庄十郎、松島庄三郎に師事し、学習院大学卒業後、45年二代目松島藤次郎を襲名。歌舞伎の初舞台は51年12月南座『二人椀久』。平成3年ロンドン公演『鳴神』で大薩摩の立唄を勤める。12年菊五郎劇団音楽部に入部。

芳村《よしむら》伊十佐久《いそさく》 初代

長唄・唄方
伝統歌舞伎保存会会員

鳥羽屋三右衛門社中のベテラン唄方。昭和14年生まれ。七代目芳村伊十郎、杵屋栄二、鳥羽屋里長に師事。40年12月芳村伊十佐久を名のる。歌舞伎の初舞台は42年10月御園座『根元草摺引《こんげんくさずりびき》』ほかの出囃子と黒御簾。57年6月大阪・中座『元禄忠臣蔵』御浜御殿で初めて黒御簾の独吟を勤める。58年8月国立劇場「葉月会」の『娘道成寺』で初めて立唄を勤める。

芳村《よしむら》伊十平《いそへい》　初代

長唄・唄方
伝統歌舞伎保存会
会員

菊五郎劇団音楽部の唄方。昭和21年生まれ。39年4月七代目芳村伊十郎に入門。40年12月芳村伊十平の名を許される。43年菊五郎劇団音楽部に入る。2月歌舞伎座『京鹿子娘道成寺』『茨木』の出囃子と黒御簾にて歌舞伎の初舞台。44年4月国立劇場『与《よ》話《わ》情《なさけ》浮《うき》名《なの》横《よこ》櫛《ぐし》』で初めて黒御簾の独吟を勤める。以降黒御簾の舞台師を勤める。

芳村《よしむら》伊千四郎《いちしろう》　二代目

長唄・唄方
伝統歌舞伎保存会
会員

昭和23年生まれ。41年4月芳村伊十富に入門。44年10月芳村伊知司朗の名で歌舞伎座『京鹿子娘道成寺』出囃子の唄方を勤めて初舞台。56年3月芳村伊千四郎と改名。平成4年鳥羽屋里長社中（現・三右衛門社中）所属となる。国立劇場歌舞伎音楽（長唄）研修講師。

岡安《おかやす》喜久三郎《きくさぶろう》　初代

長唄・三味線方
伝統歌舞伎保存会
会員

昭和22年生まれ。父は六代目家元岡安喜三郎。十八歳より初代岡安晃三朗、岡安喜久雄に師事。43年1月岡安喜久三郎の名を許される。その後、平成4年5月に分家を襲名する。9年9月より鳥羽屋里長社中(現・三右衛門社中）において黒御簾三味線を勤める。

杵屋《きねや》榮七郎《えいしちろう》 二代目

長唄・三味線方
伝統歌舞伎保存会会員

昭和38年生まれ。53年9月杵屋六美朗に入門。54年二代目杵屋榮美治に師事。58年3月杵屋榮七郎の名を許される。61年榮美治歿後、十一代目芳村伊三郎に師事。62年4月から芳村五郎治社中（現・鳥羽屋三右衛門社中）。歌舞伎初舞台は59年9月歌舞伎座『喜撰』。平成28年八代目中村芝翫襲名公演『幡随長兵衛』村山座の立三味線。30年9月、「ジャポニスム二〇一八」パリ公演に参加。

杵屋《きねや》栄十郎《えいじゅうろう》 初代

長唄・三味線方
伝統歌舞伎保存会会員

鳥羽屋三右衛門社中。昭和37年生まれ。57年芳村伊十富に師事、58年杵屋栄十郎の名を許される。初出勤は59年4月歌舞伎座『操り三番叟』。平成5年8月札幌篠路歌舞伎公演『太刀盗人』で初めて立三味線を勤める。13年10月南座『木下蔭真砂白浪《このしたかげまさごのしらなみ》』で大薩摩。17年10月国立劇場『貞操花鳥羽恋塚《みさおのはなとばのこいづか》』で作曲、大薩摩立三味線、送り三重を勤める。国立劇場歌舞伎音楽（長唄）研修講師。

杵屋《きねや》勝輔《かつすけ》 二代目

長唄・三味線方
伝統歌舞伎保存会会員

菊五郎劇団音楽部の三味線方。昭和46年生まれ。59年杵屋勝芳歌に、61年7月国立劇場くにね会を機に、杵屋勝国に師事。平成元年4月杵屋勝国修の名を許される。歌舞伎の初舞台は2年10月歌舞伎座『男女《めおと》道成寺』の出囃子。10年5月菊五郎劇団音楽部に入る。17年3月南座『児雷也豪傑譚話《じらいやごうけつものがたり》』で初めて立三味線、舞台師を勤める。28年5月二代目杵屋勝輔を襲名。

杵屋《きねや》十三郎《じゅうざぶろう》｜二代目

長唄・三味線方
伝統歌舞伎保存会会員

鳥羽屋三右衛門社中の舞台師・附師。昭和14年生まれ。父・初代杵屋十三郎と四代目杵屋長四郎に師事。歌舞伎の初舞台は30年10月前進座地方公演『勧進帳』。42年二代目杵屋長之介を襲名。48年鳥羽屋里長社中（現・三右衛門社中）に入る。59年ごろから舞台師を、61年から附師を勤める。61年8月地方公演『屋敷娘』で初めて立三味線。平成14年二代目杵屋十三郎を襲名。

稀音家《きねや》新之助《しんのすけ》｜初代

長唄・三味線方
伝統歌舞伎保存会会員

鳥羽屋三右衛門社中の三味線方。昭和34年生まれ。52年稀音家和喜之助に入門。同年7月稀音家新之助の名を許され、「静和会」で『小鍛冶』の立三味線を勤め初舞台。歌舞伎の初舞台は56年7月歌舞伎座『連獅子』の出囃子。60年東京藝術大学別科修了。

鳥羽屋《とばや》里之輔《りのすけ》｜初代

長唄・三味線方
伝統歌舞伎保存会会員

昭和45年生まれ。祖母は民謡・端唄の藤本秀花。鳥羽屋里長に入門し、平成3年11月南座新装顔見世『勧進帳』で鳥羽屋大を名のり初舞台。5年鳥羽屋里之輔と改名。

松永忠七郎《まつながちゅうしちろう》 初代

長唄・三味線方
伝統歌舞伎保存会会員

菊五郎劇団音楽部の三味線方。昭和32年生まれ。50年今藤佐十郎に入門。60年6月九代目松永鉄五郎に入門、八代目松永忠五郎に師事。62年3月松永忠七郎を名のる。歌舞伎の初舞台は同年10月歌舞伎座『勧進帳』の出囃子。平成元年10月菊五郎劇団音楽部に入部。7年12月南座『対面』で黒御簾の立三味線、21年9月平成中村座『傾城反魂香』で舞台師を勤める。

松島庄六朗《まつしましょうろくろう》 二代目

長唄・三味線方
伝統歌舞伎保存会会員

鳥羽屋三右衛門社中。昭和30年生まれ。45年杵屋栄登次に入門。55年七世家元松島庄十郎の直弟子となり、57年4月二代目松島庄六朗の芸名を許される。5月歌舞伎座『紅葉狩』の出囃子で歌舞伎の初舞台。7月『天竺徳兵衛新噺《てんじくとくべえいまようばなし》』で黒御簾に入る。平成4年4月金丸座『恋女房染分手綱《こいにょうぼうそめわけたづな》』重の井子別れで初めて舞台師を勤める。

和歌山富之《わかやまとみゆき》 初代

長唄・三味線方
伝統歌舞伎保存会会員

菊五郎劇団音楽部三味線方。昭和40年生まれ。51年父・和歌山富之助に入門。杵屋勝五郎、東音石川賀要子に師事。平成元年東京藝術大学音楽学部邦楽科卒業。3年6月菊五郎劇団音楽部に入部。5年6月南座『樽屋おせん』で黒御簾舞台師、7年公文協巡業『正札附』で立三味線を初めて勤める。国立劇場歌舞伎音楽（長唄）研修講師。

田中《たなか》佐太郎《さたろう》 九世

囃子方
伝統歌舞伎保存会
伝統長唄保存会
会員

昭和23年生まれ。30年父・十一世田中傳左衛門に師事。39年10月歌舞伎座『京鹿子娘道成寺』の陰囃子で九世田中佐太郎を襲名し歌舞伎の初舞台。国立劇場歌舞伎音楽（鳴物）研修主任講師。同歌舞伎俳優・長唄研修講師。十二世田中流宗家。平成3年伝統文化賞。15年伝統文化ポーラ賞奨励賞。

田中《たなか》長十郎《ちょうじゅうろう》 二代目

囃子方
伝統歌舞伎保存会
会員

田中傳左衛門社中。昭和25年生まれ。42年十一代目田中傳左衛門に入門。二代目田中凉月にも師事。金春惣右衛門（能楽太鼓方）に太鼓を、亀井忠雄（能楽大鼓方）に大鼓を師事。42年11月歌舞伎座の黒御簾を勤め初舞台。45年二代目田中長十郎を襲名。56年9月南座『藤娘』『まかしょ』で初めて立鼓を勤める。国立劇場歌舞伎音楽（鳴物）研修講師。

田中《たなか》傳左衛門《でんざえもん》 十三世

囃子方
伝統歌舞伎保存会
伝統長唄保存会
会員

昭和51年生まれ。五歳で能と長唄囃子の初舞台。平成2年歌舞伎座初出演。4年七世田中源助を襲名し、5年に立鼓となる。16年2月歌舞伎座、坂東玉三郎『茨木』で十三世田中傳左衛門を襲名、家元となる。18年囃子部長に就任。25年第五期歌舞伎座開場式では一番太鼓の儀、『寿式三番叟』小鼓頭取を勤める。「三響會」主宰。国立劇場歌舞伎音楽（鳴物）研修講師。

田中《たなか》傳次郎《でんじろう》 七世

囃子方
伝統歌舞伎保存会会員

昭和52年生まれ。母は九世田中佐太郎、父は能楽大鼓方人間国宝・亀井忠雄。兄は現・田中傳左衛門。平成4年4月歌舞伎座『京鹿子娘道成寺』の小鼓で歌舞伎の初舞台。6年11月七世田中傳次郎を襲名。7年スーパー歌舞伎『カグヤ』の作調、ほか復活狂言などの作調。12年6月博多座『二人椀久』で立鼓。「三響會」「珠響～たまゆら～」「一心會」主宰。国立劇場歌舞伎音楽（鳴物）研修講師。

藤舎《とうしゃ》名生《めいしょう》 二代目

囃子方（笛方）
伝統長唄保存会会員

昭和16年生まれ。22年頃父・藤舎秀蓬に師事。33年藤舎推峰を名のる。歌舞伎の初舞台は38年6月歌舞伎座。平成元年二代目を襲名。昭和53年大阪府市民芸術賞。54・56年度文化庁舞台芸術創作奨励特別賞。53年度京都新人賞。58年度文化庁芸術祭優秀賞。平成6年度京都府文化功労賞。8年松尾芸能賞。24年度京都市文化功労賞。28年文化庁長官表彰。令和元年重要無形文化財保持者（人間国宝）。

藤舎《とうしゃ》呂船《ろせん》 六世

囃子方
伝統長唄保存会会員

小鼓を専門とする。昭和19年生まれ。四世藤舎呂船、藤舎せい子に師事。東京藝術大学音楽学部邦楽科卒業。43年藤舎成敏を名のる。歌舞伎の初舞台は44年4月歌舞伎座『連獅子』。61年9月六世藤舎呂船を襲名。「藤舎会」、「藤舎囃子研究会」、「真しほ会」等を主宰。松尾芸能賞、エクソンモービル音楽賞。

望月《もちづき》太左衛門《たざえもん》｜十二代目

囃子方
伝統歌舞伎保存会
伝統長唄保存会
会員

菊五郎劇団音楽部（鳴物）。昭和34年生まれ。父は十代目望月太左衛門。弟は現・望月朴清。父に小鼓を、十六代目観世元信に能楽太鼓を、安福春雄に大鼓、若山胤雄に祭囃子を師事。63年六代目望月長左久、平成5年十二代目望月太左衛門を襲名。8年芸術祭優秀賞。13年重要無形文化財「歌舞伎」総合指定保持者。14年音楽部幹部昇進。29年重要無形文化財「長唄」総合指定保持者。

望月《もちづき》朴清《ぼくせい》｜五代目

囃子方
伝統歌舞伎保存会
伝統長唄保存会
会員

菊五郎劇団音楽部（鳴物）。昭和34年生まれ。父は十代目望月太左衛門。観世元信に能楽太鼓を、安福春雄に能楽大鼓を、若山胤雄に江戸祭囃子を、七代目杵屋巳太郎に長唄三味線を師事。50年歌舞伎の初舞台。63年二代目望月太左蔵を襲名。平成6年七代目望月長左久を襲名。14年立鼓に昇進。22年五代目望月朴清を襲名。8年度芸術祭優秀賞。26年度芸術祭参加作品CD「さくらさく」をリリース。

田中《たなか》勘四郎《かんしろう》｜二代目

囃子方
伝統歌舞伎保存会
会員

田中傳左衛門社中。昭和22年生まれ。兄は五代目田中傳兵衛。42年十一代目田中傳左衛門に入門。二代目田中凉月に鳴物を、二十二代目金春惣右衛門に能楽太鼓を、鵜沢寿に能楽小鼓を師事。42年11月歌舞伎座の黒御簾で初舞台。45年9月二代目田中勘四郎を襲名。60年2月大阪・新歌舞伎座『良弁杉《ろうべんすぎの》由来《ゆらい》』で初めて附師を勤める。

田中《たなか》源太郎《げんたろう》

囃子方
伝統歌舞伎保存会会員

昭和42年生まれ。平成元年3月国立劇場第四期歌舞伎音楽（鳴物）研修修了。初舞台は研修中の昭和63年3月。平成元年4月田中傳左衛門社中に入り歌舞伎の初舞台。6年田中源太郎を名のる。

田中《たなか》佐英《さえい》｜初代

囃子方
伝統歌舞伎保存会会員

田中傳左衛門社中。昭和41年生まれ。平成元年3月国立劇場第四期歌舞伎音楽（鳴物）研修修了。十一世田中傳左衛門に入門。九世田中佐太郎に師事し、同年4月歌舞伎座『菅原《すがわら》伝授《でんじゅ》手習鑑《てならいかがみ》』寺子屋、『義経千本桜』吉野山で黒御簾に出勤し初舞台。2年1月浅草公会堂『高坏《たかつき》』の小鼓で出囃子の初舞台。6年11月田中佐英の名を許される。16年2月巡業『曲舞』『高坏』で立鼓を勤める。

田中《たなか》傳一郎《でんいちろう》｜二代目

囃子方
伝統歌舞伎保存会会員

昭和42年生まれ。父は長唄三味線方の二代目杵屋五三吉、兄は杵屋五吉郎。55年四代目望月朴清に入門、手ほどきを受ける。59年4月歌舞伎座『供奴』（五代目中村富十郎）で歌舞伎の初舞台。平成元年3月東京藝術大学音楽学部邦楽科卒業、望月太三郎の名を許される。27年11月祖父の名跡である田中傳一郎を二代目として襲名。28年1月歌舞伎座『廓三番叟』で立鼓。

田中《たなか》傳太郎《でんたろう》 五代目

囃子方（笛方）
伝統歌舞伎保存会会員

田中傳左衛門社中。昭和37年生まれ。父は二代目望月長次郎。大叔父は三代目田中傳太郎。44年4月から父に笛の手ほどきを受ける。45年3月東横劇場にて長唄囃子の演奏初舞台。56年4月田中豊を名のり国立劇場にて黒御簾の笛を勤めたのが歌舞伎の初舞台。58年4月五代目田中傳太郎を襲名。

田中《たなか》傳九郎《でんくろう》

囃子方
伝統歌舞伎保存会会員

昭和48年生まれ。平成6年3月国立劇場第八期歌舞伎音楽（鳴物）研修修了。4月歌舞伎座で初舞台。8月歌舞伎座『傾城』の小鼓で出囃子の初舞台。12年12月田中傳九郎を名のる。

田中《たなか》傳八郎《でんはちろう》 二代目

囃子方
伝統歌舞伎保存会会員

田中傳左衛門社中。昭和36年生まれ。62年国立劇場第三期歌舞伎囃子研修修了。4月国立劇場『曽根崎心中』『鏡獅子』の黒御簾にて初舞台。平成3年12月二代目田中傳八郎を襲名。葛野流大鼓を亀井忠雄に師事。

鳳聲《ほうせい》晴由《はるよし》 初代

囃子方（笛方）
伝統歌舞伎保存会
伝統長唄保存会
会員

田中傳左衛門社中。昭和18年生まれ。29年4月大塚文子に師事。38年10月中村ウラに入門。鳳聲晴雄に笛を、藤田朝太郎に能楽の笛を、堅田喜俊に鳴物を、杵屋弥七栄に長唄三味線を習う。初舞台は40年10月東京宝塚劇場東宝歌舞伎『春夏秋冬』の黒御簾。43年ＮＨＫ邦楽技能者育成会十三期卒業。歌舞伎の初舞台は45年文化庁移動芸術祭『鏡獅子』の出囃子の笛。国立劇場歌舞伎音楽（鳴物）研修講師。

望月《もちづき》太喜三久《たきさく》 初代

囃子方（笛方）
伝統歌舞伎保存会
会員

菊五郎劇団音楽部。昭和23年生まれ。43年2月望月太喜一郎に入門、笛を習う。45年1月望月太喜二郎に入門。ほかに能管を一噌仙幸に、祭り囃子を鈴木染広に師事。45年2月望月繁を名のり、歌舞伎座『女伊達』の出囃子の脇笛で初舞台。48年10月望月太喜三久と改名。

望月《もちづき》太喜二郎《たきじろう》 初代

囃子方（笛方）
伝統歌舞伎保存会
会員

菊五郎劇団音楽部。昭和10年生まれ。父は松島庄蔵（長唄）。32年3月望月太喜一郎に入門。ほかに笛を四代目寶山左衛門に、能管を藤田朝太郎に、江戸里神楽を四代目若山胤雄に師事。望月三郎を名のり、32年6月南座の市川少女歌舞伎『茨木』『棒しばり』の出囃子の笛で初舞台。34年1月望月太喜二郎と改名、2月菊五郎劇団音楽部に入る。48年2月幹部に昇進。

望月《もちづき》太左久《たさく》 三代目

囃子方
伝統歌舞伎保存会
会員

菊五郎劇団音楽部（鳴物）。昭和38年生まれ。父は住田長之助、祖父は桜田新七。幼少より父に笛、鳴物、祭囃子を、三世住田長三郎に鳴物、二世望月長太郎に鳴物、住田浪菊に長唄、七々扇佐太に日本舞踊を師事。歌舞伎初出勤は56年12月国立劇場『菅原伝授手習《すがわらでんじゅてならい》鑑《かがみ》』車引の黒御簾。平成6年1月三代目望月太左久を襲名。

望月《もちづき》太左治《たさじ》 初代

囃子方
伝統歌舞伎保存会
伝統長唄保存会
会員

菊五郎劇団音楽部（鳴物）。昭和22年生まれ。39年4月十代目望月太左衛門に入門。ほかに十六代目観世元信に能楽太鼓を師事。望月好一を名のり41年5月歌舞伎座『宮島だんまり』ほかで黒御簾の小鼓を勤め初舞台。45年2月望月太左治と改名。平成14年1月音楽部幹部に昇進。

望月《もちづき》太左次郎《たさじろう》 初代

囃子方
伝統歌舞伎保存会
会員

昭和39年生まれ。62年3月国立劇場第三期歌舞伎音楽（鳴物）研修修了。4月国立劇場小劇場『曽根崎心中』『鏡獅子』で初舞台。平成5年菊五郎劇団音楽部（鳴物）に入る。6年望月太左次郎を名のる。

望月《もちづき》太左成《たさなり》

囃子方
伝統歌舞伎保存会
会員

昭和40年生まれ。平成5年菊五郎劇団音楽部鳴物に入る。海外公演は10年ラオス・シンガポール・フィリピン公演、17年韓国公演、アメリカ公演、19年中国公演、21年イギリス公演に参加。

竹本《たけもと》愛太夫《あいたゆう》｜初代

竹本・太夫
伝統歌舞伎保存会会員

昭和52年生まれ。叔父は初代竹本喜太夫。平成9年3月国立劇場第十四期竹本研修修了。6月歌舞伎座『団子売』のツレで竹本愛太夫を名のり初舞台。国立劇場奨励賞、同優秀賞。

竹本《たけもと》葵太夫《あおいだゆう》｜二代目

竹本・太夫
伝統歌舞伎保存会会員

昭和35年生まれ。54年国立劇場第三期竹本研修に編入。同年7月二代目竹本葵太夫を名のり初舞台。55年竹本研修修了。61年度芸術選奨新人賞（演劇部門）、平成29年伝統文化ポーラ賞など、受賞多数。近年は復活狂言の竹本作曲も担当する。国立劇場歌舞伎音楽（竹本）・歌舞伎俳優研修講師。令和元年重要無形文化財保持者（人間国宝）。

竹本《たけもと》東太夫《あずまだゆう》｜三代目

竹本・太夫
伝統歌舞伎保存会会員

昭和36年生まれ。62年3月国立劇場第八期竹本研修修了。4月青山劇場の近松座公演『百合若大臣野《ゆりわかだいじんの》守鑑《もりのかがみ》』で初舞台。一場を任される。63年4月金丸座『梶原平三誉石切』で初めて切場を語る。国立劇場歌舞伎音楽（竹本）研修講師。

竹本《たけもと》泉太夫《いずみだゆう》 初代

竹本・太夫
伝統歌舞伎保存会会員

昭和25年生まれ。56年3月国立劇場第四期竹本研修修了。初舞台は在籍中、55年10月御園座の「顔見世八代目坂東彦三郎襲名披露興行」の『源平布引滝』実盛物語の鳥啼き。62年10月歌舞伎座『鳥辺山心中』河原の場で初めて一段を任される。現在は竹本弥乃太夫に師事。平成3年芸団協助成新人奨励賞。国立劇場歌舞伎音楽（竹本）研修講師。

竹本《たけもと》巽太夫《たつみだゆう》 二代目

竹本・太夫
伝統歌舞伎保存会会員

昭和33年生まれ。58年3月国立劇場第六期竹本研修を修了し、二代目竹本巽太夫を名のる。初舞台は同年4月歌舞伎座『恋女房染分《こいにょうぼうそめわけ》手綱《たづな》』の道行。平成11年4月国立劇場特別賞。

竹本《たけもと》谷太夫《たにたゆう》 初代

竹本・太夫
伝統歌舞伎保存会会員

昭和30年生まれ。57年国立劇場第五期竹本研修修了。三代目竹本米太夫に入門し竹本谷太夫を名のる。59年9月南座『義経千本桜』道行初音旅で初めて立語り。国立劇場歌舞伎音楽（竹本）研修講師。

竹本《たけもと》豊太夫《とよたゆう》｜初代

竹本・太夫
伝統歌舞伎保存会
会員

昭和46年生まれ。母は江戸端唄・俗曲家元の三味線豊臣。平成9年3月国立劇場第十四期竹本研修修了後、同年6月歌舞伎座『団子売』のツレで竹本豊太夫を名のり初舞台。

竹本《たけもと》幹太夫《みきたゆう》｜初代

竹本・太夫
伝統歌舞伎保存会
会員

昭和37年生まれ。58年3月国立劇場第六期竹本研修修了。歌舞伎の本興行の初舞台は同年4月歌舞伎座。竹本幹太夫を名のり『恋女房《こいにょうぼう》染分手綱《そめわけたづな》』の大切《おおぎり》「乗かけ情の春霞」でツレを勤める。6月中座『野崎村』の前で初めて一場を任される。国立劇場歌舞伎音楽（竹本）研修講師。

竹本《たけもと》道太夫《みちたゆう》｜初代

竹本・太夫
伝統歌舞伎保存会
会員

昭和36年生まれ。平成元年3月劇団前進座附属俳優養成所修了。同年6月野澤吉平に義太夫を師事。4年3月国立劇場第十一期竹本研修修了。同年7月歌舞伎座『倭《やまと》仮名《がな》在原《ありわら》系図《けいず》』のツレで竹本道太夫を名のり初舞台。

竹本《たけもと》六太夫《ろくたゆう》　初代

竹本・太夫
伝統歌舞伎保存会会員

昭和45年生まれ。歌舞伎座大道具方を経て平成9年3月国立劇場第十四期竹本研修修了。6月歌舞伎座『団子売』のツレで竹本六太夫を名のり初舞台。

鶴澤《つるさわ》燕太郎《えんたろう》　初代

竹本・三味線
伝統歌舞伎保存会会員

昭和35年生まれ。45年文楽の五世鶴澤燕三に入門。47年文楽技芸員研究生となり51年5月国立劇場文楽公演『須磨都《すまのみやこ》源平《げんぺい》躑躅《つつじ》』扇屋内の段（津太夫・勝太郎）で初代鶴澤燕太郎を名のり琴にて初舞台。平成元年歌舞伎竹本に入り豊澤菊二郎を名のる。24年9月鶴澤燕太郎と改名。『木下蔭真砂白浪』『閻《えん》魔《ま》と政頼《せいらい》』『鯉つかみ』等を作曲。国立劇場特別賞。国立劇場歌舞伎音楽（竹本）研修講師。

鶴澤《つるさわ》宏太郎《こうたろう》　初代

竹本・三味線
伝統歌舞伎保存会会員

昭和35年生まれ。58年3月国立劇場第六期竹本研修を三味線方として修了。同年3月国立劇場における〈成田山大塔建立勧進歌舞伎公演〉の『那智滝祈誓文覚《なちのたきちかいのもんがく》』で初舞台。本興行の初舞台は4月歌舞伎座『恋女房染分手綱《こいにょうぼうそめわけたづな》』の道行。59年5月近松座公演『女殺油地獄』徳庵堤で初めて一場を任される。62年芸団協助成新人奨励賞。国立劇場歌舞伎音楽（竹本）研修講師。

鶴澤《つるさわ》慎治《しんじ》 初代

竹本・三味線
伝統歌舞伎保存会
会員

昭和41年生まれ。平成5年3月国立劇場第十二期竹本研修を三味線方として修了。歌舞伎の本興行の初舞台は、研修中の4年8月国立劇場小劇場『義経千本桜』四の切などのツレ。5年4月鶴澤慎治を名のる。6月国立劇場『仮名手本忠臣蔵』五段目で初めて一場を任される。24年3月国立劇場『一谷《いちのたに》嫩軍記《ふたばぐんき》』堀川御所の場の作曲、林住家の場の補曲など。

鶴澤《つるさわ》寿治郎《ひさじろう》 初代

竹本・三味線
伝統歌舞伎保存会
会員

昭和27年生まれ。55年3月国立劇場第三期竹本研修を三味線方として修了。初舞台は研修中の54年7月歌舞伎座『傾城反魂香』土佐将監閑居の場。作曲『塩原多助』、『平家女護島』清盛館の場、『双蝶々』米屋の場、『絵本太功記』妙心寺の場、『卅三間堂棟由来《さんじゅうさんげんどうむなぎのゆらい》』鷹狩の場等。60年芸団協助成新人奨励賞。平成3年11月歌舞伎座賞。国立劇場優秀賞二回。国立劇場歌舞伎音楽（竹本）研修講師。

鶴澤《つるさわ》正一郎《まさいちろう》 初代

竹本・三味線
伝統歌舞伎保存会
会員

昭和6年生まれ。23年文楽座の四代目鶴澤清六に入門、鶴澤清好《せいよし》を名のる。24年5月東京宝塚劇場の文楽公演『義経千本桜』道行で初舞台。35年文楽座を退座。50年歌舞伎の竹本に入り5月歌舞伎座『菅原伝授手習鑑《すがわらでんじゅてならいかがみ》』車引で初めて一場を任される。51年鶴澤政一郎に、59年鶴澤正一郎に改名。国立劇場特別賞二回。平成22年旭日双光章。

鶴澤《つるさわ》泰二郎《やすじろう》｜初代

竹本・三味線
伝統歌舞伎保存会会員

昭和32年生まれ。56年3月国立劇場第四期竹本研修を三味線方として修了。歌舞伎の本興行の初舞台は、研修中の55年7月歌舞伎座。鶴澤泰二郎を名のり『義経千本桜』道行のツレを勤める。11月国立劇場『菅原《すがわら》伝授《でんじゅ》手習鑑《てならいかがみ》』菅原館門外の場で初めて一場を任される。平成3年芸団協助成新人奨励賞。国立劇場歌舞伎音楽（竹本）研修講師。

鶴澤《つるさわ》祐二《ゆうじ》｜初代

竹本・三味線
伝統歌舞伎保存会会員

昭和48年生まれ。平成9年3月国立劇場第十四期竹本研修修了。4月鶴澤祐二を名のり、6月歌舞伎座『団子売』のツレで初舞台。

豊澤《とよざわ》勝二郎《かつじろう》｜初代

竹本・三味線
伝統歌舞伎保存会会員

昭和49年生まれ。平成3年6月滋賀県長浜市主催の「長浜曳山三役修業塾」に入り、豊澤重松、豊澤千賀龍に手ほどきを受ける。7年3月国立劇場第十三期竹本研修修了。4月歌舞伎座『妹背山《いもせやま》婦女庭訓《おんなていきん》』道行恋苧環のツレで豊澤勝二郎を名のり初舞台。

豊澤《とよざわ》淳一郎《じゅんいちろう》 初代

竹本・三味線
伝統歌舞伎保存会会員

昭和42年生まれ。平成5年3月国立劇場第十二期竹本研修を三味線方として修了。4月豊澤淳一郎を名のる。8年野澤松三郎に師事。歌舞伎の本興行の初舞台は、研修中の4年8月国立劇場小劇場『義経千本桜』四の切のツレ。5年5月金丸座『夏祭浪花鑑《なつまつりなにわかがみ》』住吉の場で初めて一場を任される。18年6月国立劇場奨励賞。国立劇場歌舞伎音楽（竹本）研修講師。

豊澤《とよざわ》長一郎《ちょういちろう》 初代

竹本・三味線
伝統歌舞伎保存会会員

昭和50年生まれ。平成2年滋賀県長浜市主催「長浜曳山三役修業塾」入塾。9年3月国立劇場第十四期竹本研修修了。6月近松座『曽根崎心中』道行のツレで豊澤長一郎を名のり初舞台。11年12月歌舞伎座『奥州安達原』袖萩祭文で初めて一場を任され、歌舞伎座賞。14年国立劇場奨励賞、26年国立劇場特別賞。国立劇場歌舞伎音楽（竹本）研修講師。令和元年国立劇場特別賞。

野澤《のざわ》松也《まつや》 初代

竹本・三味線
伝統歌舞伎保存会会員

昭和30年生まれ。49年国立劇場第一期文楽研修修了、初代野澤松之輔に師事し野澤松也を名のる。4月初舞台。師の逝去で国立劇場第三期竹本研修に編入、55年修了。歌舞伎の初舞台は54年7月国立劇場『仮名手本忠臣蔵』五段目。『児雷也豪傑譚話《じらいやごうけつものがたり》』『ＮＩＮＡＧＡＷＡ 十二夜』を作曲。60年芸団協助成新人奨励賞。国立劇場歌舞伎音楽（竹本）研修講師。

清元《きよもと》延寿太夫《えんじゅだゆう》｜七代目

清元・太夫
清元節保存会会員

昭和33年生まれ。父は六世清元延寿太夫、祖父は六代目尾上菊五郎。36年清元延古摩に入門。清元榮三、清元栄三郎、二代目清元一寿郎にも師事。56年5月歌舞伎座『四季』の『夏・魂まつり』で初めて歌舞伎の立を語る。57年5月六代目清元栄寿太夫を襲名。平成元年11月歌舞伎座顔見世興行の『助六《すけろく》曲輪菊《くるわのももよぐさ》』で清元宗家七代目家元清元延寿太夫を襲名。

清元《きよもと》榮志太夫《えいしだゆう》｜初代

清元・太夫
清元節保存会会員

昭和15年生まれ。38年清元志壽太夫に入門。直に清元榮三郎に師事。40年4月榮志太夫の名を許され5月歌舞伎座『保名』で初舞台。50年国立劇場「稚魚の会」を皮切りに現上皇陛下御夫妻、米国大使ご臨席の日米協会レセプションで『北州』の立語り。六代目歌右衛門の『隅田川』など海外公演にも参加。各劇場などで先代雀右衛門・先代芝翫・富十郎・仁左衛門・吉右衛門の舞踊の立語り。

清元《きよもと》志寿子太夫《しずこだゆう》｜初代

清元・太夫
清元節保存会会員

昭和28年生まれ。36年より今藤綾子に長唄を習う。48年父・清元栄三郎に入門、祖父・清元志寿太夫にも師事。同年12月清元志寿子太夫を名のり帝国劇場『三千歳』で初舞台。51年東京藝術大学音楽学部卒業。平成7年度清栄会奨励賞。16年より東京藝術大学非常勤講師。『邦楽百科事典』（音楽の友社）などを本名・柿澤秀一の名で執筆。

清元《きよもと》清寿太夫《せいじゅだゆう》 初代

清元・太夫
清元節保存会会員

昭和10年生まれ。26年初代清元若寿太夫に入門。28年六代目清元延寿太夫、三代目清元栄次郎（初代清元栄寿郎）に師事。31年1月清元清寿太夫を名のる。歌舞伎の初舞台は31年6月歌舞伎座『花街《さと》模様薊《もようあざみの》色縫《いろぬい》』。37年9月東横ホール『たけくらべ』で初めて歌舞伎の立語り。平成15年重要無形文化財保持者（人間国宝）。17年旭日小綬章。

清元《きよもと》美寿太夫《よしじゅだゆう》 初代

清元・太夫
清元節保存会会員

昭和18年生まれ。父は清元若寿太夫、母は清元延若福。31年六代目清元延寿太夫、清元栄寿郎に師事。34年清元美寿太夫の名を許される。同年新橋演舞場で初舞台。52年5月南座『夕顔棚』で初めて歌舞伎の立語り。61年レコード「清元榮三・清元美寿太夫（花吟集）」発表。63年第一回清栄会奨励賞。平成4年度文化庁芸術祭賞。26年度文化庁芸術祭賞（音楽部門）大賞、文化庁芸術選奨文部科学大臣賞。

清元《きよもと》菊輔《きくすけ》 六代目

清元・三味線
清元節保存会会員

昭和32年生まれ。父は清元寿國太夫。50年父に入門。52年11月二代目清元國太郎を襲名。12月歌舞伎座「大川橋蔵公演」の『道行雪の故郷』で初舞台。57年アメリカ歌舞伎公演に参加。平成元年2月六代目清元菊輔を襲名。5年7月中座『流星』で初めて歌舞伎の立三味線。

清元《きよもと》三之輔《さんのすけ》 二代目

清元・三味線
清元節保存会会員

昭和15年生まれ。父・四代目清元菊輔に師事。35年清元啓輔を名のり、九州巡業『落人』『お祭り』で歌舞伎の初舞台。39年父歿後、伯父・清元寿国太夫に師事。48年のロンドン・ミュンヘン巡業を含め、六代目歌右衛門の海外公演に六度参加（オーストラリア・アメリカ等）。60年12月歌舞伎座『天《くも》衣紛上野《にまごううえのの》初花《はつはな》』の浄瑠璃「忍逢春雪解」で初めて歌舞伎の立三味線。62年二代目清元三之輔を襲名。

清元《きよもと》志寿造《しずぞう》 初代

清元・三味線

昭和38年生まれ。54年清元志寿太夫、清元延香に入門。55年4月初舞台。58年11月清元志寿造を名のる。60年5月歌舞伎座『落人』で歌舞伎の初舞台。平成16年1月浅草公会堂『吉野山』で初めて歌舞伎の立三味線。22年6月松竹大歌舞伎ロンドン公演『吉野山』の補曲。一中節を十一代目都一中に師事、都英中の芸名を持つ。東明流を東明吟泉に師事、東明吟英を許名される。20年清栄会奨励賞。

清元《きよもと》志寿朗《しずろう》 初代

清元・三味線
清元節保存会会員

昭和16年生まれ。父は初代清元志寿太夫。30年三代目中村時蔵に入門し、五年ほど役者修業をした。37年初代清元栄治に師事し、38年12月清元志寿朗を名のる。39年6月歌舞伎座『色彩間苅豆《いろもようちょっとかりまめ》』で歌舞伎の初舞台。55年9月南座『花《さ》街《と》模様《もよう》薊色縫《あざみのいろぬい》』の「梅柳中宵月」で初めて歌舞伎の立三味線。平成9年より十年余り、東京藝術大学非常勤講師。

清元《きよもと》美治郎《よしじろう》｜初代

清元・三味線
清元節保存会会員

昭和20年生まれ。39年初代清元寿國太夫に入門。42年12月南座『三社祭』で歌舞伎の初舞台。54年2月梅田コマ劇場『ザ・カブキ』で初めて歌舞伎の立三味線。平成2年清栄会奨励賞。11年ビクター伝統文化振興財団奨励賞。15年松尾芸能賞邦楽優秀賞。24年東燃ゼネラル音楽賞。25年度芸術選奨文部科学大臣賞。26年度芸術祭音楽部門大賞。

清元《きよもと》美多郎《よしたろう》｜初代

清元・三味線

昭和26年生まれ。43年初代清元寿國太夫に入門、清元美多郎を名のる。44年1月歌舞伎座『廓文章』で初舞台。48年邦楽新人コンクール最優秀新人賞。61年パリ歌舞伎公演に参加。『明治風俗十二ヶ月』『瞽女供養』『日本橋』『易占い』『深川女房』など作曲多数。56年から「美多郎の会」を主宰。平成8年3月歌舞伎座『梅ごよみ』で初めて歌舞伎の立三味線。

常《ときわづ》磐津兼太夫《かねたゆう》 七代目

常磐津・太夫
常磐津節保存会会員

昭和38年生まれ。40年から父・常磐津文字兵衛（現・常磐津英寿）に手ほどきを受ける。40年初舞台。54年7月常磐津一佑太夫を名のる。61年3月歌舞伎座『廓文章』で歌舞伎の初舞台。平成8年1月七代目常磐津兼太夫を襲名。9年度清栄会奨励賞。16年国立劇場特別賞。東京藝術大学音楽学部非常勤講師。

常《ときわづ》磐津菊美太夫《きくみだゆう》 二代目

常磐津・太夫

昭和22年生まれ。28年常磐津菊三郎に入門。30年美術倶楽部「三菊会」にて初舞台。39年常磐津菊美太夫を名のる。歌舞伎の初舞台は40年4月東横ホール「蒼會」。一時休業後、平成14年復帰。23年2月博多座『将門』で初めて歌舞伎の立語り。25年4月歌舞伎座柿葺落興行『将門』立語り。東京音楽大学大学院特任講師。舞踊菊若流家元菊若亮太郎。

常《ときわづ》磐津文字太夫《もじたゆう》 九代目

常磐津・太夫
常磐津節保存会会員

昭和22年生まれ。28年父・八代目常磐津文字太夫に入門。34年3月常磐津小文太夫を襲名。42年10月御園座『戻駕』で歌舞伎の初舞台。47年10月国立劇場『市原野のだんまり』で初めて歌舞伎の立語り。51年11月新橋演舞場で十一代目常磐津小文字太夫を襲名。平成3年十七代目家元を相続。6年2月歌舞伎座『身替座禅』で九代目常磐津文字太夫を襲名。30年旭日双光章。

常磐津《ときわづ》一寿郎《いちじゅろう》　初代

常磐津・三味線
常磐津節保存会会員

昭和22年生まれ。43年初代常磐津菊路太夫に入門。初代常磐津菊寿郎にも師事。11月常磐津一路郎を名のりイイノホールで初舞台。46年2月歌舞伎座『どんつく』で歌舞伎の初舞台。57年10月新橋演舞場『紅葉狩』で初めて歌舞伎の立三味線。59年1月常磐津一寿郎と改名。平成17年十二代目富本豊前を継承。昭和51年芸団協賞。平成元年度清栄会奨励賞。29年旭日双光章。

常磐津《ときわづ》英寿《えいじゅ》　初代

常磐津・三味線
常磐津節保存会会員

昭和2年生まれ。7年叔父・四世常磐津八百八に浄瑠璃を、父・三世常磐津文字兵衛に三味線を習う。16年4月初舞台。19年4月歌舞伎の初舞台。35年四世常磐津文字兵衛を襲名。平成8年常磐津英寿と改名。常磐津節保存会名誉顧問。平成元年紫綬褒章。4年重要無形文化財保持者（人間国宝）。4年度恩賜賞・日本芸術院賞。6年度日本芸術院会員。9年勲三等瑞宝章。26年文化功労者。

常磐津《ときわづ》菊寿郎《きくじゅろう》　二代目

常磐津・三味線
常磐津節保存会会員

昭和37年生まれ。56年4月父・初代常磐津菊寿郎に入門。6月大阪中座『男女《めおと》道成寺』で歌舞伎の初舞台。9月常磐津紘寿郎を名のる。平成15年1月新春浅草歌舞伎公演『奴道成寺』で歌舞伎の立三味線となる。一中節では都良中、そのほか富本節で富本豊柳・東明流で東明吟新を名のる。24年10月二代目常磐津菊寿郎を襲名。16年度清栄会奨励賞。

常磐津《ときわづ》文字兵衛《もじべえ》 五代目

常磐津・三味線
常磐津節保存会会員

昭和36年生まれ。52年常磐津紫弘の流名を受ける。59年東京藝術大学音楽学部邦楽科卒業。6月歌舞伎座『三世相錦繍文章』『京人形』で歌舞伎の初舞台。平成7年12月南座『身替座禅』で歌舞伎立三味線。8年五代目常磐津文字兵衛を襲名。3年度清栄会奨励賞。16年国立劇場特別賞。20年度文化庁文化交流使。21年度日本芸術院賞。26年紫綬褒章。東京藝術大学音楽学部講師。

常磐津《ときわづ》八百二《やおじ》 初代

常磐津・三味線
常磐津節保存会会員

昭和24年生まれ。43年初代常磐津松寿に入門。44年10月常磐津八百二を名のる。45年イイノホールで初舞台。46年10月国立劇場『市原野のだんまり』で歌舞伎の初舞台。62年5月青山劇場『百合若大臣野《ゆりわかだいじんの》守鏡《もりのかがみ》』で初めて歌舞伎の立三味線。63年12月歌舞伎座『於染久松色読《おそめひさまつうきなのよみ》販《うり》』で初めて歌舞伎の本興行の立三味線を勤める。平成6年度清栄会奨励賞。令和元年旭日双光章。

川瀬《かわせ》順輔《じゅんすけ》

三代目家元

三曲

尺八の琴古流宗家竹友社三代目家元。昭和11年生まれ。21年父・二代目川瀬順輔に師事。川瀬勘輔を名のる。28年から松竹歌舞伎音楽部に籍を置き三曲を前田白秋に師事。同年3月歌舞伎座『助六由縁《すけろくゆかりの》江戸桜《えどざくら》』で陰の尺八を勤めて歌舞伎の初舞台。以後、歌舞伎や新派の尺八の作曲と演奏を数多く手がける。53年三代目川瀬順輔を襲名。56年度芸術祭優秀賞。

川瀬《かわせ》露秋《ろしゅう》

初代

三曲

昭和42年生まれ。57年故・川瀬白秋の内弟子となり箏、胡弓、九州地歌、黒御簾の三曲を学ぶ。59年7月歌舞伎座の黒御簾で歌舞伎の初舞台。63年小林露秋の名を許される。歌舞伎の三曲の演奏、俳優の指導、新作歌舞伎の箏・胡弓の作曲や編曲等も手がける。平成21年白秋の養女となり川瀬露秋と名のる。26年創造する伝統賞、28年日本伝統文化振興財団賞。令和元年伝統文化ポーラ賞奨励賞。

中島《なかしま》靖子《やすこ》

宗家

三曲

大正15年生まれ。幼少より父・中島雅楽之都に師事。東京音楽学校で宮城道雄、宮城喜代子に実技を、平井康三郎に作曲法を師事。正派宗家・正派邦楽会名誉会長・正派音楽院院長・正派合奏団代表。歌舞伎では昭和20年9月東京劇場以降『黒塚』の箏を夫・唯是震一と担当。作曲作品多数。54年度芸術祭優秀賞。平成13年伝統文化ポーラ賞。16年松尾芸能賞優秀賞。

石川耕士《いしかわこうじ》 脚本・補綴・演出

▼昭和27年香川県生まれ。早稲田大学卒業（同大学院中退）。日本演劇協会会員。▼脚本・補綴『西太后』『四天王楓江戸粧《してんのうもみじのえどぐま》』『華果西遊記《かかさいゆうき》』『四谷怪談忠臣蔵』『競伊勢物語《はでくらべいせものがたり》』ほか。松尾芸能賞、芸術選奨文部科学大臣新人賞。▼猿之助歌舞伎全般の脚本・補綴。四代目猿之助には『蜘蛛絲梓弦《くものいとあずさのゆみはり》』『上州土産百両首』『男の花道』『雪之丞変化』。更に『高野聖』『桜姫東文章』の台本・演出も手がけた。

今井豊茂《いまいとよしげ》 脚本・補綴・演出

▼東京都出身。大東文化大学卒業。私立高校の国語科教諭を経て、松竹株式会社演劇部所属。▼脚本・補綴『三国一夜譚《さんごくいちやものがたり》』『児雷也豪傑譚話《じらいやごうけつものがたり》』『菊薫縁羽衣《きくかおるゆかりのはごろも》』『NINAGAWA 十二夜』『染模様恩愛御書《そめもようちゅうぎのごしゅいん》』の脚本など。▼奈河彰輔の指導のもと、上方歌舞伎の脚本・補綴・演出等を学ぶ。新作をはじめ復活物の脚本・補綴を手がける。東京藝術大学、学習院大学非常勤講師。

大場正昭《おおばまさあき》 演出

▼昭和25年静岡県生まれ。日本演劇協会会員。早稲田大学卒業。劇団新派文芸部。▼新派の演出は、川口松太郎・北條秀司作品など多数。久保田万太郎作品を連続上演している「みつわ会」の演出でも評価を得ている。▼歌舞伎では、大佛次郎作『たぬき』、菊池寛作『恩讐の彼方に』、山本周五郎作『泥棒と若殿』、井上ひさし作『東慶寺花だより』など、新歌舞伎や新作などの演出に携わっている。

織田紘二《おりたこうじ》 脚本・演出

▼昭和20年生まれ。文化庁日本博企画委員。日本演劇協会常務理事。日本舞踊協会副会長。伝統歌舞伎保存会理事。永年国立劇場で歌舞伎の制作に携わり、古典の復活や創作などの演出・脚本を多数手がけている。▼主な脚本・演出に『葉武列士倭錦絵《はむれっとやまとにしきえ》』『元禄忠臣蔵』など。著書に『歌舞伎モノがたり』『ぜんぶ芸の話』『新版歌祭文・摂州合邦辻・ひらかな盛衰記』『芸と人―戦後歌舞伎の名優たち』ほか。日本演劇協会賞。

齋藤《さいとう》雅文《まさふみ》 脚本・補綴・演出

▼昭和29年東京・品川生まれ。早稲田大学卒業。劇団新派文芸部。▼主な脚本に『蜘蛛巣城』『夢の仲蔵千本桜』『竜馬がゆく（三部作）』『千里眼の女』『ブッダ（ミュージカル）』。作・演出に『糸桜』『（新派版）黒蜥蜴』など。▼新派公演をはじめ舞台監督、演出助手を多数。『恋ぶみ屋一葉』で読売演劇大賞最優秀作品賞。『竜馬がゆく・立志篇』で大谷竹次郎賞。

寺崎《てらさき》裕則《ひろのり》 演出

▼昭和8年東京生まれ。学習院大学卒業。日本オペレッタ協会名誉会長。▼著書『夢をつむぐオペレッタ―その魅力を日本の土に』『音楽劇の演出』ほか。昭和52年日本オペレッタ協会を創立。ウィーン市金の栄誉勲賞、音楽の友賞、文化庁長官表彰ほか。▼宇野信夫に師事。昭和35年より新歌舞伎の演出に携わり、宇野作品や長谷川伸作『刺青奇偶《いれずみちょうはん》』『一本刀土俵入』『瞼の母』等の演出、多数に携わる。

福田《ふくだ》逸《はやる》 演出

▼昭和23年神奈川生まれ。上智大学大学院修了。明治大学名誉教授。日本演劇協会会員。▼演出『リチャード三世』『マクベス』『明暗』『夕闇』ほか多数。訳書『ワーニャ伯父さん』『三人姉妹』『エリザベスとエセックス』『谷間の歌』ほか多数。▼西洋戯曲を読みこなす特性を生かし『お国と五平』『道元の月』など、現代の心理性の深い作品の演出を手がけて活躍している。

福田《ふくだ》善之《よしゆき》 脚本・補綴・演出

▼昭和6年10月東京・日本橋生まれ。東京大学仏文卒業。日本劇作家協会顧問。日本演出者協会前理事長。▼主な作品に『真田風雲録』『私の下町―母の写真』『壁の中の妖精』『颶風《ぐふう》のあと』など。紀伊國屋演劇賞個人賞、読売文学賞、読売演劇大賞優秀演出家賞。紫綬褒章。▼一九五〇年代より新作歌舞伎等の演出助手、一九六〇年代以降は演出者として『彦市ばなし』『御存知一心太助』『磯異人館』『赤い陣羽織』など。

水口《みずぐち》一夫《かずお》｜脚本・補綴・演出

▼昭和17年京都生まれ。同志社大学卒業。▼主な作・演出に『GOEMON 石川五右衛門』『神《こう》の鳥《とり》』など。脚色・演出に『春重四海波《はるをかさねてしかいなみ》』『鯉つかみ』など。京都府文化賞功労賞。▼松竹関西演劇部芸文顧問。主に関西で歌舞伎の新作や古典の補綴、脚色、演出を手がけてきた。平成21年からはじまったシスティーナ歌舞伎に毎回新作を書きおろし演出も勤める。出石永楽館の永楽館歌舞伎でも脚本・演出を担当している。

山田《やまだ》庄一《しょういち》｜補綴・演出

▼大正14年大阪生まれ。京都帝国大学卒業。日本演劇協会会員。▼主な補綴・演出に『濡髪お関』『小栗判官譚』『忠臣蔵の七役』『攝州合邦辻』などがある。著書『文楽』『歌舞伎音楽入門』『上方芸能今昔がたり』。大阪市民表彰。演劇協会功労賞。▼国立劇場演出室長、調査養成部長、理事など歴任。上方の芸能に造詣が深く、歌舞伎の補綴・演出でも上方歌舞伎の作品を中心に活躍。演劇評論家の水落潔は実弟。

竹柴《たけしば》正二《しょうじ》｜狂言作者

▼昭和40年松竹(株)第一演劇部契約。▼三代目竹柴金作に入門。昭和41年竹柴正二を名のる。六代目中村歌右衛門付きの狂言作者を経て、現在は竹柴姓の狂言作者の束ね役も勤める。脚本に『新累《しんかさね》女千種花嫁《ちぐさのはなよめ》』ほか。歌舞伎公演の上演台本の補綴や修整、舞台進行を勤める。平成16年伝統文化ポーラ賞優秀賞、20年日本演劇興行協会賞。27年ニッセイ・バックステージ賞。29年度文化庁長官表彰。伝統歌舞伎保存会会員。

竹柴《たけしば》徳太朗《とくたろう》｜狂言作者

▼昭和48年作者部屋に入り、竹柴金作に師事し、竹柴徳太朗を名のる。十七代目中村勘三郎付きとなる。▼補綴・脚本に『闇梅百物語』『滑稽俄安宅新関』『弥栄芝居賑』『切られお富』『法界坊』などがある。また、出雲阿国歌舞伎での『出雲の阿国』の上演台本なども執筆。歌舞伎の海外公演にもたびたび同行している。伝統歌舞伎保存会会員。

竹柴吉松《たけしばよしまつ》｜狂言作者

▼昭和32年東京生まれ。53年千代田テレビ電子学校を卒業と同時に長谷川大道具株式会社（現・歌舞伎座舞台株式会社）に入社。54年12月に退社。55年1月竹柴金作に入門し、竹柴吉松を名のる。伝統歌舞伎保存会会員。

市川壽紅《いちかわじゅこう》｜振付

▼昭和24年東京生まれ。女子美術大学付属高校卒業。日本舞踊協会会員。▼父は十一代目市川團十郎、兄は十二代目團十郎。昭和54年二代目市川紅梅を襲名。市川流宗家となった兄が役者として多忙だったため、市川流の総代として活動、令和元年8月初代市川壽紅と改名、今日に至る。▼團十郎家の新歌舞伎十八番など芝居色の濃い物が中心。

尾上菊之丞《おのえきくのじょう》｜振付

▼昭和51年東京生まれ。父・尾上墨雪に師事。平成23年三代目菊之丞を襲名し、尾上流四代目家元を継承。▼花柳壽應賞新人賞。舞踊公演で意欲的な創造を多く手がけ、歌舞伎公演では『マハーバーラタ戦記』『風の谷のナウシカ』など、流派宗家である音羽屋系演目を始め、スーパー歌舞伎Ⅱ『ワンピース』、ラスベガス公演『獅子王』、フィギュアスケートとコラボした『破婆羅』など新作の振付を担う。

尾上墨雪《おのえぼくせつ》｜振付

▼昭和18年東京生まれ。初代尾上菊之丞、二世藤間勘祖に師事。39年尾上流三代家元を継承し、二代目菊之丞を襲名。平成23年子息の尾上青楓に家元の座を譲り、墨雪と改名。日本舞踊協会常任理事、芸団協理事。平成2年松尾芸能賞。14年日本芸術院賞、30年旭日小綬章。▼歌舞伎俳優への振付も多く、また尾上流の振付による『二人椀久』などの伝承に努める。舞踊創作の牽引者で、昭和61年から「冬夏会」を主宰。

中村梅彌《なかむらうめや》 振付

▼昭和32年東京生まれ。父は七世中村芝翫、弟は中村福助、芝翫。父及び二世藤間勘祖に師事。中村流重鎮の中村芝賀や成文にも教えを受ける。平成22年5月前名光江から祖母の名である中村梅彌を二代目として襲名。23年父逝去により中村流家元八代目を継承。日本舞踊協会理事。平成28年日本芸術院賞。▼弟である福助、芝翫ほかその係累俳優の振付を主に担う。代表作に『鐘ケ岬』『太閤桜』『梅の栄』『夏 魂祭り』など。

花柳壽應《はなやぎじゅおう》 振付

▼昭和6年東京生まれ。初世花柳寿応に師事。平成19年7月前名芳次郎から寿輔を襲名し四世宗家家元となる。28年名跡・家元を孫に譲り、二世壽應となる。日本舞踊協会名誉顧問。▼平成13年日本芸術院賞。18年旭日小綬章。23年日本芸術院会員。24年坪内逍遙大賞。25年ＮＨＫ放送文化賞。▼舞踊界を代表する振付師。振付作品三千以上。代表作は『鬼婆』『海神別荘』『カルメン』など。近年は坂東玉三郎の振付を多く担う。

藤間勘十郎《ふじまかんじゅうろう》 振付

▼昭和55年東京生まれ。平成14年勘十郎を襲名、宗家藤間流八世宗家となる。▼平成24年第三回創造する伝統賞、31年第40回松尾芸能賞優秀賞。▼母・勘祖と共に歌舞伎専従振付師として、各座の舞踊振付を担う。昭和の名人祖父二世藤間勘祖から継承される演出の目を持った〈永代《えいたい》〉の振付手法は、作品と役者の魅力を存分に引き出す。若手俳優公演においては演出や台本・音楽制作（作詞作曲）にも携わる。

藤間勘祖《ふじまかんそ》 振付

▼昭和20年東京生まれ。宗家藤間流七世宗家。日本舞踊協会名誉顧問。▼戦後の歌舞伎舞踊を牽引した父・二世藤間勘祖（六世藤間勘十郎）の跡を継ぎ、昭和58年藤間流宗家となる。平成2年に七世勘十郎を、14年に三世勘祖を襲名。26年日本芸術院会員。令和元年旭日中綬章。▼歌舞伎の振付師として毎月の各座の興行で配役に応じて構成・振付を当意即妙に行う手腕は先代譲り。俳優子息の日常稽古の指導も行う。

四 歌舞伎俳優家系図

▼歌舞伎俳優家系図には、本書の歌舞伎俳優名鑑に掲載した俳優のうちの主な家系について、明治期以降の概略を掲載した。各俳優等の関係は左のとおり五種類の罫線で示した。

——— 血縁
〜〜〜 養子縁組
＝＝＝ 婚姻関係
- - - - 師弟関係
………… その他（名跡のみの継承など）

▼一つの家系に屋号が複数ある場合がある。各俳優の屋号については「二、歌舞伎俳優名鑑」を参照のこと。

【市川團十郎家】成田屋

- 初代河原崎権十郎　**九代目市川團十郎**　明治36年歿
  - 長女　**二代目市川翠扇**
    ＝ 養子　十代目市川團十郎（追贈）　**五代目市川三升**　昭和31年歿
- 四代目市川染五郎　八代目市川高麗蔵　**七代目松本幸四郎**　昭和24年歿

（市川三升・七代目松本幸四郎の子）

- 養子　長男　九代目市川高麗蔵　九代目市川海老蔵　**十一代目市川團十郎**　昭和40年歿
  - 十代目市川海老蔵　**十二代目市川團十郎**　平成25年歿
    - **十一代目市川海老蔵**（現）
- 二男　五代目市川染五郎　八代目松本幸四郎　**初代松本白鸚**　昭和57年歿
  - ↓〈松本幸四郎家〉へ　P330
- 三男　**二代目尾上松緑**　平成元年歿
  - ↓〈尾上松緑家〉へ　P322

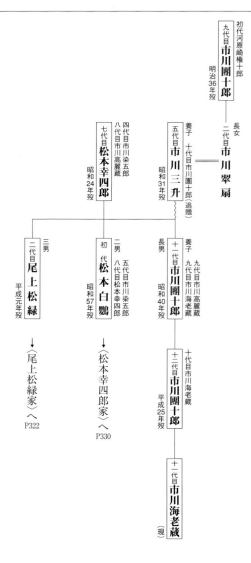

【市川猿之助家】澤瀉屋

- 二代目 市川段四郎（初代市川猿之助）大正11年歿
  - 初代 市川猿翁（初代市川團子、二代目市川猿之助）昭和38年歿
    - 三代目 市川段四郎（二代目市川團子）昭和38年歿
      - 二代目 市川猿翁（三代目市川團子、三代目市川猿之助）（現）
        - 九代目 市川中車（現）
          - 五代目 市川團子（現）
      - 四代目 市川段四郎（四代目市川團子）（現）
        - 四代目 市川猿之助（現）
  - 初代 市川寿猿 昭和10年歿
  - 八代目 市川中車 昭和46年歿
  - 二代目 市川小太夫 昭和51年歿
    - 二代目 市川蝙蝠 昭和58年歿

【市川團蔵家】三河屋

- 七代目 市川團蔵 明治44年歿
  - 八代目 市川團蔵 昭和41年歿
    - 三世 柏木衛門（舞踊柏木流家元）
      - 九代目 市川團蔵（現）

【市川右團次家】高嶋屋・髙嶋屋
【市川左團次家】高島屋・滝野屋
【市川門之助家】瀧乃屋

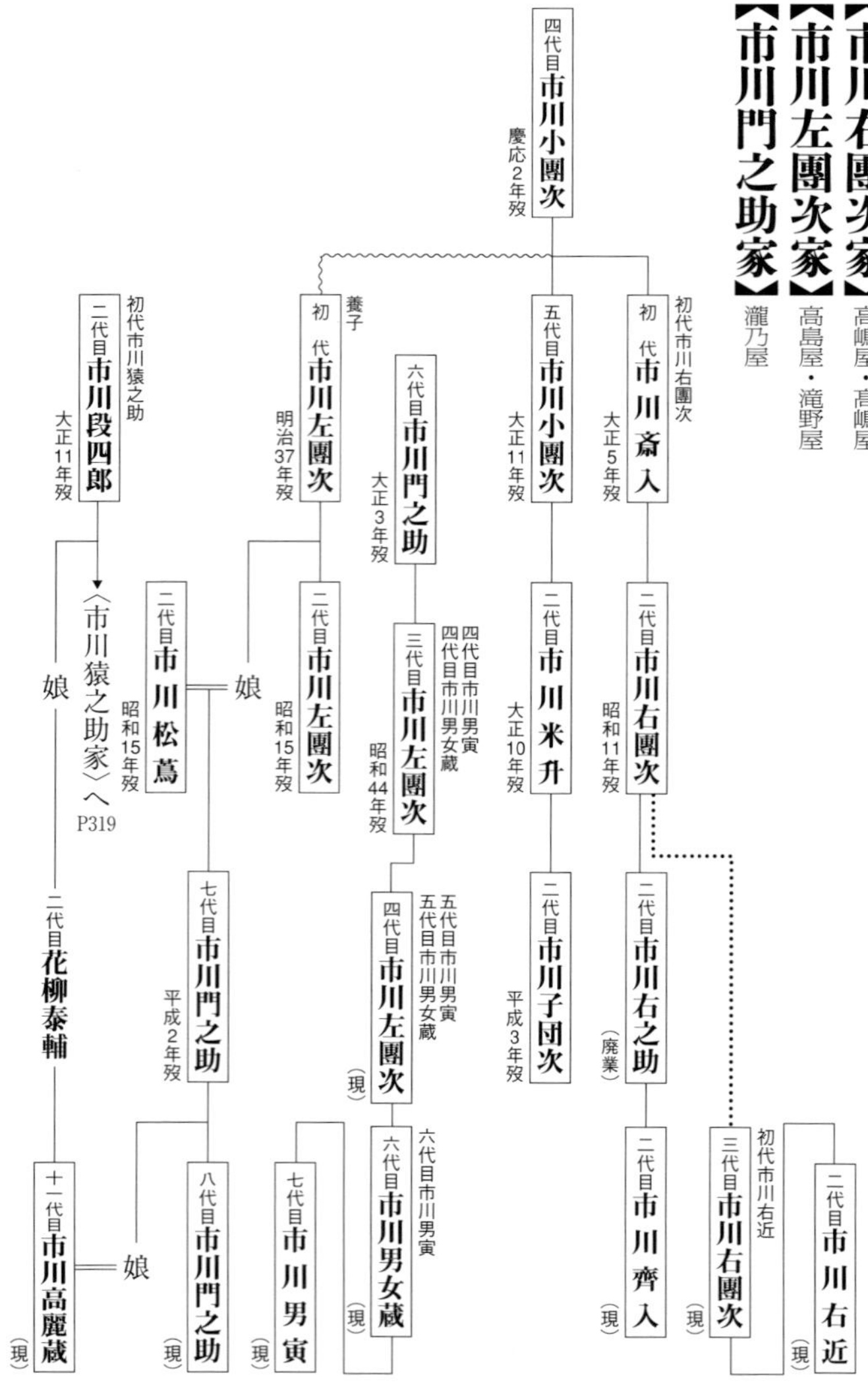

【市村羽左衛門家】橘屋
【坂東彦三郎家】音羽屋
【河原崎権十郎家】山崎屋

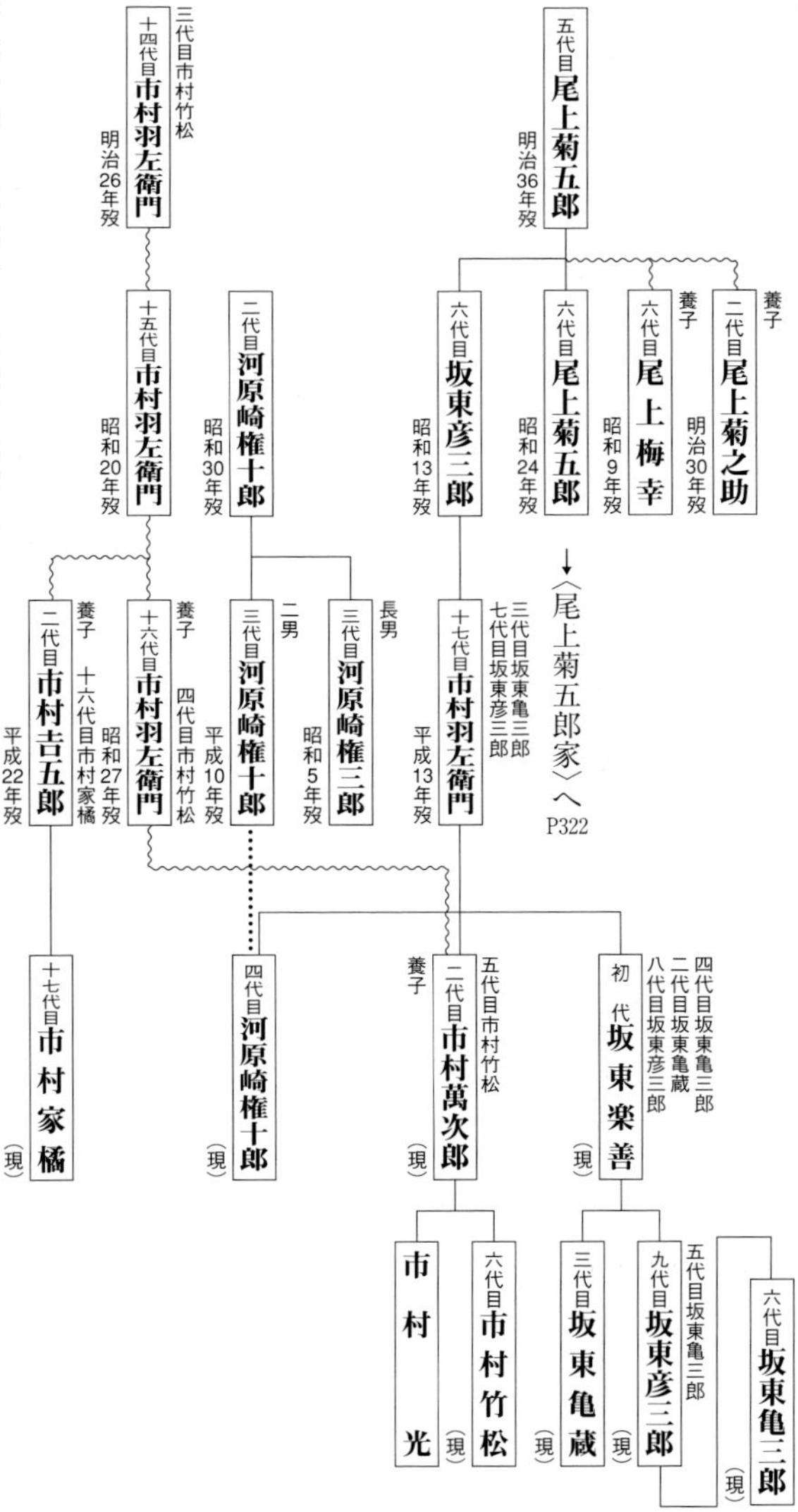
五代目 尾上菊五郎 明治36年歿
養子 二代目 尾上菊之助 明治30年歿
養子 六代目 尾上梅幸 昭和9年歿
六代目 尾上菊五郎 昭和24年歿
六代目 坂東彦三郎 昭和13年歿
↓〈尾上菊五郎家〉へ P322
三代目市村竹松 十四代目 市村羽左衛門 明治26年歿
十五代目 市村羽左衛門 昭和20年歿
二代目 河原崎権十郎 昭和30年歿
長男 三代目 河原崎権三郎 昭和5年歿
二男 三代目 河原崎権十郎 平成10年歿
三代目坂東亀三郎 七代目坂東彦三郎 十七代目 市村羽左衛門 平成13年歿
養子 四代目市村竹松 十六代目 市村羽左衛門 昭和27年歿
養子 十六代目市村家橘 二代目 市村吉五郎 平成22年歿
十七代目 市村家橘（現）
四代目 河原崎権十郎（現）
養子 五代目市村竹松 二代目 市村萬次郎（現）
四代目坂東亀三郎 二代目坂東亀蔵 八代目坂東彦三郎 初代 坂東楽善（現）
六代目 市村竹松（現）
市村光
三代目 坂東亀蔵（現）
五代目坂東亀三郎 九代目 坂東彦三郎（現）
六代目 坂東亀三郎（現）

【尾上菊五郎家】音羽屋

【尾上松緑家】音羽屋

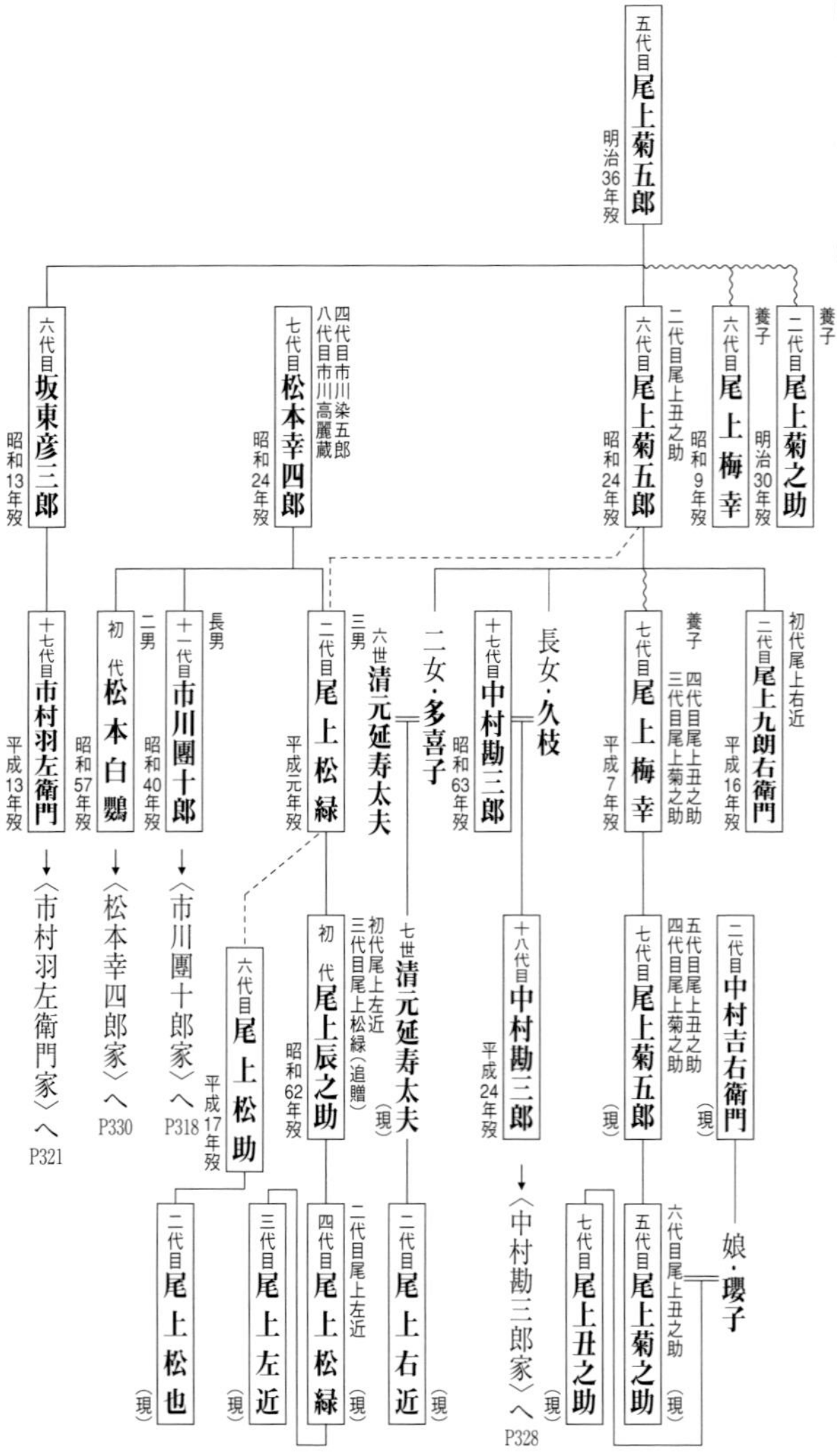
五代目 尾上菊五郎
明治36年歿
養子
二代目 尾上菊之助
明治30年歿
養子
六代目 尾上梅幸
昭和9年歿
二代目尾上丑之助
六代目 尾上菊五郎
昭和24年歿
四代目市川染五郎
八代目市川高麗蔵
七代目 松本幸四郎
昭和24年歿
六代目 坂東彦三郎
昭和13年歿
初代尾上右近
二代目 尾上九朗右衛門
平成16年歿
養子
四代目尾上丑之助
三代目尾上菊之助
七代目 尾上梅幸
平成7年歿
長女・久枝
十七代目 中村勘三郎
昭和63年歿
二女・多喜子
六世 清元延寿太夫
三男
二代目 尾上松緑
平成元年歿
長男
十一代目 市川團十郎
昭和40年歿
二男
初代 松本白鸚
昭和57年歿
十七代目 市村羽左衛門
平成13年歿
↓〈市村羽左衛門家〉へ
P321
↓〈松本幸四郎家〉へ
P330
↓〈市川團十郎家〉へ
P318
二代目 中村吉右衛門
(現)
五代目尾上丑之助
四代目尾上菊之助
七代目 尾上菊五郎
(現)
十八代目 中村勘三郎
平成24年歿
↓〈中村勘三郎家〉へ
P328
七世 清元延寿太夫
(現)
初代尾上左近
三代目尾上松緑(追贈)
初代 尾上辰之助
昭和62年歿
六代目 尾上松助
平成17年歿
娘・瓔子
六代目尾上丑之助
五代目 尾上菊之助
(現)
七代目 尾上丑之助
(現)
二代目 尾上右近
(現)
二代目尾上左近
四代目 尾上松緑
(現)
三代目 尾上左近
(現)
二代目 尾上松也
(現)

【片岡仁左衛門家】松嶋屋・松島屋

- 十代目片岡仁左衛門 明治28年歿
  - 十二代目片岡仁左衛門 昭和21年歿
    - 十三代目片岡我童（十四代目片岡仁左衛門（追贈）） 平成5年歿
    - 二代目市村吉五郎 平成22年歿
      - 十七代目市村家橘（現）
    - 六代目片岡芦燕 平成23年歿
- 十一代目片岡仁左衛門（初代片岡秀太郎 三代目片岡我當） 昭和9年歿
  - 十三代目片岡仁左衛門（四代目片岡我當） 平成6年歿
    - 五代目片岡我當（現）
      - 初代片岡進之介（現）
    - 二代目片岡秀太郎（現）
      - 養子 六代目片岡愛之助（現）
    - 十五代目片岡仁左衛門（現）
      - 初代片岡孝太郎（現）
        - 初代片岡千之助（現）
- 三代目片岡市蔵（八代目仁左衛門門弟） 明治39年歿
  - 四代目片岡市蔵 大正15年歿
    - 五代目片岡市蔵 平成3年歿
      - 六代目片岡市蔵（現）
      - 四代目片岡亀蔵（現）

【澤村宗十郎・田之助家】紀伊国屋

- 四代目助高屋高助 明治19年歿
  - 七代目澤村宗十郎 昭和24年歿
    - 五代目助高屋高助 昭和37年歿
    - 五代目澤村田之助（三代目澤村由次郎 澤村曙山） 昭和43年歿
      - 六代目澤村田之助（四代目澤村由次郎）（現）
      - 二代目澤村六郎 平成21年歿
      - 五代目澤村由次郎（現）
    - 八代目澤村宗十郎 昭和50年歿
      - 九代目澤村宗十郎 平成13年歿
      - 二代目澤村藤十郎（現）
- 三代目澤村田之助（初代澤村由次郎） 明治11年歿
  - 養子 四代目澤村田之助 明治32年歿

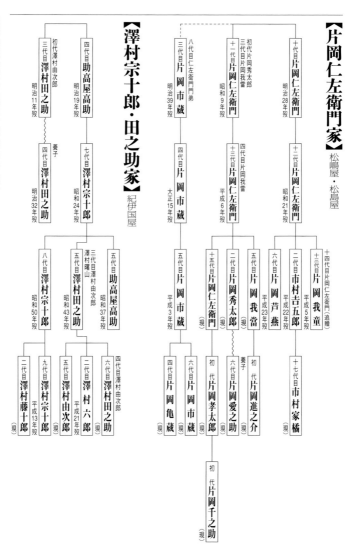

【中村歌右衛門家】成駒屋・加賀屋

【中村梅玉家】高砂屋

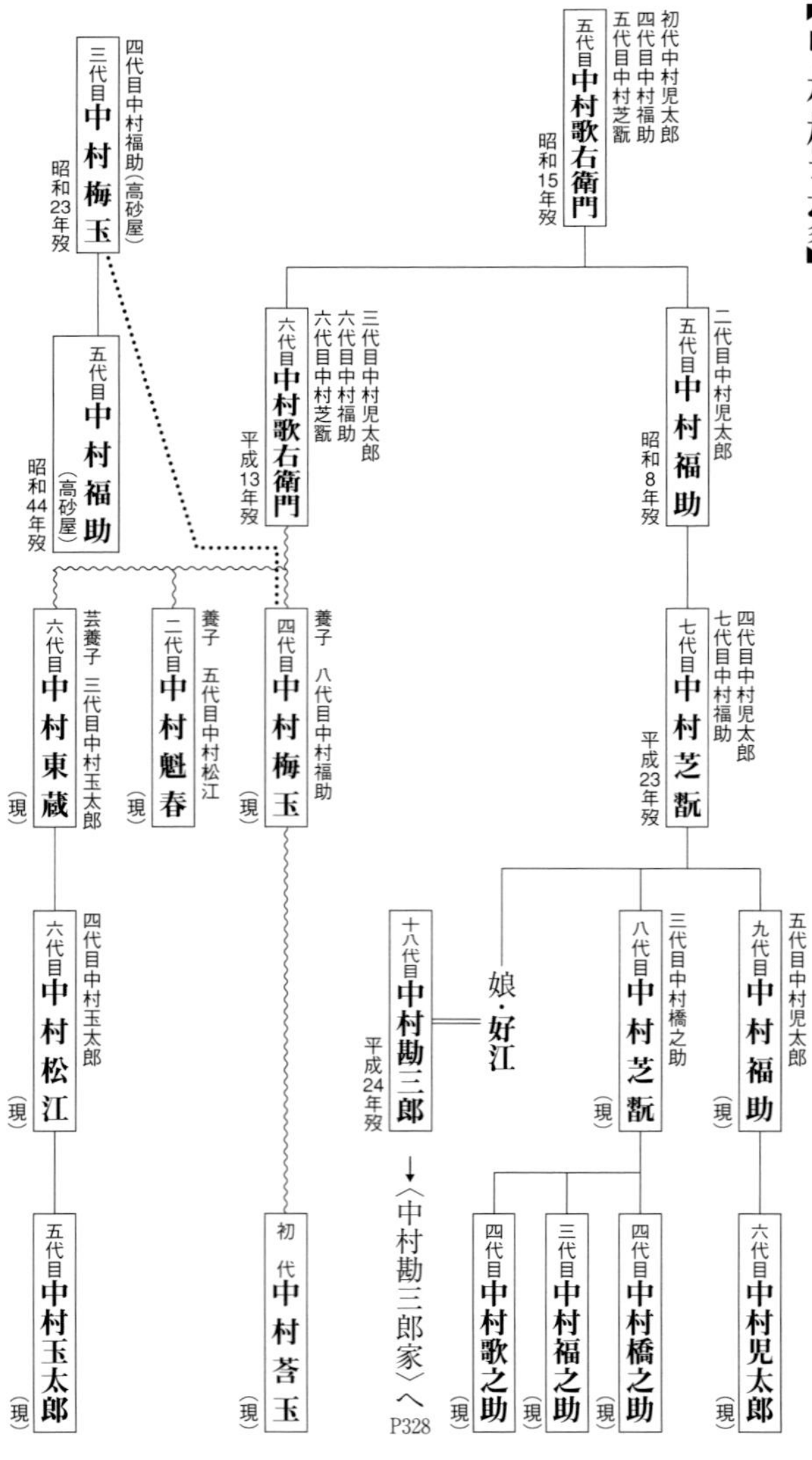

【中村鴈治郎家】【坂田藤十郎家】

成駒屋・成駒家
山城屋

- 初代 中村鴈治郎（昭和10年歿）
  - 二代目 林又一郎（昭和41年歿）
    - 林敏夫
      - 林与一
  - 二代目 中村鴈治郎（初代中村扇雀）（昭和58年歿）
    - 四代目 坂田藤十郎（二代目中村扇雀・三代目中村鴈治郎）（現）
      - 四代目 中村鴈治郎（現）
        - 初代 中村壱太郎（現）
      - 三代目 中村扇雀（現）
        - 初代 中村虎之介（現）
  - 娘・中村芳子 ＝ 四代目 中村富十郎（昭和35年歿）
    - 初代 中村亀鶴（平成6年歿）
      - 二代目 中村亀鶴（現）

四代目中村富十郎 →〈中村富十郎家〉へ P328

【中村雀右衛門家】【大谷友右衛門家】

京屋
明石屋

- 三代目 中村雀右衛門（五代目中村東蔵）（昭和2年歿）
  - 中村章景（昭和14年歿）
    - ⋯ 四代目 中村時蔵（昭和37年歿）
    - ⋯ 四代目 中村雀右衛門（養子）
- 六代目 大谷友右衛門（昭和18年歿）
  - 四代目 中村雀右衛門（初代大谷廣太郎・七代目大谷友右衛門）（平成24年歿） ＝ 娘・晃子
    - 八代目 大谷友右衛門（二代目大谷廣太郎）（現）
      - 三代目 大谷廣太郎（現）
      - 二代目 大谷廣松（現）
    - 五代目 中村雀右衛門（初代大谷廣松）（現）
- 七代目 松本幸四郎（昭和24年歿）
  - 娘・晃子

四代目中村時蔵 →〈中村時蔵家〉へ P327

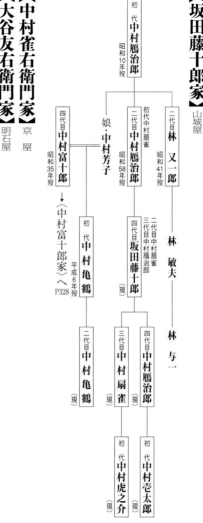

【中村吉右衛門家】播磨屋

【中村歌六家】播磨屋

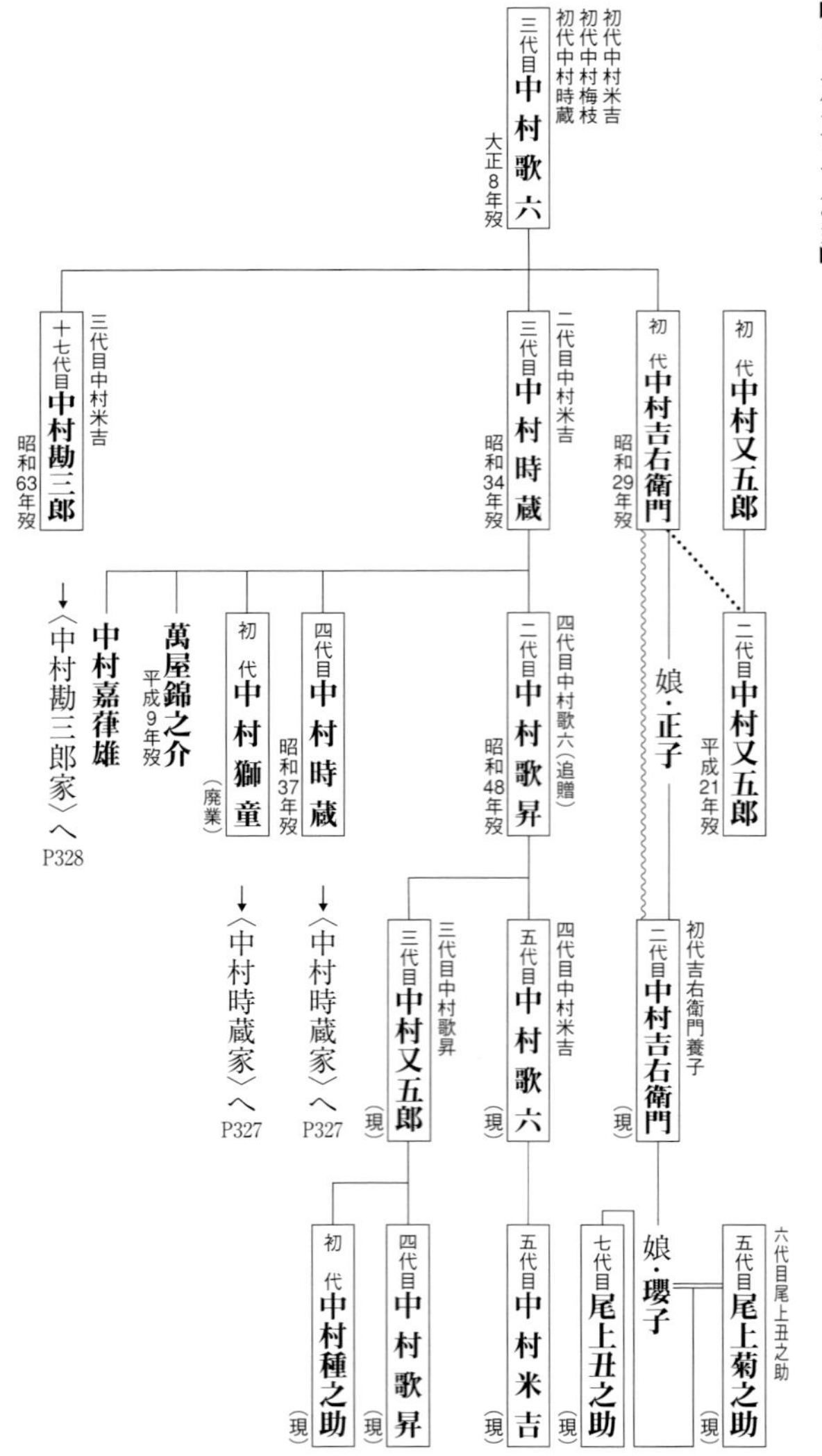
初代中村米吉
初代中村梅枝
初代中村時蔵
三代目中村歌六
大正8年歿
三代目中村米吉
十七代目中村勘三郎
昭和63年歿
二代目中村米吉
三代目中村時蔵
昭和34年歿
初代中村吉右衛門
昭和29年歿
初代中村又五郎
中村嘉律雄
↓〈中村勘三郎家〉へ P328
萬屋錦之介
平成9年歿
初代中村獅童
（廃業）
四代目中村時蔵
昭和37年歿
↓〈中村時蔵家〉へ P327
↓〈中村時蔵家〉へ P327
四代目中村歌六（追贈）
二代目中村歌昇
昭和48年歿
娘・正子
二代目中村又五郎
平成21年歿
三代目中村歌昇
三代目中村又五郎
（現）
四代目中村米吉
五代目中村歌六
（現）
初代吉右衛門養子
二代目中村吉右衛門
（現）
初代中村種之助
（現）
四代目中村歌昇
（現）
五代目中村米吉
（現）
七代目尾上丑之助
（現）
娘・瓔子
六代目尾上丑之助
五代目尾上菊之助
（現）

【中村時蔵家】萬屋

- 三代目中村歌六（初代目中村米吉・初代目中村梅枝・初代目中村時蔵）大正8年歿
  - 初代中村吉右衛門 昭和29年歿
    - ↓〈中村吉右衛門家〉へ P326
  - 三代目中村時蔵 昭和34年歿
    - 二代目中村歌昇（四代目中村歌六（追贈））昭和48年歿
      - ↓〈中村歌六家〉へ P326
    - 四代目中村時蔵（二代目中村梅枝）昭和37年歿
      - 五代目中村時蔵（三代目中村梅枝）（現）
        - 初代中村萬太郎（現）
        - 四代目中村梅枝（現）
      - 二代目中村錦之助（現）
        - 初代中村隼人（現）
    - 初代中村獅童（廃業）
      - 二代目中村獅童（現）
    - 萬屋錦之介 平成9年歿
    - 中村嘉葎雄
  - 十七代目中村勘三郎 昭和63年歿
    - ↓〈中村勘三郎家〉へ P328

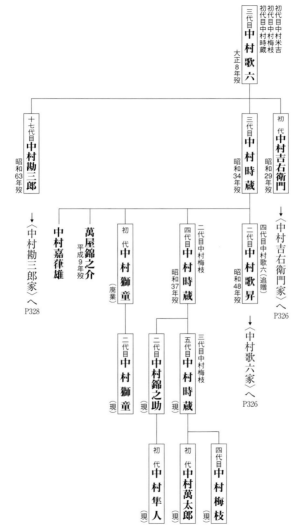

【中村勘三郎家】中村屋

- 三代目 中村歌六（大正8年歿）
  - 初代 中村吉右衛門（昭和29年歿）→〈中村吉右衛門家〉へ P326
  - 三代目 中村時蔵（昭和34年歿）→〈中村時蔵家〉へ P327
  - 十七代目 中村勘三郎（昭和63年歿）
- 十六代目 中村勘三郎 ……… 十七代目 中村勘三郎
- 六代目 尾上菊五郎（昭和24年歿）→〈尾上菊五郎家〉へ P322
  - 娘・久枝 ＝ 十七代目 中村勘三郎
    - 十八代目 中村勘三郎（五代目中村勘九郎）（平成24年歿）
- 七代目 中村芝翫（平成23年歿）→〈中村歌右衛門家〉へ P324
  - 娘・好江 ＝ 十八代目 中村勘三郎
    - 六代目 中村勘九郎（二代目中村勘太郎）（現）
      - 三代目 中村勘太郎（現）
      - 二代目 中村長三郎（現）
    - 二代目 中村七之助（現）

【中村富十郎家】天王寺屋

- 三代目 中村富十郎（明治34年歿）〜〜 四代目 中村富十郎
- 二代目 坂東彦十郎（大正7年歿）
  - 四代目 尾上菊次郎（四代目坂東竹三郎）（昭和56年歿）
  - 四代目 中村富十郎（昭和35年歿）
    - 五代目 中村富十郎（平成23年歿）
      - 初代 中村鷹之資（現）

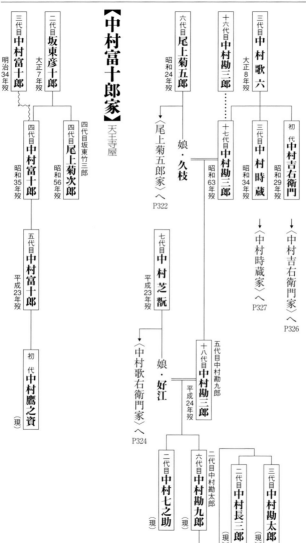

【守田勘弥家】喜の字屋・大和屋
【坂東三津五郎家】大和屋
【坂東秀調家】大和屋

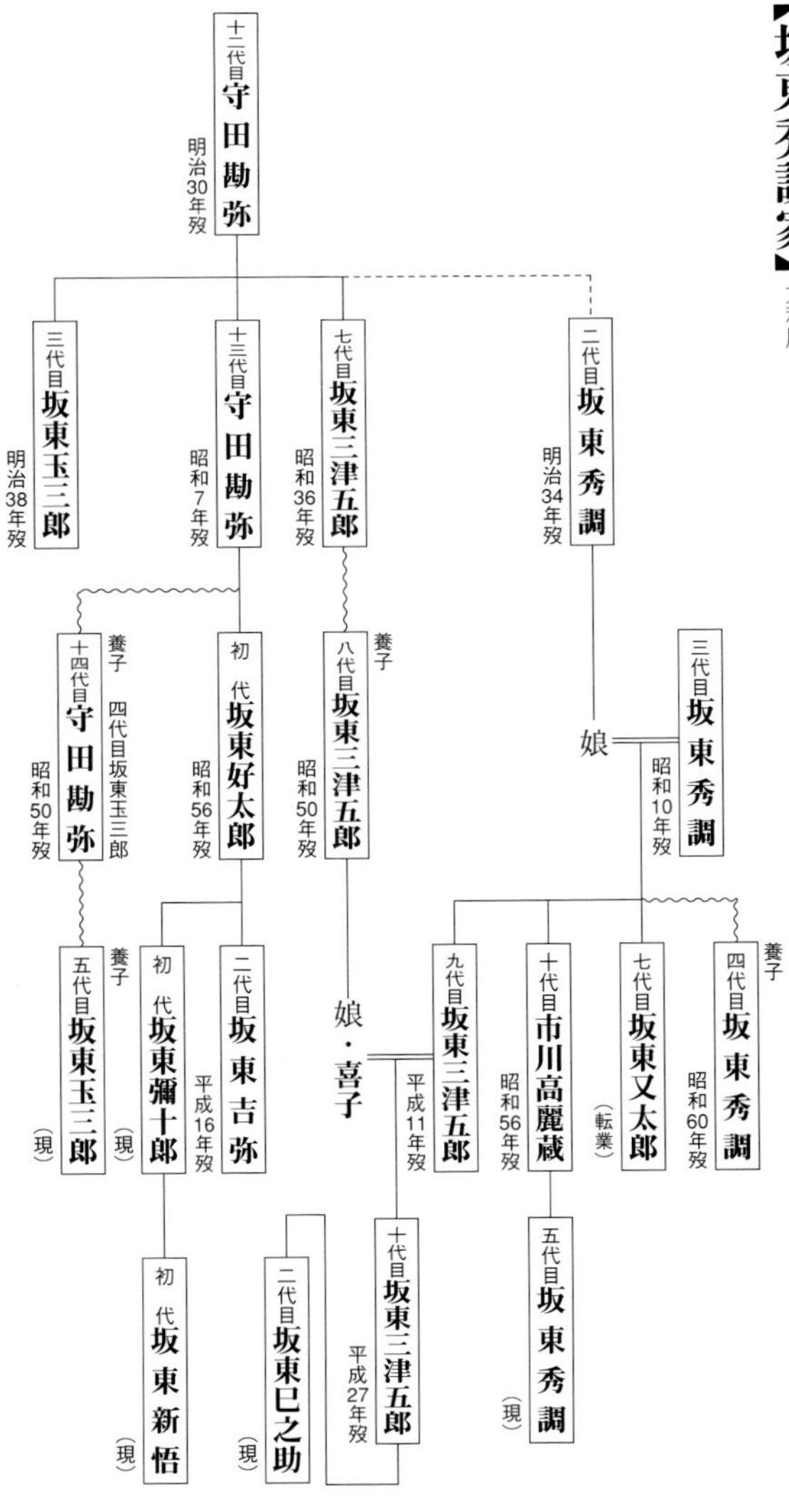

【松本幸四郎家】高麗屋

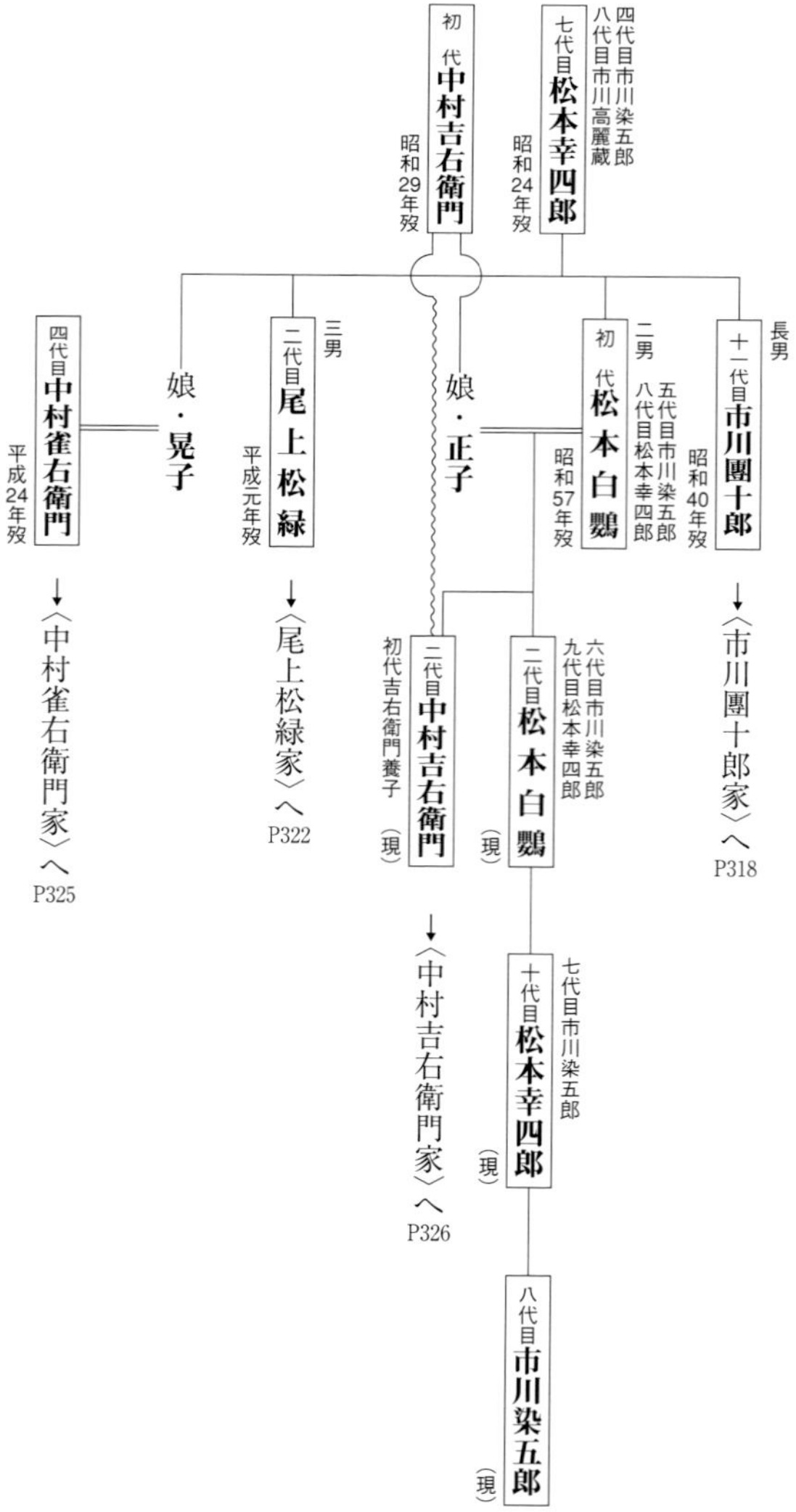
七代目松本幸四郎
四代目市川染五郎
八代目市川高麗蔵
昭和24年歿
初代中村吉右衛門
昭和29年歿
長男
十一代目市川團十郎
昭和40年歿
↓〈市川團十郎家〉へ
P318
二男
初代松本白鸚
五代目市川染五郎
八代目松本幸四郎
昭和57年歿
娘・正子
三男
二代目尾上松緑
平成元年歿
↓〈尾上松緑家〉へ
P322
娘・晃子
四代目中村雀右衛門
平成24年歿
↓〈中村雀右衛門家〉へ
P325
二代目松本白鸚
六代目市川染五郎
九代目松本幸四郎
(現)
二代目中村吉右衛門
初代吉右衛門養子
(現)
↓〈中村吉右衛門家〉へ
P326
十代目松本幸四郎
七代目市川染五郎
(現)
八代目市川染五郎
(現)

五 劇場案内

▼劇場案内には、歌舞伎の本公演を行う主要劇場と、地方の芝居小屋などで歌舞伎公演を行う劇場を選んで掲載した。

歌舞伎座

歌舞伎の殿堂としてわが国が世界に誇る歌舞伎座は、年間を通じて歌舞伎を毎月上演している唯一の劇場でもある。3年間の全面改築工事を経て、平成25年4月に最新の設備と内装で華々しく新築再開場し、一年にわたり杮葺落興行を行った。明治22年（1889）に開場した第一次歌舞伎座から130年の歩みは、伝統と格式を守りつつ、常に革新と進化を続ける近代日本の文化の象徴ともいえよう。手頃な料金で気軽に観劇できる一幕見席も常備している。

電話	☎03-3545-6800㈹
電話予約	チケットホン松竹（午前10時～午後6時） ☎0570-000-489（ナビダイヤル） ☎03-6745-0888
ネット予約	チケットWeb松竹（24時間受付） http://www1.ticket-web-shochiku.com/t/
所在地	〒104-0061 東京都中央区銀座4−12−15
交通	東京メトロ日比谷線〈東銀座〉または 都営地下鉄浅草線〈東銀座〉
HP	http://www.shochiku.co.jp
座席数	1,808席（一幕見席を除く）

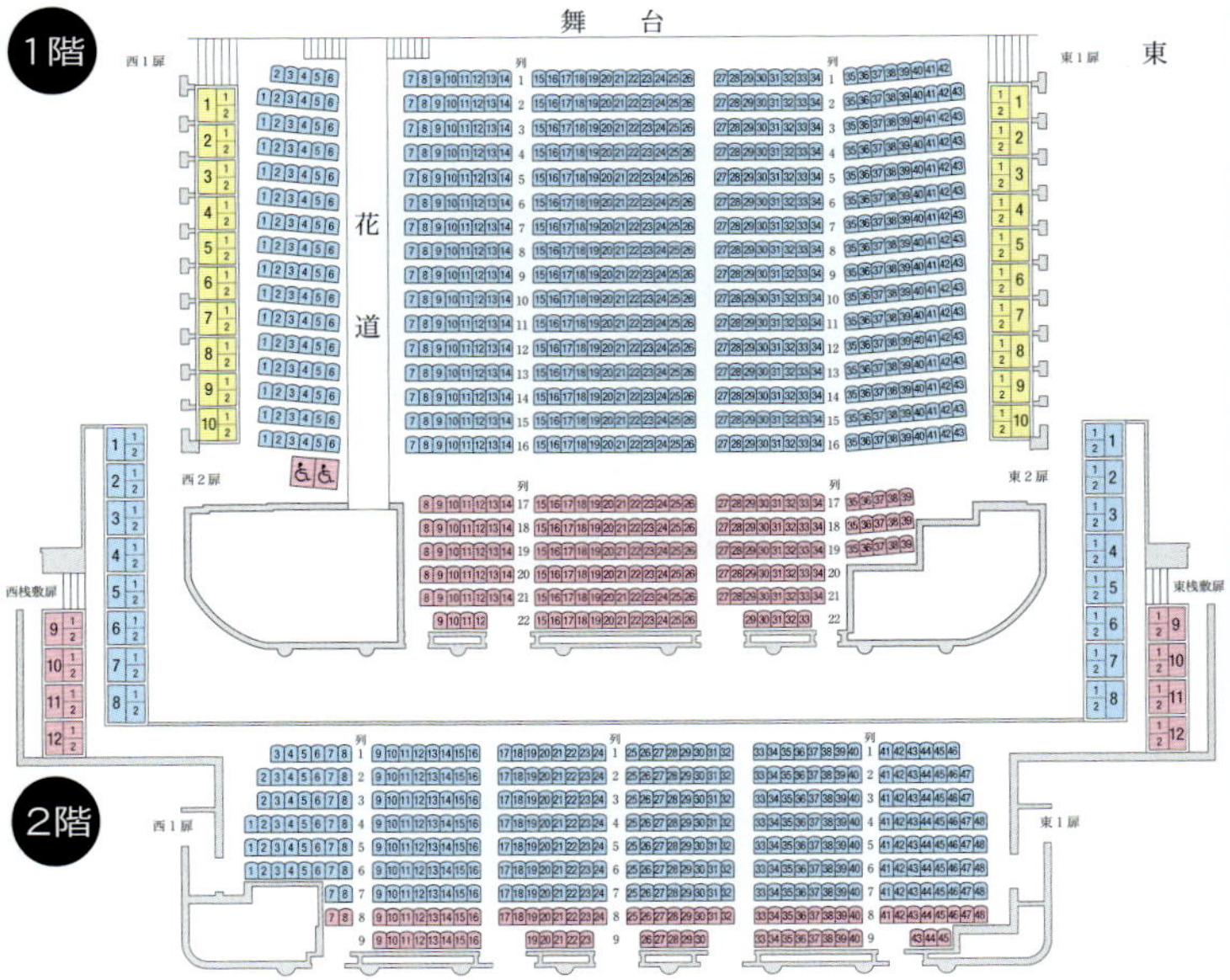

■＝１等席／■＝２等席／■＝１階桟敷席

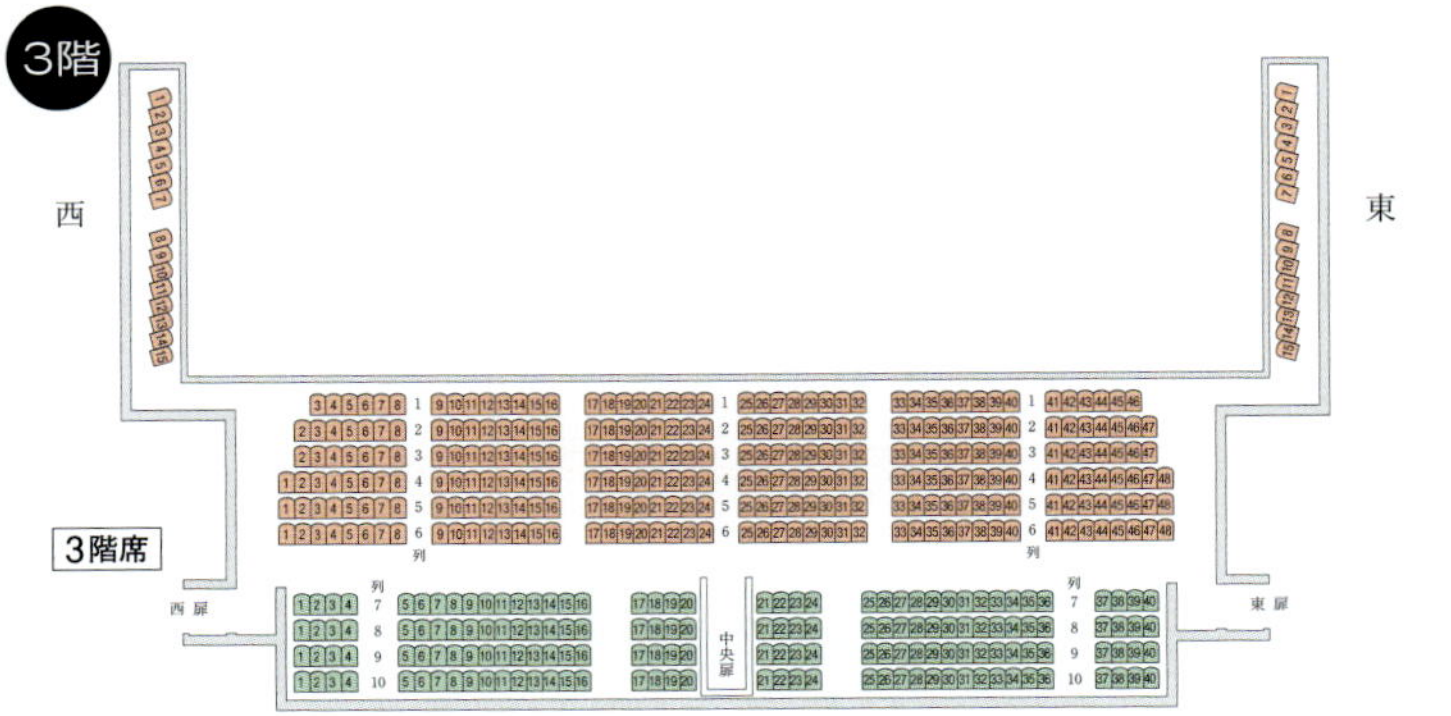

■＝３階Ａ席／■＝３階Ｂ席

国立劇場

わが国初の国立劇場として昭和41年に開場。大劇場と小劇場がある。伝統芸能の公開と保存・振興を目的に、歌舞伎や文楽、日本舞踊、邦楽、民俗芸能などの公開と記録保存・調査研究等を行っている。伝統歌舞伎保存会と協同して、歌舞伎俳優や竹本、鳴物、長唄の伝承者の養成を行い、大きな成果をあげている。国立演芸場、国立能楽堂、国立文楽劇場、国立劇場おきなわ、新国立劇場と共に、独立行政法人日本芸術文化振興会の施設である。

小劇場

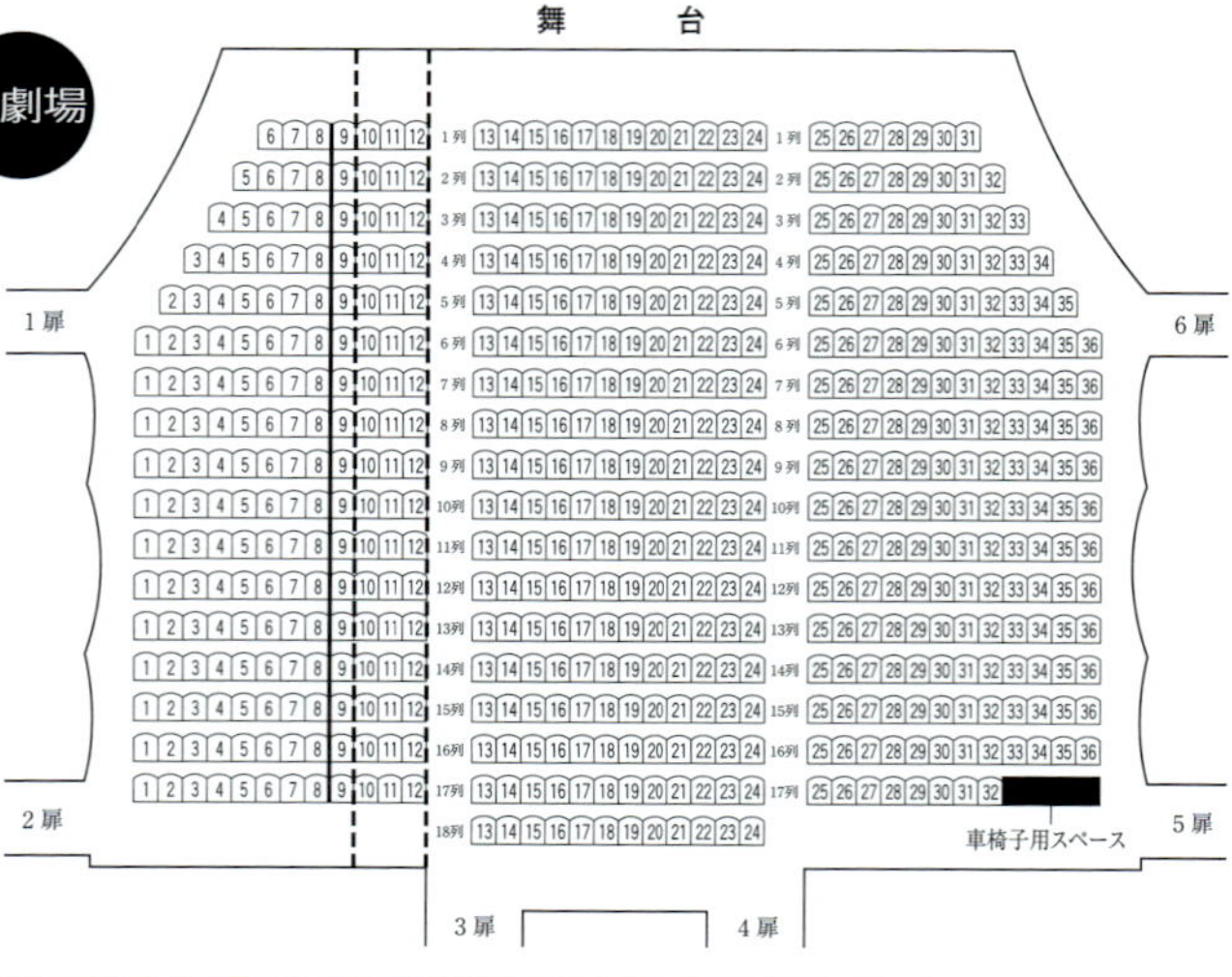

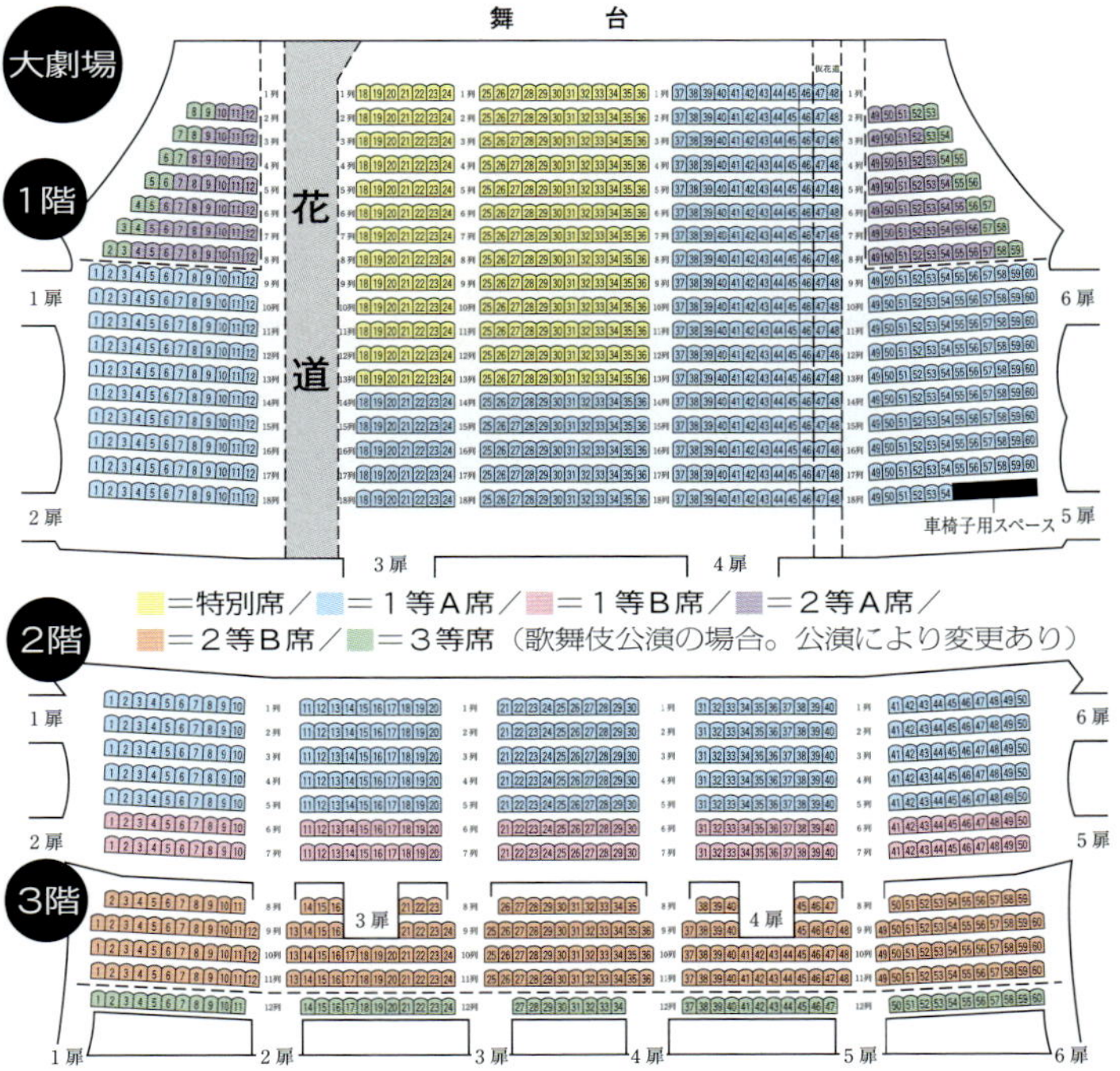

電話	☎03-3265-7411㈹
電話予約	国立劇場チケットセンター（午前10時～午後6時） ☎0570-07-9900／☎03-3230-3000（一部IP電話等） ＊創立記念日（7月1日）と年末年始のみ休業
ネット予約 パソコン・スマートフォン	https://ticket.ntj.jac.go.jp
所在地	〒102-8656 東京都千代田区隼町4−1
交通	東京メトロ半蔵門線〈半蔵門〉または 東京メトロ有楽町線・半蔵門線・南北線〈永田町〉
HP	https://www.ntj.jac.go.jp/
座席数	1,520席（大劇場・花道設置時）／590席（小劇場）

新橋演舞場

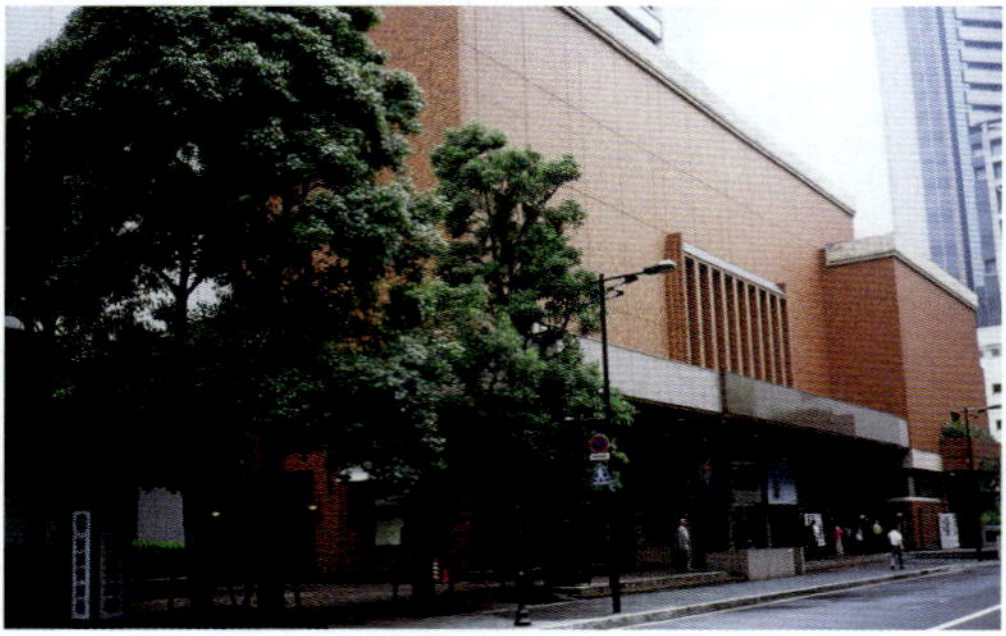

大正14年新橋芸妓の技芸を発表する「東をどり」発表のために創設され、昭和15年から松竹が興行を引き受けた。劇団新派、喜劇、現代劇、ミュージカル等幅広いジャンルの公演を行ったり、歌舞伎興行においても大歌舞伎から花形歌舞伎、スーパー歌舞伎まで多様な公演に積極的に取りくみ、自由で親しみやすい独自の路線をとっている。

電話	☎03-3541-2600(代)
電話予約	チケットホン松竹（午前10時〜午後6時） ☎0570-000-489（ナビダイヤル） ☎03-6745-0888
ネット予約	チケットWeb松竹（24時間受付） http://www1.ticket-web-shochiku.com/t/
所在地	〒104-0061 東京都中央区銀座6−18−2
交通	東京メトロ日比谷線〈東銀座〉または 都営地下鉄浅草線〈東銀座〉または 都営地下鉄大江戸線〈築地市場〉
HP	http://www.shochiku.co.jp
座席数	1,428席

舞台
花道
1階
2階
3階
正面左扉
正面右扉
左一扉
左二扉
左三扉
左四扉
左五扉
左六扉
右一扉
右二扉
右三扉
右四扉
右五扉
右六扉
（左藤席）
（右藤席）
＊ は車椅子での
ご観劇スペース（2台分）です。
＝桟敷席／＝１等席／
＝２等Ａ席／＝２等Ｂ席／
＝３階Ａ席／＝３階Ｂ席
（公演により等級区分の変更あり）

明治座

明治6年に東京・久松町河岸に開場した喜昇座以来の伝統をもつ、東京で最も歴史の古い劇場。明治26年、初代市川左團次が座主となり、明治座と改称。その子の二代目左團次があとを継ぎ、演劇の革新をはかって苦闘した輝かしい歴史をもつ。現在の劇場は平成5年に二ヶ月連続歌舞伎興行で開場した。歌舞伎、時代劇、現代劇、コンサートと多彩な演目を上演している。

電話・切符予約	明治座チケットセンター ☎03-3666-6666（午前10時～午後5時）
ネット予約	「席とりくん」 https://web.meijiza.com
所在地	〒103-0007 東京都中央区日本橋浜町2−31−1
交通	都営地下鉄新宿線〈浜町〉または 都営地下鉄浅草線〈人形町〉または 東京メトロ日比谷線〈人形町〉または 東京メトロ半蔵門線〈水天宮前〉
HP	http://www.meijiza.co.jp
座席数	1,368席（花道設置時）

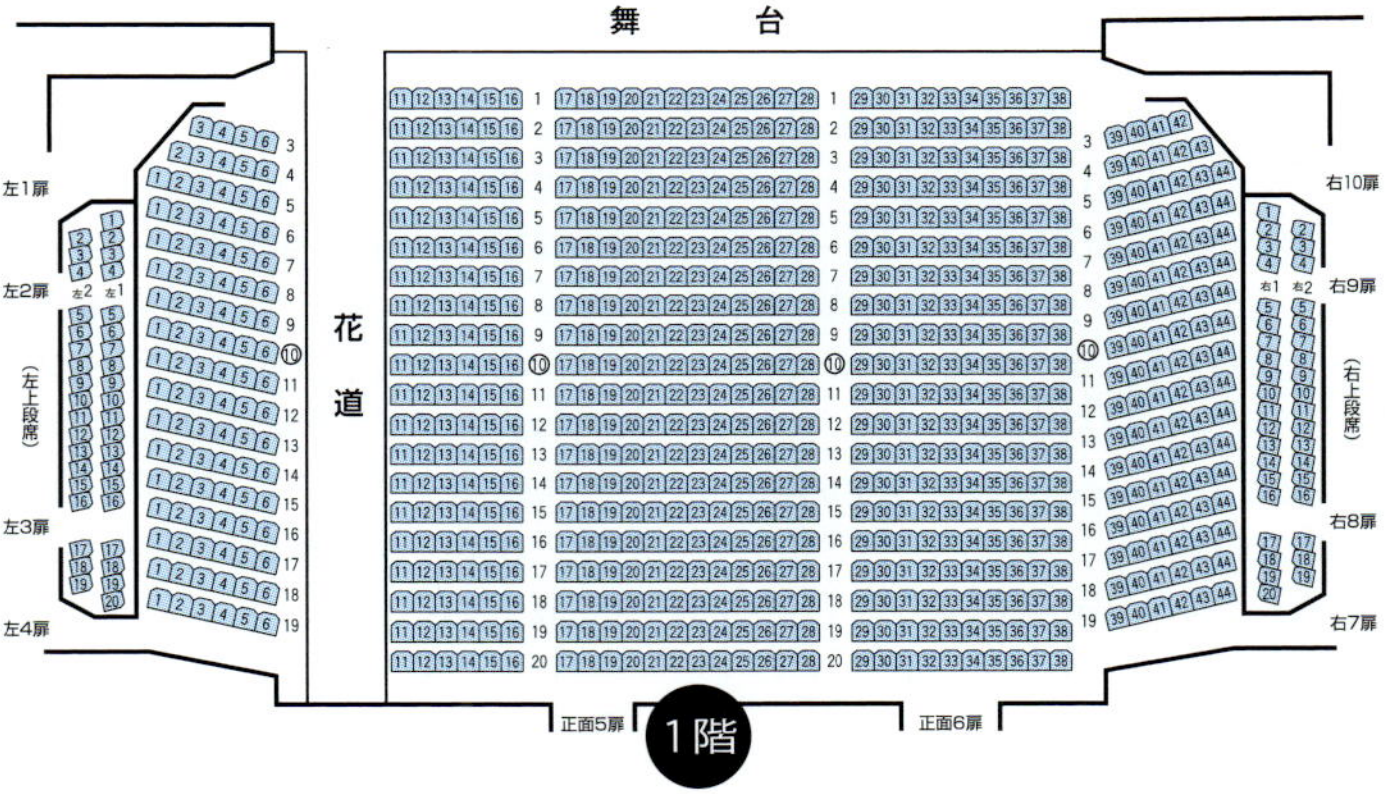

＝S席／＝A席（公演により変更あり）

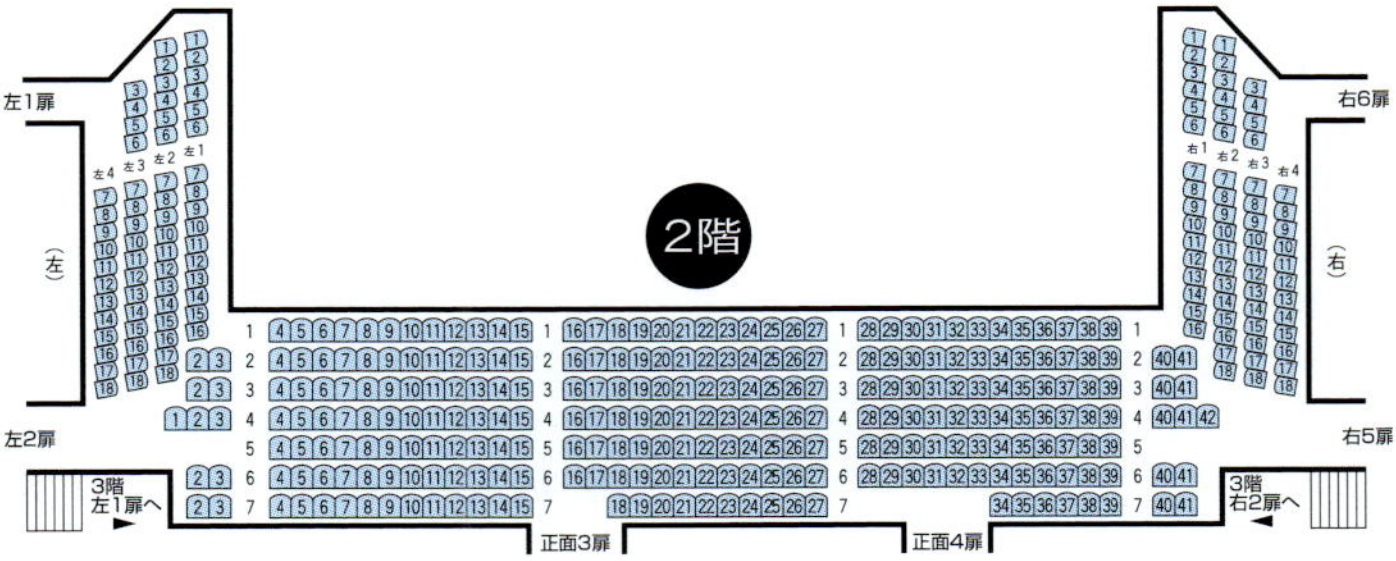

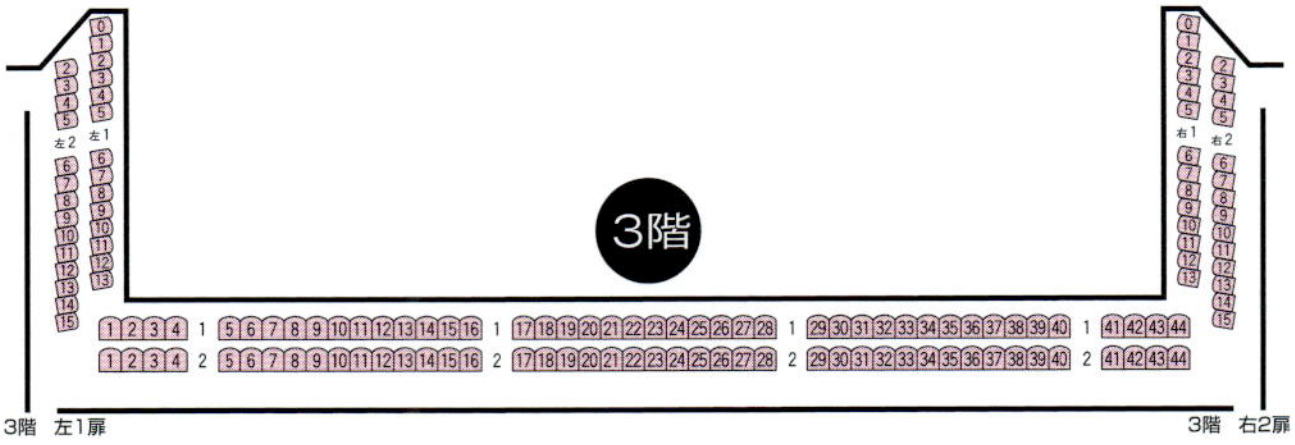

浅草公会堂

電話　☎03-3844-7491
所在地　〒111-0032
東京都台東区浅草1−38−6
交通　東京メトロ銀座線・都営地下鉄浅草線・東武線・つくばエクスプレス浅草駅
HP　http://asakusa-koukaidou.net/
座席数　1,082席
▼江戸の雰囲気を色濃く残す浅草にあり、公共ホールに珍しく本格的な花道をもつ。新春浅草歌舞伎は令和２年に40周年を迎えた。３年２月から12月まで改修工事のため休館する。

日生劇場

電話　☎03-3503-3111
所在地　〒100-0006
東京都千代田区有楽町1−1−1
交通　東京メトロ日比谷線・千代田線・都営三田線日比谷駅／JR・東京メトロ有楽町線有楽町駅／東京メトロ丸ノ内線銀座駅
HP　http://www.nissaytheatre.or.jp/
座席数　1,330席
▼日本生命が企業の文化活動の一環として、新しい演劇文化の創造をめざし、日比谷の一等地に昭和38年に創設した。当時の姿をそのまま残す。

TBS赤坂ACTシアター

電話　☎03-3589-2277
所在地　〒107-8006
東京都港区赤坂5−3−2
赤坂サカス内
交通　東京メトロ千代田線赤坂駅／東京メトロ銀座線・丸ノ内線赤坂見附駅／東京メトロ銀座線・南北線溜池山王駅
HP　http://www.tbs.co.jp/act/
座席数　1,324席
▼最新の設備を誇り、ミュージカル・演劇・コンサートなど様々なジャンルの公演を行っている。開場の平成20年より赤坂大歌舞伎が上演されている。

Bunkamuraシアターコクーン

電話　☎03-3477-3244
所在地　〒150-8507
東京都渋谷区道玄坂2−24−1
交通　JR山手線・埼京線・東京メトロ銀座線・半蔵門線・副都心線・京王井の頭線・東急東横線・田園都市線渋谷駅
HP　https://www.bunkamura.co.jp
座席数　747席（公演により異なる）
▼複合文化施設Bunkamuraの一階にある中劇場。音響、照明設備が充実し、優れた舞台機構をもつ。平成6年よりコクーン歌舞伎が上演されている。

梅田芸術劇場
メインホール／シアター・ドラマシティ

電話
☎06-6377-3800（メインホール）
☎06-6377-3888（ドラマシティ）
所在地　〒530-0013
大阪市北区茶屋町19－1
交通　阪急梅田駅より徒歩3分／JR大阪駅より徒歩8分／地下鉄御堂筋線梅田駅より徒歩5分、中津駅より徒歩4分／地下鉄谷町線東梅田駅より徒歩7分／地下鉄四つ橋線西梅田駅より徒歩11分／阪神梅田駅より徒歩10分
HP　http://www.umegei.com/
座席数　1905席（メインホール）
898席（シアター・ドラマシティ）
▼最新設備による演劇やミュージカル、コンサートが行われている。

国立文楽劇場

電話　☎06-6212-2531㈹
切符予約　国立劇場チケットセンター
☎0570-07-9900（午前10時～午後6時）
＊創立記念日（7月1日）と年末年始は休業
所在地　〒542-0073
大阪市中央区日本橋1－12－10
交通　地下鉄堺筋線・千日前線・近鉄日本橋駅7番出口徒歩1分
HP　https://www.ntj.jac.go.jp/bunraku/index.html
座席数　753席（花道設置時677席）
▼人形浄瑠璃文楽など上方の伝統芸能の公演と保存・振興を目的に昭和59年開場。運営は日本芸術文化振興会。文楽の太夫・三味線・人形遣いの養成や、芸能資料の収集・展示を行う。

京都芸術劇場 春秋座

電話　☎075-791-8240
所在地　〒606-8271　京都市左京区北白川瓜生山2－116
交通　最寄りのバス停「上終町京都造形芸大前」京都駅から市バス5系統岩倉行50分／地下鉄北大路駅から市バス204系統銀閣寺行15分／阪急河原町駅から市バス3・5系統造形大行30分／京阪三条駅から市バス5系統岩倉行20分／京阪出町柳駅から市バス3系統造形大行10分／叡山電鉄茶山駅から徒歩10分
HP　http://www.k-pac.org/
座席数　843席（花道設置時768席）
▼平成13年開設。京都芸術大学内に歌舞伎の上演を想定して作られた劇場。

御園座

1896（明治29）年の開業以来、芸どころ名古屋を象徴する劇場として親しまれ、名古屋で唯一、大歌舞伎の本興行が行われる大劇場。2018（平成30）年4月に新装開場し現建物が6代目。東西の各劇場に並ぶ設備と格式を誇る。秋の顔見世興行は、全国の歌舞伎ファンに知られる恒例行事。

電話	☎052-222-8222（10：00 ～ 18：00）
電話予約	御園座チケットセンター ☎052-308-8899（10：00 ～ 18：00）
ネット予約	御園座オンラインチケット https://www.misonoza.co.jp/ticket/
所在地	〒460-8403 名古屋市中区栄1−6−14
交通	地下鉄東山線・鶴舞線「伏見駅」下車6番出口徒歩2分
HP	http://www.misonoza.co.jp/
座席数	1,219席（花道設置時）

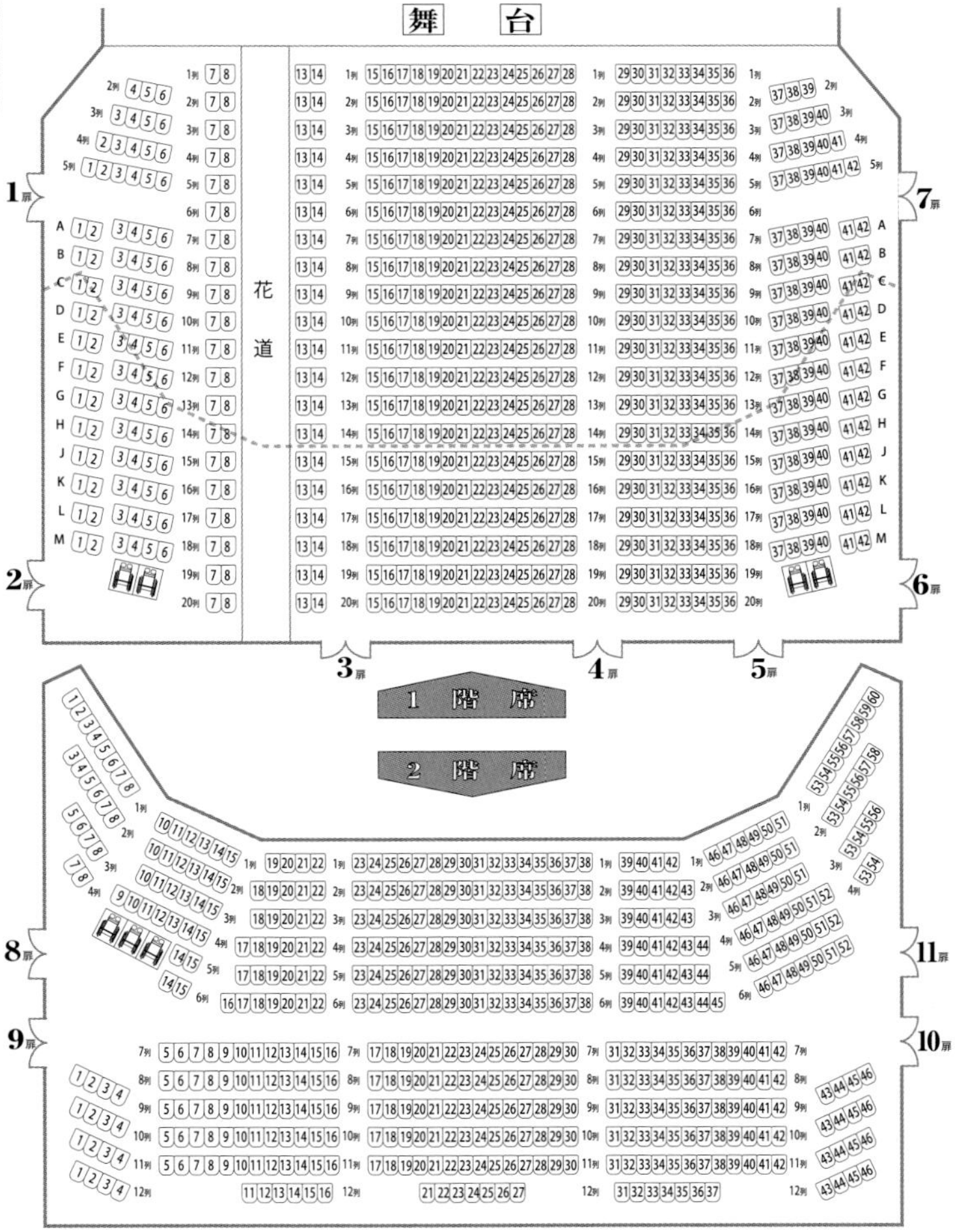

舞台
花道
1扉
2扉
3扉
4扉
5扉
6扉
7扉
1階席
2階席
8扉
9扉
10扉
11扉

南座

歌舞伎発祥の地、鴨河原、四条大橋の東側に建つ。毎年12月の「吉例顔見世興行」は京の風物詩として欠かすことのできないもので、劇場正面に飾られる〈まねき看板〉は、なつかしい日本の冬の季節感を呼びさます。南座の創建は江戸時代初期までさかのぼり、付近で公許された七つの櫓の伝統を今に伝える唯一の劇場である。明治39年より松竹が経営に当たる。昭和4年の建て替え、平成3年の大改修を経て、平成8年、登録有形文化財（建造物）となり、その後京都市の歴史的意匠建造物にも指定された。平成28年からの耐震補強を目的とした大規模改修工事を終え、平成30年11月に新開場。

電話	☎075-561-1155㈹
電話予約	チケットホン松竹（午前10時～午後6時） ☎0570-000-489（ナビダイヤル） ☎06-6530-0333
ネット予約	チケットWeb松竹（24時間受付） http://www1.ticket-web-shochiku.com/t/
所在地	〒605-0075 京都市東山区四条大橋東詰
交通	京阪電鉄本線〈祇園四条〉または 阪急京都線〈京都河原町〉
HP	http://www.shochiku.co.jp/
座席数	1,082席

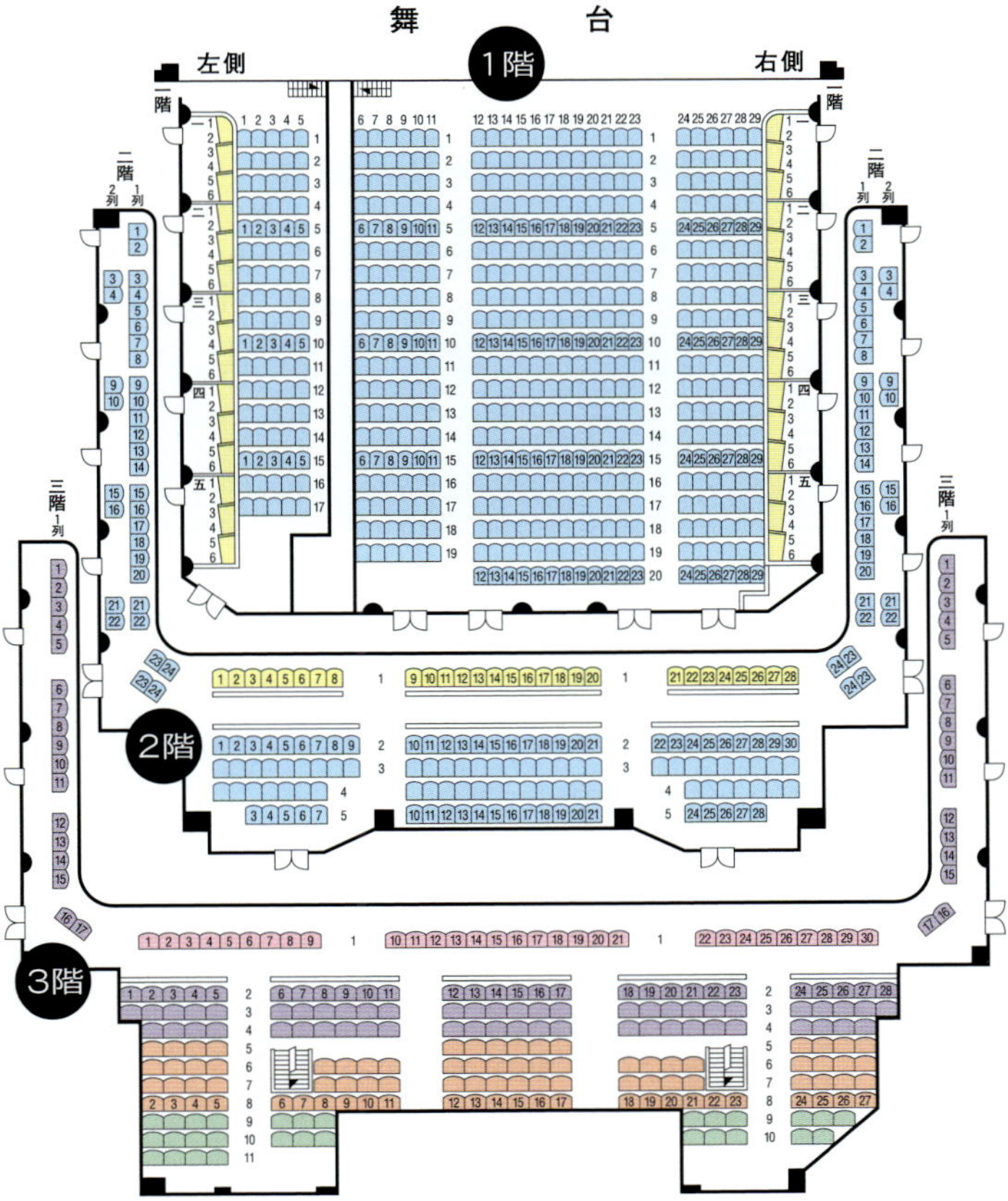

＝特別席／＝１等席／＝２等席Ａ／＝２等席Ｂ／
＝３等席／＝４等席　（公演により等級区分の変更あり）

大阪松竹座

平成 9 年、関西での歌舞伎興行を復興しようとの松竹の強い意気込みで大阪道頓堀に新装開場した。年間三ヶ月前後の歌舞伎公演をはじめ、松竹新喜劇やレビュー、コンサートなど、あらゆる舞台芸術に対応できる舞台機構を持つ劇場である。この劇場が開場して以来、関西の歌舞伎ファンが確実に増えてきた。大阪の伝統文化興隆に大きな貢献を果たしている。

電話	☎06-6214-2211(代)
電話予約	チケットホン松竹(午前10時～午後6時) ☎0570-000-489(ナビダイヤル) ☎06-6530-0333
ネット予約	チケットWeb松竹(24時間受付) http://www1.ticket-web-shochiku.com/t/
所在地	〒542-0071 大阪市中央区道頓堀1-9-19
交通	Osaka Metro御堂筋線・千日前線・四つ橋線・南海南海線・高野線〈なんば〉または近鉄難波線・阪神なんば線〈大阪難波〉・JR大和路線〈JR難波〉
HP	http://www.shochiku.co.jp
座席数	1,033席

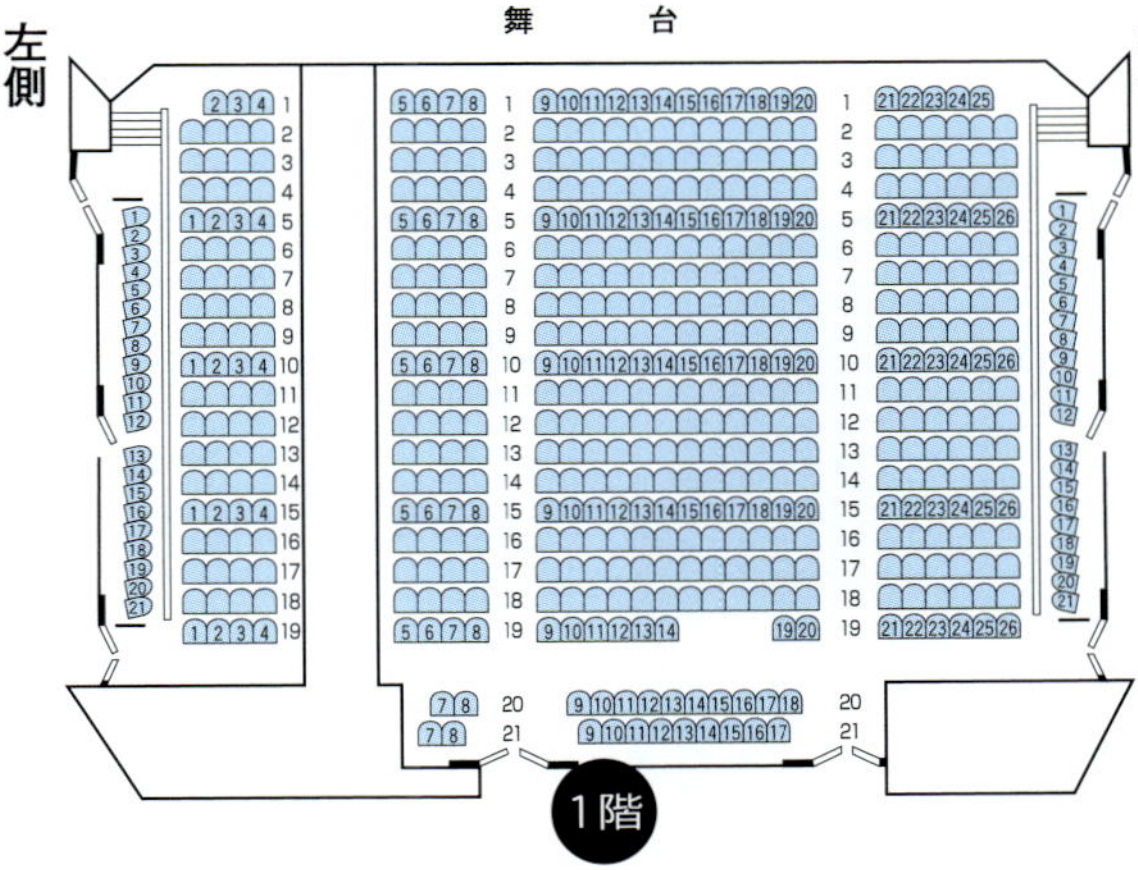

■＝1等席／■＝2等席／■＝3等席（公演により変更あり）

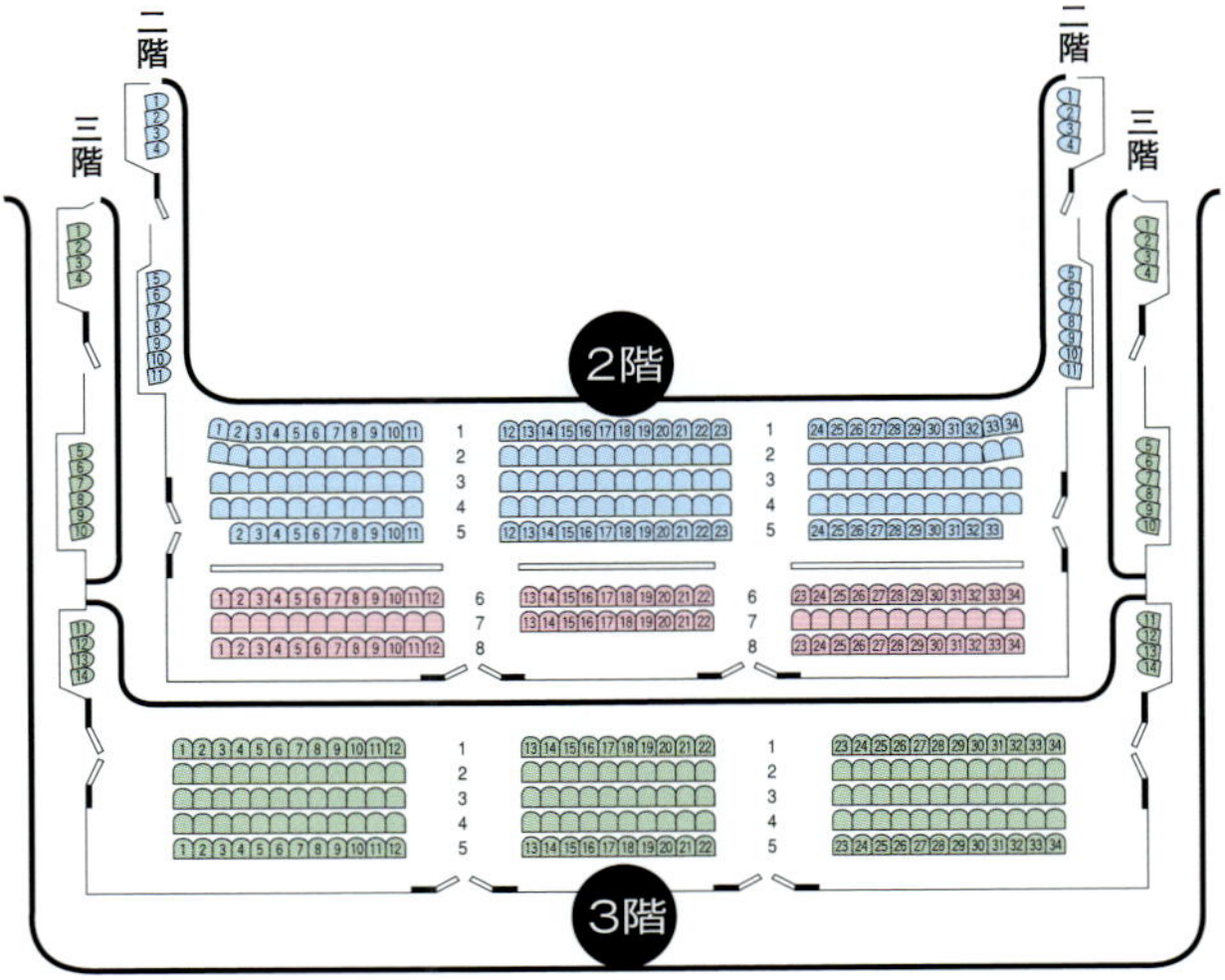

博多座

平成11年に開場した九州地方で唯一の常打ちの演劇専用劇場。歌舞伎をはじめミュージカル、芝居などあらゆるジャンルの演劇を上演。花道、廻り舞台はもちろん、スーパー歌舞伎も上演できる国内屈指の舞台機構を備える。毎年6月の歌舞伎興行では「船乗り込み」が行われ博多の初夏の風物詩として知られる。一幕見券などの歌舞伎初心者も立ち寄りやすいサービスを整え、九州に歌舞伎文化を広める発信地としての役割を担う。

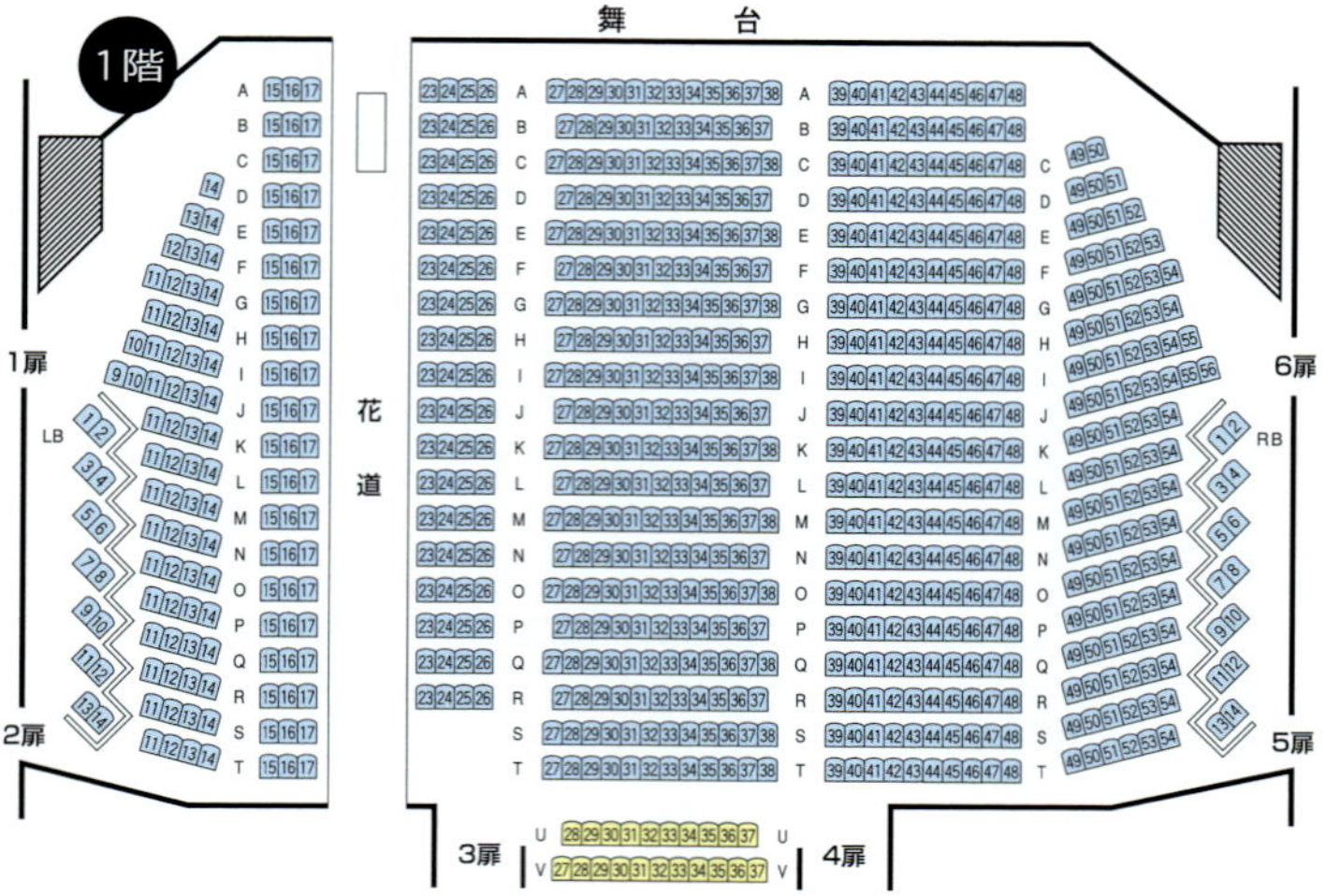

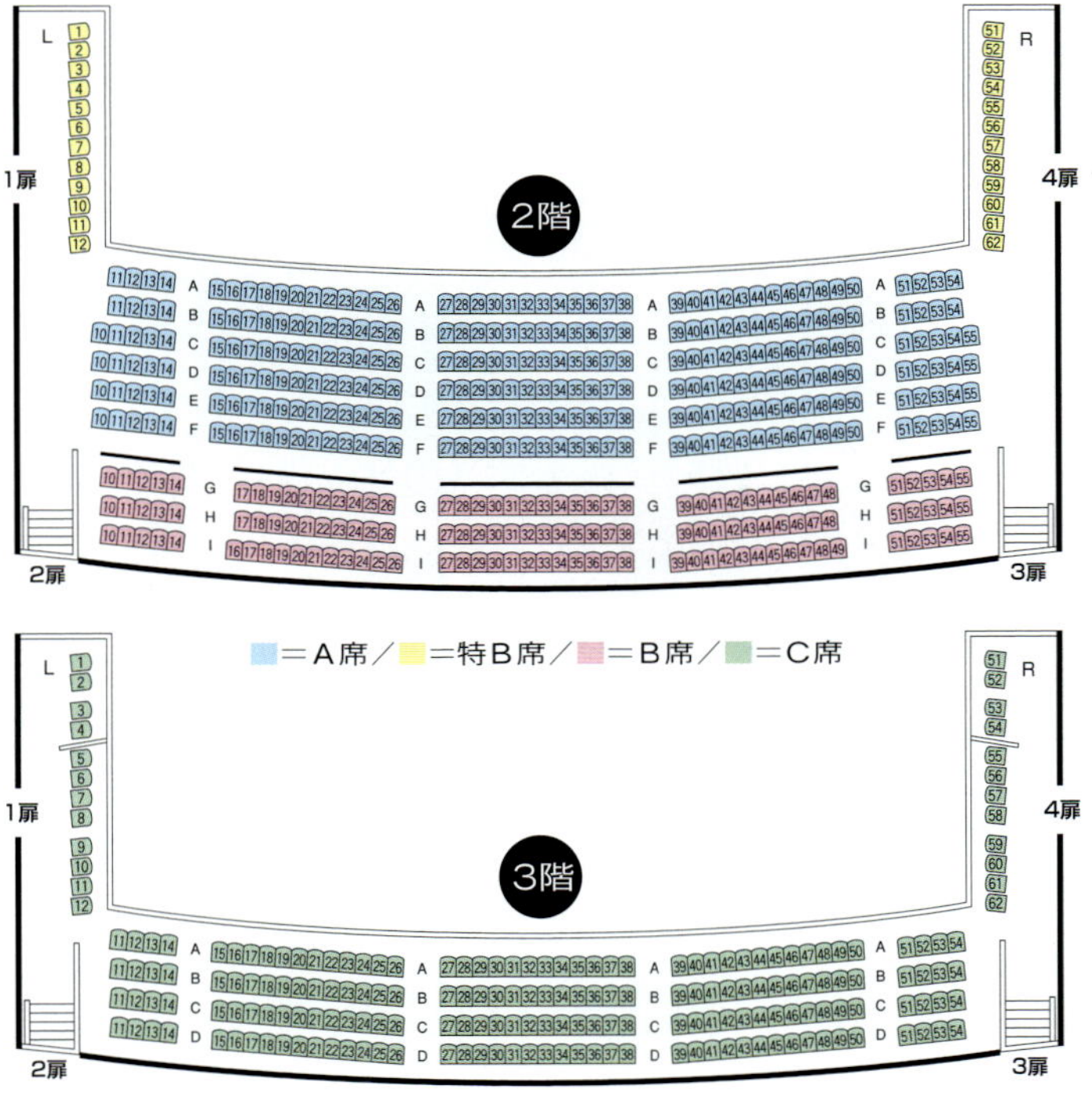

電話	☎092-263-5858㈹
電話予約	博多座電話予約センター ☎092-263-5555（午前10時〜午後6時）
ネット予約 パソコン・スマートフォン	https://www.hakataza.co.jp/
所在地	〒812-8615 福岡市博多区下川端町2−1
交通	地下鉄箱崎線・空港線〈中洲川端〉直結
HP	https://www.hakataza.co.jp/
座席数	1,402席（花道使用時）

大阪・新歌舞伎座

昭和33年に大阪のなんば御堂筋に開場。桃山風唐破風を連ねた壮麗な外観と近代的な舞台機構を備えた大劇場であったが、平成21年にいったん閉館し、翌年、「上本町 YUFURA」内へ移転、市川猿之助（現・猿翁）総監修による二十一世紀歌舞伎組公演で再開場した。

＊座席表はHPをご覧ください。

電話	☎06-7730-2121
電話予約	新歌舞伎座テレホン予約センター ☎06-7730-2222（午前10時～午後6時）
所在地	〒543-0001 大阪市天王寺区上本町6−5−13 （上本町 YUFURA 6階）
交通	近鉄線〈大阪上本町〉または 地下鉄千日前線・谷町線〈谷町九丁目〉
HP	https://www.shinkabukiza.co.jp/
座席数	1,453席

その他の劇場・ホール・芝居小屋

EX THEATER ROPPONGI | イーエックス・シアター・ろっぽんぎ
〒106-0031 東京都港区西麻布1−2−9 ☎03-6406-2222(代)

NHKホール
〒150-8001 東京都渋谷区神南2−2−1 ☎03-3465-1751

日本橋公会堂
〒103-8360 東京都中央区日本橋蛎殻町1−31−1 ☎03-3666-4255

石川県こまつ芸術劇場うらら
〒923-0921 石川県小松市土居原町710 ☎0761-20-5500

ルネッサながと
〒759-4106 山口県長門市仙崎10818−1 ☎0837-26-6001

出石永楽館 | いずしえいらくかん
〒668-0234 兵庫県豊岡市出石町柳17−2 ☎0796-52-5300
JR山陰本線豊岡駅よりバスで30分

内子座 | うちこざ
〒791-3301 愛媛県喜多郡内子町内子2102 ☎0893-44-2840
JR予讃線内子駅より徒歩10分

嘉穂劇場 | かほげきじょう
〒820-0041 福岡県飯塚市飯塚5−23 ☎0948-22-0266
JR筑豊本線新飯塚駅よりタクシーで5分

旧金毘羅大芝居(金丸座) | きゅうこんぴらおおしばい(かなまるざ)
〒766-0001 香川県仲多度郡琴平町乙1241 ☎0877-73-3846
JR土讃線琴平駅、高松琴平電鉄琴電琴平駅より徒歩15分

康楽館 | こうらくかん
〒017-0202 秋田県鹿角郡小坂町小坂鉱山字松ノ下2 ☎0186-29-3732
JR奥羽本線大館駅よりバスで50分／東北自動車道小坂IC3分

明治座 | めいじざ
〒508-0421 岐阜県中津川市加子母4793−2 ☎0573-79-3611
JR中央本線中津川駅よりバスで40分

八千代座 | やちよざ
〒861-0501 熊本県山鹿市山鹿1499 ☎0968-44-4004
JR鹿児島本線玉名駅よりバスで40分

監修（五十音順）
浅原恒男〔日本俳優協会事務局長〕
金田栄一〔歌舞伎座舞台株式会社顧問〕
山根成之〔松竹株式会社専務取締役〕

執筆
浅原恒男〔日本俳優協会事務局長〕
内河 文〔ライター・編集者〕
鈴木英一〔早稲田大学演劇博物館招聘研究員〕
神山 彰〔明治大学教授〕

編集
谷川美帆〔日本俳優協会事務局〕
藤村弥生〔日本俳優協会事務局〕

協賛
独立行政法人日本芸術文化振興会
（国立劇場）

写真・図版提供
松竹株式会社
伝統歌舞伎保存会
国立国会図書館
早稲田大学坪内博士記念演劇博物館
松竹大谷図書館
鶴見大学図書館
演劇出版社
株式会社世界文化社
木挽堂書店
網中健太
井川由香
小川知子
桂 秀也
篠山紀信
田口真佐美
中村 彰
二階堂健
福田尚武
前野寛幸
山本聡子
一光堂 渡辺文雄
ファーンウッド
©岸本斉史 スコット／集英社・『NARUTO -ナルト-』歌舞伎パートナーズ

かぶき手帖 2020年版
2020年 5 月 1 日　第 1 刷発行

編集・発行　公益社団法人 日本俳優協会
〒104-0045　東京都中央区築地2−8−1　築地永谷タウンプラザ504
☎03-3543-0941
松竹株式会社
〒104-8422　東京都中央区築地4−1−1
一般社団法人 伝統歌舞伎保存会
〒102-8656　東京都千代田区隼町4−1　国立劇場内
☎03-5212-1243

デザイン・印刷・製本　杜陵印刷株式会社
〒104-0045　東京都中央区築地2−3−4
☎03-3547-9661

ISBN 978-4-902675-16-0

郵便はがき

104-0045

恐れ入りますが
63円切手を
お貼り下さい

(受取人)
東京都中央区築地2-8-1
築地永谷タウンプラザ504号
(公社)日本俳優協会 内
「かぶき手帖」事務局
行

かぶき手帖2020年版 読者アンケート

◉本書を何でお知りになりましたか?

□劇場[劇場名　　　　　　で　□実物を見て　□チラシを見て]

□書店[　　　　　　書店　　　　　　店]

□雑誌・会員誌[　　　　　　]　□知人から

□歌舞伎 on the web　□歌舞伎美人

□日本俳優協会HP　□伝統歌舞伎保存会HP

年齢　[　　　]歳　　性別　[男 ・ 女]

●本書をどこで購入されましたか?

□劇場名 [ ]

□書店(支店名) [書店 店]

□ホームページ名 [ ]

□その他 [ ]

●本書の価格について

□適当 □高い □安い

●本書の中で良かったものに○、良くなかったものに×をつけて下さい。

□人名索引 □特集「歌舞伎とメディア」

□俳優名鑑の記事 □俳優名鑑のカラー写真

□演奏家名鑑 □文芸・振付スタッフ名鑑

□劇場案内 □歌舞伎俳優家系図

□装丁・デザイン

●本書へのご意見・ご要望をお聴かせ下さい。

●今後「かぶき手帖」発行のお知らせをご希望の方は、以下にご記入下さい。
お知らせ方法をお選び下さい。

□Eメール [アドレス]

□ハガキ [ご住所 〒]

[お名前]

*ご記入いただいた個人情報は本書のご案内を差し上げる目的のみに使用し、それ以外の用途には利用しません。